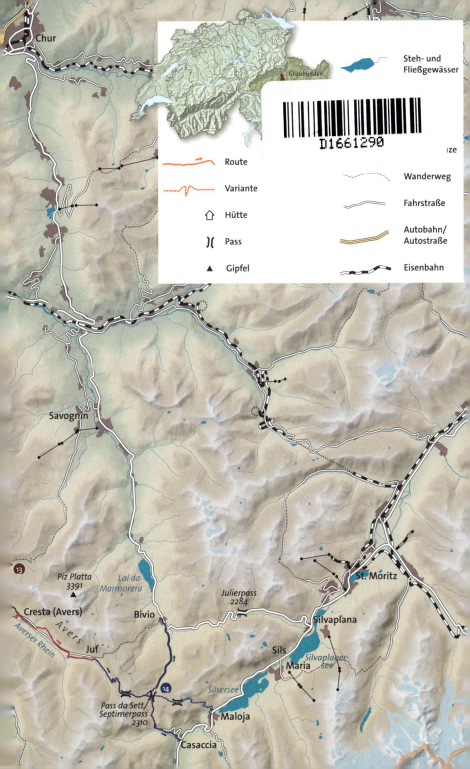

Robert Kruker
Julian Reich
Andreas Simmen
Passland Viamala

Robert Kruker
Julian Reich
Andreas Simmen

Passland Viamala

Höhen und Täler am Hinterrhein

Ein Kultur- und Wanderführer

Rotpunktverlag.

Das Erscheinen dieses Buches wurde ermöglicht durch finanzielle Unterstützung der Gemeinden Ferrera, Fürstenau, Rheinwald, Rothenbrunnen, Sils im Domleschg, Sufers, Thusis, Tschappina, Urmein, Zillis-Reischen, des Naturparks Beverin sowie

Das Erscheinen des Buchs wird unterstützt durch den GKB Beitragsfonds.

Verlag und Autoren bedanken sich hierfür.

Rotpunkt-Wanderbücher stets aktuell

Für Rückmeldungen, Korrekturen und Hinweise aller Art sind wir dankbar. Bitte schicken Sie festgestellte Veränderungen an redaktion@wanderweb.ch oder nutzen Sie das Forum unter forum.wanderweb.ch

Der Rotpunktverlag wird vom Bundesamt für Kultur mit einem Strukturbeitrag für die Jahre 2021–2024 unterstützt.

© 2021 Rotpunktverlag, Zürich
www.rotpunktverlag.ch
www.wanderweb.ch

Umschlag: Das historische Brückenpaar in der Viamala, aufgenommen aus den Tiefen der Schlucht. Foto: Mathias Kunfermann

Bild S. 2/3: Auf dem San-Bernardino-Pass.

Lektorat: Jürg Fischer

Karten: Melchior Grab
Datengrundlage für Karten: Bundesamt für Landestopografie swisstopo

Gestaltung: Patrizia Grab

Bildbearbeitung: typopoint, Ostfildern

Druck und Bindung: Printer Trento

ISBN 978-3-85869-930-5
1. Auflage 2021

Inhalt

- 9 **Vorwort**
- 11 **Einleitung**
- 21 **Praktische Hinweise**

Das Domleschg

- 31 **Route 1:** Reichenau–Rhäzüns–Rothenbrunnen
  ### Dem naturnahen Hinterrhein entlang ins Domleschg
- 39 Vazer, Bischöfe und geschleifte Burgen

- 43 **Route 2:** Feldis–Scheid–Trans
  ### Hoch über dem Domleschg
- 50 **Ortsporträt Feldis**
- 52 Der Dorfbrand von Trans 1944 und andere Feuersbrünste im Domleschg

- 57 **Route 3:** Tumegl/Tomils–Dusch–Paspels–Almens–Scharans–Sils i.D.–Thusis
  ### Auf der Oberen Domleschger Landstrass
- 69 Alte Wege, Hecken, Trockenmauern, Obstbäume und die Zoja-Apfelschachtel
- 74 Betreuen, korrigieren und pflegen
- 77 **Ortsporträt Thusis**

Heinzenberg und Schamserberg

- 85 **Route 4:** Dalin–Präzer Höhi (Mutta)–Bischolapass–Glaser Grat–Glaspass
  ### Gratwanderung ob den Alpweiden des Heinzenbergs
- 92 Die bösen Wasser

- 95 **Route 5:** Glaspass–Carnusapass–Wergenstein
  ### Passwanderung hinter dem Beverin
- 100 Robert Lejeune, Pfarrer, Berggänger und Sozialist

- 105 **Route 6:** Glaspass–Piz Beverin–Mathon
  ### Auf dem Dach der Region
- 113 Naturpark Beverin

- 117 **Route 7:** Alp Nurdagn–Alperschällilücke–Sufers
  ### Im Land der Steine
- 127 Die Modernisierung von Land- und Alpwirtschaft am Schamserberg

Viamala, Schams und Rheinwald

135 Route 8: Thusis–Viamala–Zillis–Andeer
Auf gutem Weg durch die Viamala
146 **Ortsporträt Andeer**
148 Vom Saumpfad zur Autobahn

159 Route 9: Andeer–Roflaschlucht–Sufers–Splügen
Von Felsgalerien, Eislöchern und Verteidigungslinien
168 **Ortsporträt Splügen**

171 Route 10: Splügen–Medels–Hinterrhein
Wasser, Wälder, Wiesen, Wildenten
178 **Ortsporträt Hinterrhein**
180 Das ganze Tal ein Stausee

Val Ferrera und Avers

189 Route 11: Andeer–Bagnusch–Cresta–Innerferrera
Waldwandern
196 Holz für die Eisenschmelze

199 Route 12: Innerferrera–Campsut–Cröt–Cresta–Juf
Aus der Val Ferrera ins Hochtal Avers
208 Wiederhergestellt: Die alte Averserstraße
212 Ortsporträt Juf

Weitere Themen

33	Schloss Reichenau	193	Ein magischer Ort für Boulderer
36	Kirche Sogn Gieri Rhäzüns	202	Die Lawinenverbauungen am Lezi
79	Atelierhaus Lilly Keller	206	hexperimente – Kulturplattform in Avers
90	Der Glaspass, der Weg ins Safiental		
109	Romanen und Walser in der Region Viamala	228	Forcellina, früher ein Übergang bei jedem Wetter
120	Piz Beverin–Pizzas d'Anarosa: Bündner Schiefer und Kalkberge	242	Valle di Lei: Italienische Alpen und die Baita del Capriolo
142	Die Kirche St. Martin in Zillis	265	Galerie Splügenpass
165	Festung Crestawald	282	Die Naturschatztruhe San Bernardino
174	Open-Air Rheinwald	288	Der San-Bernardino-Tunnel
177	Kleinwasserkraftwerke	300	Val Curciusa unter Schutz?
183	Das Walserschiff	304	Panzerschießplatz Hinterrhein

215 **Route 13:** Avers Cresta–Guggernüll–Innerferrera
 Steil hoch und steil runter
222 Ein stetes Ein und Aus

225 **Route 14:** Juf–Forcellina–Septimerpass–Bivio oder Casaccia
 Forcellina und Septimer – alte Wege aus dem Avers
232 Franz Hohler und das Avers

Vom Avers nach Italien und ins Rheinwald

239 **Route 15:** Cröt–Macsuter Alpa–Furgga–Lago di Lei–Alpe Motta–Val digl Uors–Innerferrera
 Natur und Technik im Grenzgebiet
244 Kraftwerke Hinterrhein: viele Bauten – ein System

253 **Route 16:** Innerferrera–Alp Niemet–Pass da Niemet–Montespluga
 Über die Landes- und Sprachgrenze nach Montespluga
259 Einst Grenztal für Bergamasker Hirten und Schmuggler

263 **Route 17:** Montespluga–Splügenpass–Areuapass–Nufenen
 Zwei Länder, zwei Alpen, zwei Pässe
272 Landwirtschaft im Rheinwald

San-Bernardino-Pass, Val Vignun und Quellgebiet des Hinterrheins

281 **Route 18:** Hinterrhein–San-Bernardino-Pass–San Bernardino Dorf
 Wechselbad der Wandergefühle
290 Ein Bündner Emissär weibelt in Turin für die Kunststraße

295 **Route 19:** San Bernardino Dorf–Strec de Vignun–Alp de Rog–Nufenen
 Paradiesische Bergtäler

303 **Route 20:** Hinterrhein–Zapporthütte–Ursprung
 Zum Ursprung
311 Frühe Reisen zum Rheinursprung

315 **Literaturverzeichnis**
319 **Bildnachweis**
320 **Autoren/Dank**

Vorwort

Viele reisen durch »unsere« Region in den Süden. Mit rasantem Tempo rollen sie auf der A13 durchs Domleschg, durch die Viamala, schließlich durch den Straßentunnel am San Bernardino. Dazu brauchen sie von Reichenau gerade einmal eine knappe Stunde bis San Bernardino Dorf. Viel zu sehen bekommen sie dabei nicht. Viel zu wenig, gemessen an dem, was die Region zu bieten hat.

Viamala ist nicht nur der Name der berühmten Schlucht, sondern auch der Region, in die wir zum Wandern und Beobachten einladen. Unsere zwanzig Routen führen meist abseits des Transitverkehrs kreuz und quer durch das ganze Einzugsgebiet des Hinterrheins, sei es auf sanften Wegen im Talboden, auf schmalen Pfaden entlang von Berghängen, auf Bergrouten über Pässe, Grate und einige Gipfel.

Zu den Landschaften zwischen Reichenau und den Übergängen, die von Avers und Rheinwald nach Italien und in die Südschweiz führen, haben wir Autoren je unser eigenes langjähriges Verhältnis. Wir teilen die Begeisterung für das Wandern auf Routen in allen Höhenlagen, das Interesse für die Vielfalt von Natur, Kultur und Technik, und pflegen vielfältige Beziehungen zu Menschen in allen Talschaften der Region.

Wir haben das Buch als Team vorbereitet, sind je auf den verschiedenen Routen gegangen, haben erlebt, notiert, fotografiert, mit Leuten in der Region geredet und uns über das Geschriebene ausgetauscht. Auch das eine Erfahrung mit Gewinn für alle und, so hoffen wir, vor allem für das Buch und seine Leserinnen und Leser.

Robert Kruker, Julian Reich, Andreas Simmen
Mai 2021

Blick auf das Domleschg mit A13 und Eingang zur Viamala-Schlucht von der Kirche Scheid aus.

Schams mit A13, Andeer. Im Hintergrund rechts die Rofla und nach links die Abzweigung in die Val Ferrera.

Einleitung

Vielfältig sind unsere Wege in der Wanderregion Viamala. Sie verlaufen durch die Täler, manchmal nahe an Bächen und Flüssen, durch Auen- und Heckenlandschaften, durch Wiesen, Wälder und weite Alpen, über Pässe, durch Geröllhalden. Auf einer Alpinwanderung wird der Gipfel des über Heinzenberg und Schams thronenden Piz Beverin überschritten. Manchmal sind es »Technikwanderungen«, die über alte, neuere und modernste Brücken führen, vorbei an Kraftwerkzentralen, Stauseen und Ausgleichsbecken, über den Panzerschießplatz bei Hinterrhein oder über historische, sorgfältig restaurierte Verkehrswege.

Die Region Viamala besticht durch ihre selbst für Graubünden außergewöhnliche Vielfalt unterschiedlichster Landschaften, Vegetationen, Kulturen, Sprachen. Historische und moderne Baukultur begegnet uns auf Schritt und Tritt. Die Spuren der Romanen und der Walser, der Durchreisenden, der Ingenieure, der Architekten und der Arbeiter sind fast omnipräsent – immer wieder beherrschen große Bauwerke das Bild, doch ebenso häufig bewegen wir uns in fast unberührten, wilden Hochtälern, in stillen, lieblichen Landschaften.

Galt die Viamala – der »schlechte Weg« – lange als die Täler trennendes Hindernis, dient ihr Name heute als Dach für die politische Verwaltungseinheit Region Viamala und für die Tourismusorganisation Viamala Tourismus. Die Gegend am Hinterrhein besteht aus den Talschaften Domleschg/Heinzenberg, Schams, Avers und Rheinwald; die derzeit 19 Gemeinden der Region haben eine Fläche von 628 Quadratkilometern. Wenn wir Bonaduz und Rhäzüns am unteren Flusslauf dazunehmen, ist die Wanderregion etwa so groß wie der Kanton Glarus. 13 600 Menschen leben in der Region Viamala, 80 Prozent davon im Domleschg und am Heinzenberg.

Naturnaher Hinterrhein und A13 zwischen Reichenau und Rhäzüns, von Feldis aus gesehen.

Rheinwald mit A13, Kantonsstraße, Hinterrhein und den Dörfern Splügen, Medels und Nufenen.

In diesem Buch sind Wanderungen beschrieben, die das ganze Gebiet des Hinterrheins und vieler seiner Nebenflüsse abdecken. Sie beginnen bei Reichenau, wo Hinterrhein und Vorderrhein sich vereinigen und führen bis zum Quellgebiet unter dem Rheinwaldhorn. Im Südwesten und Osten verlassen wir die Region kurz Richtung Misox beziehungsweise Bivio und Bergell.

Wo der Süden im Norden liegt

Vom fast südlich anmutenden, sonnenverwöhnten und fruchtbaren Domleschg geht es nach Süden hinauf ins Avers, wo die höchsten Siedlungen schon über der Baumgrenze liegen, und südwestlich bis zu den Gletschern im Gebiet des Hinterrhein-Ursprungs. Je weiter es nach Süden geht, desto rauer wird das Klima, desto länger sind die Winter.

Auch thematisch hat die Region sehr viel vorzuweisen. Stichworte, zu denen bei den einzelnen Routen ausführlich berichtet wird, sind das Solardorf Feldis, die Dichte an Einrichtungen des Sozialwesens und des Justizvollzugs im Domleschg, der Naturpark Beverin, die Bio-Land- beziehungsweise Alpwirtschaft, der historische Bergbau in der Val Ferrera zur Eisengewinnung, die berühmte Zilliser Kirchendecke, der Blick von Schriftstellerinnen und Schriftstellern auf die wilde Gegend, das Open-Air Rheinwald oder das mehrfach geschützte Naturparadies auf dem San-Bernardino-Pass. Vor allem aber sind es zwei Themen, die klar im Zentrum stehen und gewissermaßen eine Klammer für die Region bilden: Verkehr und Wasser.

Transitland, Passland

Im »Regionsprofil Viamala«, einem Forschungs- und Entwicklungsprojekt zur Förderung der regionalen Kultur und innovativer touristischer Kulturangebote in Graubünden, das 2012 vom Institut für Kulturforschung Graubünden herausgegeben wurde, wird das Thema Transit »als das touristische Grund- und Hauptthema der Region« betrachtet: »Die wichtigste kulturelle Gemeinsamkeit der Region Viamala mit ihren sehr unterschiedlichen Teilräumen ist der Transit. Er prägt die Geschichte und den Alltag

Passstraße
San Bernardino.

der Region bis heute. Die Einflüsse auf die Kultur sind überall fassbar, von der Archäologie über die historischen Verkehrswege, die Burgen, die italienische Bauweise vieler Häuser in Andeer und Splügen bis zu immateriellen Gütern wie der Sprache.«

Aus diesem Grund widmen wir dem Thema Transit/Verkehrsgeschichte auch mehrere thematische Vertiefungen. Schon sehr früh wurden auf der »Unteren Straße«, das heißt über den Splügen- und über den San-Bernardino-Pass Waren transportiert, jahrhundertelang mittels Säumerei auf teilweise unbefestigten Wegen, dann kamen 1823 die durchgehend befahrbaren Kommerzialstraßen über beide Pässe, und nebst dem Warentransit nahm nun auch der Reiseverkehr zu.

Mit Inbetriebnahme des Gotthard-Eisenbahntunnels 1882 verloren diese Übergänge ihre Bedeutung fast vollständig. Schließlich wurde in den 1960er-Jahren mit der N13 (heute A13) die Schnellstraße gebaut, welche die Täler der Region an etlichen Stellen unvorteilhaft prägt, aber die Dörfer auch sehr gut für den privaten wie den öffentlichen Verkehr erschließt.

Die alte Averserstraße, die erst 1895 einen bequemen Zugang vom Schams ins Avers ermöglichte, gehört nicht direkt zur Tran-

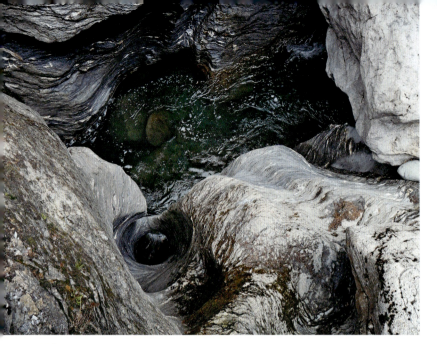

Strudeltopf in der Viamala.

sitroute, ist aber ebenfalls wichtig als gepflegtes historisches Baudenkmal. Avers/Val Ferrera ist wie Rheinwald historisches Passland, denn es gibt zahlreiche Nord-Süd-Übergänge, die in früheren Zeiten von Bauern, Bergträgern, Säumern, Schmugglern teils stark genutzt waren: die Forcellina, die Juf mit dem Septimer verbindet, von dem aus der Weg weiter nach Maloja/Casaccia beziehungsweise Bivio führt, der Duanpass (Bergalgatal–Soglio), der Prasignolapass (Val Madris–Soglio), der Madrisberg (Val Madris–Chiavenna), Pass da Niemet (Innerferrera–Montespluga/Chiavenna), Passo di Lei oder Passo di Angeloga (Valle di Lei–Campodolcino/Chiavenna) – sie alle sind nur zu Fuß passierbar und dienen heute ausschließlich dem Wandertourismus.

Wasserwelten

Wasser und die Nutzung der Wasserkraft in der Region ist das zweite große Thema. Durch die ganze Region fließt der Hinterrhein, vom Fuß des Rheinwaldhorns bis nach Reichenau, wo er sich mit dem Vorderrhein zusammentut und als Alpenrhein Richtung Bodensee weiterzieht. Im unteren Teil der Roflaschlucht

Bergwiese mit Gold-Pippau im Bioland.

fließt ein wichtiger Nebenfluss in den Hinterrhein, der Averser Rhein oder Ragn da Ferrera. Dieser Zusammenfluss, einst von zahlreichen Künstlern als imposantes Naturspektakel gemalt, hat seinen Reiz eingebüßt, denn die beiden Flüsse, die in der Regel nur noch einen Teil ihres Wassers führen, fließen ganz unspektakulär ins Ausgleichsbecken Bärenburg. Durchaus eindrücklich ist jedoch der »Rheinfall« etwas weiter oben in der Rofla, den man beim Gasthaus Roffla durch eine Felsgalerie aufsuchen kann.

Bauten der Kraftwerke Hinterrhein (KHR) begegnet man in allen Tälern und vielen Nebentälern der Region. Dass es sich um ein vollständig zusammenhängendes Kraftwerksystem handelt, sieht man nicht, denn verbunden ist es unterirdisch mit Stollen, die zusammengezählt eine Länge von 60 Kilometern aufweisen. Der größte Stausee liegt auf italienischem Gebiet in der Valle di Lei, aber die Staumauer befindet sich dank einem Gebietsabtausch auf Schweizer Boden.

Der Lago di Lei war in den 1950er-Jahren die Alternative zum großen Rheinwaldstausee, der dank kräftigem Widerstand der Rheinwalder Bevölkerung verhindert werden konnte. Im erwähnten »Regionsprofil Viamala« heißt es dazu: »Als kulturelles USP [Unique Selling Proposition] darf man die dramatische Geschichte des verhinderten Stausees im Rheinwald bezeichnen.« Auch wir haben diesem Alleinstellungsmerkmal ein Kapitel gewidmet.

Eine Besonderheit des Rheinwalds sind die seit den 1920er-/30er-Jahren betriebenen gemeindeeigenen Kleinkraftwerke in Hinterrhein, Nufenen und Splügen, die in den vergangenen Jahren modernisiert und ausgebaut wurden.

In Andeer kommt noch eine ganz andere Kraft des Wassers zum Wirken: das Mineralbad Andeer dient der Wellness und der Gesundheit. Und zu den Wasserwelten gehören auch einige noch frei fließende Nebenbäche des Hinterrheins, wie der vom WWF Graubünden in die Liste der »Gewässerperlen« aufgenommene Areuabach, »Seele der Val Curciusa«.

Bioland
In allen Gemeinden der Region Viamala wird Landwirtschaft betrieben. Naturgemäß hängt die Ausrichtung der Betriebe – von Obstbau bis Alpwirtschaft – stark von der Vegetationsstufe ab, von den klimatischen und landschaftlichen Voraussetzungen. Entsprechend vielfältig ist, was an einheimischen Produkten auf den Markt kommt.

Bereits Anfang der Neunzigerjahre stellte das ganze Rheinwald auf Biolandwirtschaft um; es war das erste Mal, dass in der Schweiz ein ganzes Tal gemeinsam diesen Schritt getan hat. Heute dominiert die Biolandwirtschaft auch in den anderen Tälern der Region. Der Biokäse, der in den Sennereien von Andeer, Sufers, Splügen und Nufenen aus Kuh-, Schaf- und Ziegenmilch hergestellt wird, ist schweizweit bekannt, teils auch über die Schweizer Grenze hinaus. Aber auch andere Bioprodukte aus der Region sind sehr beliebt, Salsize, Trockenfleisch, Gebäck aller Art, Biogetreide und alte Obstsorten aus dem Domleschg und so weiter. Und seit etlichen Jahren werden im Domleschg und am unteren Schamserberg auch erfolgreich Krokusse angepflanzt, um Safran zu gewinnen.

Mehrfach umgewälztes Land

»Einheimische erlebten die Hunderte von Arbeitern fast als ›Invasion‹«, schreibt Hansjürg Gredig und zitiert aus einem Jahresbericht der Gemeindekorporation Hinterrhein: »In dem bisher so stillen Tal erzitterte die Luft von dem dumpfen Dröhnen der Sprengschüsse, ratterten die Lastwagen und Traxe, und Bagger wühlten im Gelände, sodass einem zeitweise fast bange wurde.«

Das war beim Kraftwerkbau. Aber dies war bei weitem nicht das erste Mal, dass die Landschaft um den Hinterrhein durch menschlichen Eingriff ein neues Gesicht bekam. Die erste Veränderung bewirkten die ursprünglichen Siedler, die Wälder rodeten und eine Kulturlandschaft schufen, die heute noch nachhaltig gepflegt wird. Später kamen die großen technischen Werke: Schon der Bau der Kommerzialstraßen war ein starker Eingriff, vor allem an exponierten Stellen wie den Passrampen mit den vielen Kehren und Stützmauern, aber auch in den engen Schluchten, wo die Straße lange ohne Tunnel auskommen musste (Ausnahme in der Viamala ist der etwa hundert Meter lange Durchstich beim Verlorenen Loch). Dasselbe gilt für die alte Averserstraße.

Im 19. Jahrhundert hat die Rheinkorrektion das Domleschg stark verändert, und die Nollakorrektion mit dem entwässerten Lüschersee brachte Schutz vor Hochwasser und Erdschlipfen am Heinzenberg und im Tal. Schließlich durchschneidet die Nationalstraße mit ihrem breiten Betonband die Hinterrheintäler bis zum Nordportal des San-Bernardino-Tunnels.

Es gibt eine Gemeinsamkeit, die all diese Eingriffe verbindet. Bei allen kamen in der überwiegenden Mehrzahl italienische Arbeiter zum Einsatz. Dasselbe gilt im Übrigen auch für zahlreiche der alten palazzoähnlichen Häuser, welche die Dorfbilder mancherorts vorteilhaft prägen. Die Italiener haben diese Region gebaut. Und man muss in diesem Zusammenhang daran erinnern: Kaum war das letzte der großen Werke, die N13 – wie zahlreiche andere derartige Werke in der ganzen Schweiz –, vollendet, kam 1970 die schäbige Schwarzenbach-Initiative gegen die »Überfremdung« zur Abstimmung. Sie war in erster Linie gegen die Italiener gerichtet und wurde mit 54 Prozent Nein-Stimmen auf Bundes-

Der Weiler Campsut, Avers.

ebene eher knapp abgelehnt, im Kanton Graubünden mit fast 60 Prozent Nein-Stimmen immerhin etwas deutlicher.

Stein und Holz – crap e lenna

Die traditionelle Siedlungslandschaft im Gebiet des Hinterrheins ist vielfältig. Von größeren und kompakten Dorfstrukturen wie zum Beispiel Andeer mit massiv gebauten Steinhäusern bis zu temporär bewohnten, meist aus Holz konstruierten Maiensäßen treffen wir auf ein breites Spektrum von Bauformen. Flur- und Ortsnamen sowie Hausinschriften weisen auf das Sutsilvan, das früher dominierende rätoromanische Idiom in den Dörfern des Domleschgs, am Heinzenberg (mit Ausnahme des walserischen Tschappina), des Schams/Val Schons und der Val Ferrera hin. In der 2021 neu gebildeten Gemeinde Muntogna da Schons sind die Amtssprachen Romanisch und Deutsch, die Schulsprache ist Romanisch. In Donat steht noch die letzte Schule, in der in Sutsilvan unterrichtet wird. Andererseits prägt der walserdeutsche Dialekt heute noch die im 13. und 14. Jahrhundert von Walser Einwanderern besiedelten Talschaften Avers und Rheinwald.

Die Orts- und Flurnamen sind in den Gebieten Domleschg/ Tumleastga, Heinzenberg/Mantogna und Schams/Val Schons bis ins Ferreratal/Val Ferrera weitgehend rätoromanisch.

Auf den Wanderrouten treffen wir – zwischen Feldis/Veulden und Innerferrera/Calantgil – zum Beispiel auf Giuvaulta für Rothenbrunnen, in der Gemeinde Domleschg auf die Dörfer Tumegl für Tomils, Pasqual für Paspels, auf den Weiler Mulegns, wobei wir am Lag Canova, dem Canovasee, und der Cresta Canova vorbeikommen. Canova ist eine Abkürzung von Casa nova, neues Haus, und Cresta bedeutet Bergkamm. Dem Ortsnamen Cresta begegnen wir auch bei Ausserferrera und in Avers. Der Flurname Quadra, nördlich von Scharans/Scharons, ist vom viereckigen Ackerfeld hergeleitet. Die Wege führen häufig durch einen Wald, auf Sutselvisch-Romanisch Gold oder Vold. In der Viamala überqueren wir das Traversinertobel – Traversina meint zu Deutsch quer oder schräg. Rofla, der Name der Schlucht, stammt vom vorromanischen rovina, Erdschschlipf oder Rüfe.

Südlich von Zillis/Ziran im Schams überschreiten wir den Ual da Reschen, den Bach von Reischen, und gehen dann weit unterhalb der Alp da Nursas, der Alp, auf der Schafe sömmern, vorbei. Der Alpname Carnusa weist auf die stachligen Disteln hin, die hier häufig sind. Eine Wegvariante ob dem Ragn da Ferrera, dem Ferrera-Rhein, führt über den Plan dil Bov, den Ochsenboden. Von hier können wir in die Val Niemet oder Emet, eine wahrscheinliche Ableitung von Schwelle, gelangen.

Auf der anderen Talseite, südöstlich von Innerferrera, liegt Starlera; der Name ist abgeleitet von stierl, der Bezeichnung für ein einjähriges Rind. Guggernüll zwischen Starlera und Cresta im Avers heißt nichts anderes als Bergkopf. Prau da l'Alp kommt verschiedentlich vor und bedeutet Alpwiese; hier kann Gras geschnitten und als Vorrat für einen allfälligen Schneefall dem Vieh, den vatgas, das heißt den Kühen auf der Alp, verfüttert werden.

Tgavridas, abgeleitet von caprire, was soviel wie reuten oder Bäume schälen heißt, ist in Innerferrera eine alte romanische Bezeichnung für Ziegen; diese holen sich ihr Futter auch von Sträuchern oder jungen Bäumen. Deshalb sind manche Forstleute auch heute noch skeptisch gegenüber dem Weidgang der Ziegen, die dem Waldwuchs schaden können. Bei einem kombinierten Projekt zur Sicherung eines Arven-Lärchen-Schutz- und Weidwaldes und zur Erhaltung der Pro-Specie-Rara-Ziegenart Capra Grigia in der Averser Val Madris wird der Zielkonflikt zugunsten der Landschaft und der dort wirtschaftenden Bauernfamilie gut gelöst.

Madrisch, wie die auf romanisch bezeichneten Gualser, die Walser, ihr Tal nennen, berühren wir am Rande auf zwei der Routen bei Cröt, deutsch Felsenkeller, Grotte. Der Name Madris oder Madrisa wird vom Namensforscher Andrea Schorta als vom lateinischen mater, Mutter, abgeleitet und ist auch als »Name einer gütigen Alpfee« bekannt.

Splügen im Rheinwald hieß ursprünglich Speluga oder Spelunca, die Höhle. Nufenen, in einer früheren Urkunde Nufena, bedeutet Neugut, und Curciusa, das Tal und die Alp südlich von Nufenen, scheint von curt, Hof oder Einfriedung, abgeleitet zu sein. Zapport zuhinterst im Tal am Weg zum Ursprung wäre auf Walserdeutsch wohl ze Bord, zum Bord oder an der Böschung, die hier recht steil ist.

Literatur
Andeer 2012; Gredig/Willi 2006; Gredig u.a. 2012, Schorta 1991.

Praktische Hinweise

Routenwahl und Wanderwege

Die in diesem Buch vorgestellten Wanderrouten sind in sechs Kapitel à drei bis vier Routen eingeteilt; die meisten Routen innerhalb der sechs Kapitel, aber teilweise auch zwischen den Kapiteln können gut zu mehrtägigen Weit- oder Rundwanderungen erweitert oder kombiniert werden.

Von den insgesamt zwanzig Routen liegen elf im Haupttal, an den Talflanken und in Seitentälern des Hinterrheins. Die neun bis auf Höhen zwischen 2500 und knapp 3000 Meter führenden Wanderrouten befinden sich über dem Schamserberg, dem Avers/Ferreratal und dem Rheinwald.

Die vorgeschlagenen Routen verlaufen mehrheitlich auf offiziellen markierten Wander- und Bergwegen. Sie sind gelb beschildert, die Bergwege mit einer weiß-rot-weißen Spitze ergänzt. Weiß-rot-weiß sind auch die auf Bäumen oder Felsen aufgemalten Markierungen entlang der Routen. Blau beziehungsweise weiß-blau-weiß ist die Markierungsfarbe der anspruchsvollen Alpinroute vom Glaspass auf den Piz Beverin (vergleiche dazu: schweizer-wanderwege.ch/de/signalisation).

Zu den einzelnen Routen sind die Wanderzeiten und der Charakter mit dem Schwierigkeitsgrad gemäß Klassifikation des Schweizerischen Alpenclubs (SAC) angegeben.

Saumpfad am San-Bernardino-Pass mit seitlich eingegrabenen beziehungsweise flach gelegten Steinplatten.

Öffentlicher Verkehr

Alle Anfangs- und Endpunkte der Wanderungen dieses Buches sind an den öffentlichen Verkehr angeschlossen. Die Rhätische Bahn betreibt eine Regionalexpresslinie und ein S-Bahn-Netz von Chur über Reichenau nach Thusis. Das ergibt halbstündliche Verbindungen auf dieser Strecke und häufige Postautoanschlüsse für das Domleschg und den Heinzenberg. Feldis ist mit der Luftseilbahn von Rhäzüns und wie Trans mit einem Post-Kleinbus ab Tumegl/Tomils erreichbar. Die Postautolinie Chur–Thusis–Andeer–Splügen–San Bernardino–Bellinzona ermöglicht schnelle Verbindungen ins Schams und Rheinwald. Von Zillis aus führen Postautokurse zu den Dörfern am Schamserberg, von Andeer aus nach Avers.

Die Orte, die im Talboden an der Hauptachse sowie im Domleschg liegen, sind ganzjährig und stündlich erreichbar. Die Buslinie über den Splügenpass, die Bus alpin- beziehungsweise Wanderbus-Verbindungen und die Postautostrecke Tschappina-Glaspass sind während der Wandersaison in Betrieb; es ist wichtig, die im Internet publizierten Fahrpläne zu konsultieren und die Plätze zu reservieren.

Lawinenverbauung Lezialpa.

Link zum Liniennetzplan: liniennetz-graubuenden-thusis.pdf (postauto.ch › files › liniennetz-graubuenden-thusis).

Informationen zum Bus alpin Beverin und zu den Wanderbuslinien Lai da Vons und Val Niemet: naturpark-beverin.ch/de/projekte/nachhaltige-mobilitaet.

Auf der Linie Chiavenna–Splügen verkehrt zwischen Juni und Oktober der blaue Bus der Società Trasporti Pubblici di Sondrio, STPS. Ab Montespluga gibt es jeweils zwei Nachmittagskurse, letzte Fahrt beachten!

Kartenmaterial und GPS-Daten

Eine Routenskizze mit den wichtigsten Angaben ist im Serviceteil der einzelnen Wanderrouten enthalten. Die Wandergebiete dieses Buches sind durch die gedruckten Swisstopo-Karten abgedeckt, die in den Serviceteilen genannt werden.

In der frei zugänglichen elektronischen Version der Swisstopo-Karten (map.geo.admin.ch, unter Menü) sind nicht nur Wanderwege, sondern auch die ins Inventar der historischen Verkehrswege aufgenommenen Strecken von nationaler, regionaler und lokaler Bedeutung abrufbar.

Agrotourismus, Sennerei, Fleischtrocknerei in Splügen, Nufner Hofladen.

Eine Onlineversion der Swisstopo-Karten ist über SchweizMobil/Wanderland (schweiz.mobil.ch) abrufbar. Mitglieder bei einer kantonalen Wanderweg-Organisation, bei SchweizMobil Plus und Gönner/innen der Schweizer Wanderwege können ein Tool von SchweizMobil für die Planung eigener Routen nutzen.

Zu diesem Wanderführer stehen zu den Touren und Varianten GPS-Daten bereit. Auf der Webseite des Rotpunktverlages können sie kostenfrei heruntergeladen werden: www.rotpunktverlag.ch/930. Nach Eingabe dieser Adresse ist ein direkter Download möglich. Die Daten wurden gewissenhaft recherchiert, die Nutzung geschieht auf eigenes Risiko.

Einkehren, Übernachten und Einkaufen

Siehe: Ferienregion Viamala (viamala.ch) unter »Buchen. Unterkünfte«. Dort sind zuerst die Hotels und Pensionen alphabetisch aufgeführt, dann die Ferienwohnungen, die B & B, die Campingplätze und unter »weitere Unterkünfte« auch Berghütten, Gruppenunterkünfte, Maiensäße.

In den meisten Etappenorten gibt es Einkaufsmöglichkeiten, zum Beispiel VOLG-Läden oder Hofläden. Ausnahmen sind Trans, Dalin, Alp Nurdagn, Hinterrhein, Casaccia.

Regionale Spezialitäten kann man vor allem in den Hofläden kaufen. Die gut ausgestatteten Hofläden bieten nicht nur Alpkäse und Salsize an, sondern auch Trockenfleisch, Speck, tiefgefrorene Fleischprodukte, von Bratwürsten über Fleischkäse bis zum Gigot; dann Zopf am Sonntag, Nuss- und Linzertorten, Guetsli, Sirup, Konfi, Honig, Gewürze, Getreide, Teigwaren, Eier, Kunst-

handwerk – alles selbstgemacht, selbst geräuchert, selbst getrocknet beziehungsweise selbst angebaut. Solche Hofläden gibt es in Scharans, Sufers und Nufenen, eine Abteilung für regionale Produkte gibt es sodann in der Viamala-Raststätte bei Thusis und einzelne Produkte im Viamala-Besucherzentrum in der Schlucht.

Schließlich gibt es auch die »Profis«, die Spezialitäten herstellen und verkaufen: Natürlich die Sennereien in Andeer, Sufers, Splügen und Nufenen, dann die Konditoreien in Thusis (Gyger) und Zillis (Iselin), schließlich die Metzgereien in Thusis (Fischbacher), Andeer (Metzga Viamala, Metzga Nova) und die Spezialitäten-Metzg in Splügen. Alle legen Wert darauf, Fleisch von Tieren aus der Region zu verarbeiten; im Herbst bieten die Metzgereien zudem vorzügliches Fleisch aus der einheimischen Jagd an.

Literatur zum Weiterlesen

Hinweise zur weiterführenden Literatur sind im Serviceteil der einzelnen Routen aufgeführt, die vollständigen Buchtitel im Litertaturverzeichnis auf Seite 315.

Information

Gästeinformation Viamala:
Bahnhof Thusis, 7430 Thusis,
Tel. 650 90 30, viamala.ch

Gemeinde Domleschg:
domleschg.ch

Gemeinde Thusis: thusis.ch

Naturpark Beverin:
naturpark-beverin.ch

Gemeinde Andeer:
gemeinde-andeer.ch

Gemeinde Avers:
gemeindeavers.ch

Gemeinde Ferrera: ferrera.ch

Gemeinde Rheinwald:
rheinwald.ch

Region Moesano/Misox:
regionemoesa.ch,
moesano.graubuenden.ch

Das Domleschg

I. Der Süden im Norden

Der Eintritt ins Wandergebiet Viamala ist sanft. Zuerst dem Unterlauf des Hinterrheins mit seiner einzigartigen Auenlandschaft entlang, dann durchs milde Domleschg. An seinen Flanken begegnen wir Geschichte auf Schritt und Tritt und gehen durch eine gepflegte Kulturlandschaft. Im Hintergrund die Berge, denen wir uns noch aus ganz anderen Perspektiven nähern werden.

↑ Am Ufer des
Hinterrheins bei
Plazzas, Bonaduz.

Route 1 Reichenau–Rhäzüns–Rothenbrunnen 3 h 30

Varianten

1. Wanderung nur bis Rhäzüns zur RhB-Bahnstation oder zur Seilbahn nach Feldis, 1 h 45 (mit Abstecher nach Sogn Gieri und Darnaus 2 h 15, 6 km).
2. Von Reichenau auf der orografisch rechten (östlichen) Talseite zuerst auf schmalen Pfaden nahe am Wasser, dann 50 Meter über dem Hinterrhein auf dem Polenweg an der Burgruine Juvalta und an der Panzersperre vorbei. Am Schluss über dem renaturierten Rothenbrunnenbach bei der ewz-Kraftwerkzentrale bis nach Rothenbrunnen. 3 h.

Route 2 Feldis–Scheid–Trans 4 h 15

Variante

Von Reichenau nach Feldis wandern. ↗ 900 m, meist auf Waldstraßen, 3 h 30.

Route 3 Tomils–Paspels–Scharans–Sils i.D.–Thusis

Varianten

Kurz unterhalb von Dusch über den Feld-, später Waldweg oberhalb des Canovasees nach Mulegns und über Ober Pardieni nach Almens.

Von Scharans über Fürstenaubruck nach Thusis, 3 km.

Einkehren/Übernachten

Bahnhofbuffet Reichenau, Tel. 081 641 11 75
Restaurant Post Rhäzüns, Tel. 081 534 31 33
Café Clavau Rhäzüns, cafeclavau.ch
Feldis: Berghotel Sternahus, berghotelsterna.ch;
Hotel Mira Tödi, hotel-miratoedi.ch
Trans: Restaurant Edelweiss Tel. 081 655 11 66;
Ferienlagerhaus ferienlagerhaus-trans.ch
Almens: Landhus, landhus-almens.ch
Fürstenaubruck: Casa Caminada, casacaminada.com
Sils: Hotel Post, post-sils.ch
Thusis: Hotel Weiss Kreuz, weisskreuz.ch; Hotel Albula, Tel. 081 651 11 32; Confiserie, Restaurant, B & B Gyger: gyger-thusis.ch

Einkaufen

Feldis: Volg, Stizunetta
Tumegl/Tomils: Volg.
Scharans: Dorfmarkt.
Thusis: zahlreiche Läden, mehrere Supermärkte

Besonderes

Thusisblick, ein Aussichtspunkt hoch über dem Domleschg.

Kirche von Scheid zwischen Purz und Unterscheid an schöner, freistehender Lage und Kirche von Trans im unteren, von der Brandkatastrophe 1944 verschonten Dorfteil.

Kirche in Tumegl/Tomils und Kapelle oberhalb von Dusch.

Scharans: Atelier Linard Bardill, bardill.ch.

Schloss- und Obstgartenanlagen im mittleren Teil von Route 3.

Die Anlagen der Kraftwerke Hinterrhein (KHR) und des Elektrizitätswerks der Stadt Zürich (EWZ) an der Albula bei Sils.

Thusis: Atelier Lilly Keller, lillykeller.ch.

Karten

1195 Reichenau, 1215 Thusis

Literatur

Caviezel 1998, Clavadetscher/Meyer 1984, Feiner/Gantenbein/Guetg (Hg.) 2020, Flüeler 2011, Jecklin-Tischhauser 2020, Kulturarchiv Rhäzüns u.a. 2015, Rietmann 2017, Ort 2018, Psychiatrische Dienste Graubünden (Hg.) 2006, Seifert-Uherkovich/Dosch 2008, Simonett 2016, Tscharner, B. 1995, Verein für Bündner Kulturforschung (Hg.) 2000, Verein Pro Feldis (Hg.) 2017, Verkehrsverein Thusis (Hg.) 1973.

Christophorus, der Schutzheilige der Reisenden, gemalt vom Waltensburger Meister an der Fassade der Kapelle St. Maria Magdalena in Dusch.

Route 1: Reichenau–Rhäzüns–Rothenbrunnen

Dem naturnahen Hinterrhein entlang ins Domleschg

Abwechslungsreiche Einlaufstrecke mit Schloss Reichenau, Rheinzusammenfluss, Verkehrssträngen, Brücken, der kunsthistorisch wertvollen Kirche Sogn Gieri und eindrücklichen Auenlandschaften am naturnahen Hinterrhein.

Wanderzeiten

Reichenau–Rhäzüns	1 h 45
(mit Abstecher zur Kirche Sogn Gieri und zur Geländekante Darnaus 2 h 15)	
Rhäzüns–Rothenbrunnen	1 h 15
Totale Wanderzeit mit Abstechern	**3 h 30**
Höhendifferenz	↗ 200 m, ↘ 200 m
Distanz	10,5 km

Charakter
Nach einem kurzen Abschnitt auf der Hauptstraße über zwei Rheinbrücken weiter, teils über Feldstraßen, teils auf schmalen Flussuferwegen. Meist flach, kurze Auf- und Abstiege. T1.

Beste Jahreszeit
März bis Juni und September bis November

Bereits bei der Anfahrt nach Reichenau mit der Rhätischen Bahn sind die Eisenbrücken über den vereinten Rhein und das Türmchen von Schloss Reichenau sichtbar. Vom Bahnhof gehen wir durch die enge Fußgängerunterführung bis ans Rheinufer. Kurz diesem entlang – unten rauschen Rhein und Verkehr um die Wette – und über die 1881 erstellte eiserne Fachwerkbrücke, die älteste in Graubünden, zum Schloss Reichenau (598 m). Auf der gepflasterten Straße durch die Häusergruppe mit dem

Der Biber lebt und wirkt seit einigen Jahren wieder am Hinterrhein zwischen Reichenau und Thusis.

Reichenau, wo sich Hinterrhein (Vordergrund) und Vorderrhein zum Alpenrhein vereinigen.

Schloss, dem einst traditionsreichen, seit 2012 geschlossenen Hotel Adler und an Vorplätzen und Stallungen vorbei zur Vorderrheinbrücke.

Von dieser eher unspektakulären Betonbrücke aus ist der Zusammenfluss von Vorder- und Hinterrhein gut zu überblicken. Je nach Wetterlage und vorangegangenen Niederschlägen sind Wassermenge und Farbe der beiden Rheine unterschiedlich, ein Spektrum zwischen dunkelbraun bei Regen und Schneeschmelze bis hellblau-grünlich durchschimmernd bei trockener Großwetterlage im Spätsommer und Herbst.

Über den Wassern sehen wir gut auf die zwei Eisenbahnbrücken, die die letzten paar Meter des Hinterrheins überspannen. Nördlich die ältere engmaschige Fachwerkeisenbrücke von 1896, 2019 renoviert, südlich parallel dazu die elegante Sora Giuvna, die junge Schwesterbrücke, entworfen von dänischen Architekten.

Schloss Reichenau

Schloss Reichenau ist der Kern eines Weilers beim Zusammenfluss von Vorder- und Hinterrhein, zu dem verschiedene Wirtschaftsbauten gehören: Gegenüber dem seit 2012 geschlossenen Hotel Adler befinden sich die hofförmig angeordneten Stallungen, Scheunen und Wohnbauten.

Die Geschichte von Weiler und Schloss Reichenau an verkehrsmäßig günstiger Lage beim Zusammenfluss von Vorder- und Hinterrhein ist wechselvoll. In der frühen Neuzeit stand da ein Zollhaus mit Gaststätte, im letzten Jahrzehnt des 18. Jahrhunderts betrieb Johann Baptista von Tscharner in Reichenau eine fortschrittliche Erziehungsanstalt. Er holte den durch Chur reisenden Magdeburger Theologen Heinrich Zschokke an die Schule, unter dessen Leitung die Internatsschule 1796 zur »Schülerrepublik« wurde. Nur zwei Jahre später endete das Reformexperiment. Zschokke musste als »Anhänger der revolutionär gesinnten Patrioten« ebenso wie Tscharner Graubünden verlassen. Er wurde zu einer wichtigen politischen und aufklärerischen Figur in der Periode des Übergangs von der alten Eidgenossenschaft zum schweizerischen Bundesstaat.

In den durch die kriegerischen Auseinandersetzungen beschädigten Bauten von Reichenau etablierte sich nach 1803 für ein Jahrzehnt eine Bergwerksgesellschaft, die die Gebäude ausbesserte und eine Schmelzhütte einrichtete. Sie betrieb Gruben im Schams, bei Trun in der Surselva und am Calanda. Erze und Brennholz wurden auf den beiden Rheinen auf Flößen herbeigeschafft. Aus einer Kalkspatader am Calanda wurde damals auch Gold gewonnen. Daran erinnern aus Calandagold geprägte Münzen aus dem Jahr 1813.

Nach 1820 wurde die Schlossanlage mit den Gebäuden und den Gärten von Johann Ulrich von Planta, der als Söldneroffizier Geld verdient hatte, gekauft und erneuert. Sein Sohn, der in Deutschland Naturwissenschaften studierte, richtete im Schloss 1853 ein Labor ein, in dem er Boden- und Wasserproben analysierte. Beim Eingang des Schlosses erinnert eine »Chemical Landmark«-Plakette an das Forschungslabor. In der Umgebung des Schlosses erstellte von Planta ein Gewächshaus und pflanzte einen für Graubünden beispielhaften Obstgarten.

Heute ist Schloss Reichenau wieder im Besitz der Familie von Tscharner. Es ist ein Ort, wo Wein aus eigenen, rheinabwärts in Chur und in der Bündner Herrschaft liegenden Rebbergen gekeltert wird und der für festliche Anlässe gebucht werden kann.

Route 1: Reichenau–Rhäzüns–Rothenbrunnen

Nach der Überquerung der Vorderrheinbrücke biegen wir nach links ab und gehen nahe am Zusammenfluss von Vorder- und Hinterrhein auf sandigem Fußweg, zuerst unter den Bäumen des kleinen Auenwaldes, dann unter den beiden Eisenbahnbrücken und unter der A13 durch.

Im Sommer und Herbst lohnt sich der kurze Abstecher zum Hofladen von Isla, um Obst aus der Umgebung zu kaufen. Beim Blick zurück nach Norden sehen wir die kühn-elegante Flimserstraßenbrücke über das Lavoitobel, entworfen 1966/67 vom Künstlerarchitekten Max Bill und dem Ingenieur Mirko Robin Roš.

Unsere erste Wanderetappe ist auch eine Brückenlandschaftswanderung. Zwischen Autobahn und Hinterrhein führt uns die etwa ein Kilometer lange Zufahrtsstraße am Durchgangsplatz der Fahrenden bei Nulez vorbei. Wir lassen ihn rechts liegen und gehen weiter auf schmalem Pfad nahe dem rauschenden Fluss am Fuß des bewaldeten Hügels Plazzas. Diesen durchquert die A13 in einem ersten Tunnel. Wir sind vom Straßenlärm verschont bis zum kurzen Austritt der Autobahn, wo sie den Hinterrhein, romanisch Rein Posteriur, zur Ostseite hin überquert und für einen längeren Abschnitt im Tunnel von Isla Bella verschwindet. Hier beginnt der wohl schönste Abschnitt unseres Wegs in einer der ursprünglichsten Auenlandschaften der Schweiz.

Der Fortbestand der Rhäzünser Rheinauen musste allerdings erkämpft werden. Eigentlich planten die Straßenbauer in den frühen 1970er-Jahren, die A13 auf einem langgezogenen Damm mitten durch diese Landschaft zu ziehen. Dadurch wäre der Fluss zwangsläufig kanalisiert worden. Die Bündner Regierung hatte schon grünes Licht gegeben. Doch dann entstand eine Gegenbewegung in der Region. Anwohnerinnen und Anwohner leisteten Widerstand, der Talschaftsverband Heinzenberg-Domleschg intervenierte und Umweltverbände wehrten sich.

Gegen die Zerstörung der Rheinauen kämpfte auch Hans Weiss, Geschäftsführer der 1970 gegründeten Stiftung für Land-

Am Hinterrhein bei Plazzas. Im Hintergrund die Brücke der A13, die zum Isla-Bella-Tunnel führt.

schaftsschutz. Weiss, vorher erster Chef des Amtes für Landschaftspflege und Naturschutz Graubünden, konnte die Behörden für eine schonende Linienführung gewinnen. Es gelang ihm, den damaligen Direktor des Eidgenössischen Amts für Straßen- und Flussbau, Jules Jakob, zu einer Ortsbegehung zu bewegen. Dieser hatte gemäß Weiss »einen Blick und ein Verständnis für Landschaft«. Er sah ein, dass man hier anders planen musste.

Nachdem sich dann 1974 auch die Bundesräte Hans Hürlimann und Kurt Furgler ein Bild an Ort und Stelle gemacht hatten, wurde die Tunnellösung beschlossen. Auf die für Ostern 1975 angesagte Demonstration gegen das ursprüngliche, landschaftszerstörende Autobahnprojekt konnte verzichtet werden.

Und so mäandert der Hinterrhein weiterhin auf diesem Abschnitt von vier Kilometern Länge. Er gestaltet sein Bett immer wieder neu, lässt karge Kiesinseln mit Pionierarten entstehen und vergehen, verändert laufend Uferpartien und ermöglicht das Gedeihen der Auenwälder mit ihrer Artenvielfalt. Was die Natürlichkeit der Rhäzünser Auen beeinträchtigt, sind die Ab-

Kirche Sogn Gieri Rhäzüns

Zur Kirche Sogn Gieri (Sankt Georg) heißt es im Kunstführer durch Graubünden: »Reichstes Beispiel eines vollständig ausgemalten mittelalterlichen Kirchenraums in der Schweiz.« Vor allem deshalb lohnt sich der kurze Aufstieg auf den bewaldeten Kirchenhügel über dem Hinterrhein. Funde weisen auf einen ersten Bau aus dem 8. oder 9. Jahrhundert hin. Hier stand einst eine karolingische Saalkirche mit Apsis und ummauertem Vorhof.

Teile der heutigen Kirche sind gegen tausend Jahre alt, Chor und Turm stammen aus dem 14. und 15. Jahrhundert. Die spätmittelalterlichen Malereien im Chor und die besonders eindrückliche Darstellung des heiligen Georg im Kampf gegen den Drachen über der Kanzel schuf der »Waltensburger Meister«, die heilsgeschichtlichen Bilderfolgen an den Wänden des Kirchenschiffs der »Rhäzünser Meister«. Die flächendeckenden Bilderfolgen im Innern von Sogn Gieri, der Mutterkirche der alten Pfarrei Rhäzüns-Bonaduz, und die außerordentliche Lage verleihen dem Ort die besondere Anziehungskraft.

flussschwankungen infolge der Nutzung der Wasserkraft, der sogenannte Schwall und Sunk. Immerhin: Die rund 300 Hektaren große Auenlandschaft ist seit 1994 im Bundesinventar der Landschaften und Naturdenkmäler von nationaler Bedeutung aufgeführt, was hoffentlich auch so bleiben wird.

Nach der flussnahen Umrundung von Plazzas bringt uns eine Unterführung unter der kurz an der Oberfläche erscheinenden A13 auf den Waldweg, der zum Plateau von Vusaus hinaufführt, rund 60 Meter über dem Rheinlauf. Hier treffen wir auf die Wegführung der historischen Unteren Straße, die durch die Wiesen-, Hecken- und Waldrandlandschaft an der Kirche Sogn Gieri vorbeiführt.

Ein Abstecher auf dem schmalen Pfad hinauf zur wunderbar ausgemalten Kirche, die auf einem bewaldeten Hügel über dem Rhein liegt, ist unverzichtbar. Die heute nur noch an wenigen Sonntagen genutzte Kirche steht auf Gesteinsmaterial eines prähistorischen Bergsturzes beim Kunkelspass, dessen Überbleibsel bis nach Rodels im Domleschg nachgewiesen werden konnten.

Wieder auf dem Weg nach Rhäzüns, lohnt sich nach wenigen hundert Metern bei Darnaus ein weiterer Abstecher: Nach Südosten zur Geländekante, die den Blick auf den frei fließenden Hinterrhein mit seinen Inseln und Kiesbänken rund um das Gebiet von Isla Bella öffnet.

Zurück auf dem Feldweg, gehen wir in Richtung Rhäzüns und etwa hundert Meter vor dem Bahnübergang bei der Gassa Casti, der Schlossgasse, nach Süden an den Sportplätzen Saulzas vorbei. Dabei haben wir das vermutlich bis aufs 10. Jahrhundert u.Z. zurückgehende, mächtige Schoss Rhäzüns im Blickfeld; dieses wurde 1958 von der Hovag, später Emser Werke, gekauft und ist seit 1984 Eigentum der Ems-Chemie Holding AG, deren ehemaliger Chef Christoph Blocher über ein Wohnrecht im Schloss verfügt.

Weiter gehts unter den Hochspannungsleitungen und den Drahtseilen der Feldiser Luftseilbahn durch, zum schmalen Pfad, der uns durch den bewaldeten Punteglias-Steilhang unterhalb von Straße und Bahn zum Hinterrhein hinunter führt. Diesem entlang geht es nach Süden, manchmal ufernah, manchmal etwas weiter weg durch oder am Rand von Auenwäldern.

Auf dem letzten Abschnitt ist der Fluss korrigiert und begradigt, auf der Gegenseite befindet sich kurz vor Rothenbrunnen die unterste Zentrale der EWZ-Kraftwerke Mittelbünden. Es gibt zwei Möglichkeiten, die Wanderung abzuschließen: Geradeaus zur Bahnstation Rothenbrunnen oder nach links

Aue Rhäzüns, einer der wenigen naturbelassenen Flussabschnitte. Die Wasserkraftnutzung verursacht allerdings starke Schwankungen der Wasserführung.

über den Hinterrhein und die A13 an der Abzweigung des Polenwegs vorbei – hierher führt die Wegvariante 2 unserer Route – ins Dorf Rothenbrunnen (623 m), tiefstgelegener Ort der Region Viamala und Eingangstor zum Domleschg.

Der Dorf- und Gemeindename weist auf die jodeisenhaltige Quelle hin, die von 1888 bis vor rund hundert Jahren für heilende Kuren genutzt wurde. Das Kurhaus von damals ist heute ein Wohnhaus, das Mineralwasser fließt aber immer noch in einem öffentlichen Brunnen. Wichtig für Rothenbrunnen sind heute die Psychiatrischen Dienste des Kantons Graubünden mit dem Wohnheim und der geschützten Werkstätte Arbes sowie das Zentrum für Sonderpädagogik Giuvalta. Am Südrand des um die dreihundert Einwohnerinnen und Einwohner zählenden Ortes zwischen Dorf- und Kantonsstraße liegt die Gewerbezone. Südöstlich, am Ausgang des Tomilser Tobels, befindet sich die ehemalige Mühle. Von Rothenbrunnen führt die Postautolinie einerseits zu den Dörfern des Domleschgs bis nach Thusis, andererseits nach Rhäzüns.

Vazer, Bischöfe und geschleifte Burgen

Das Domleschg ist voll von Burgen und Schlössern; kaum sonstwo in der Schweiz gibt es eine solche Dichte an Herrschaftsbauten. Nicht weniger als fünfzehn Burgen und Schlösser reihen sich zwischen Rothenbrunnen und Sils aneinander. Wie kam es zu dieser Fülle? Wer eine Burg baut, will sehen und gesehen werden. Betrachtet man heute die grauen Mauern der zumeist verfallenen Burgen im Domleschg, muss man ein wenig die Fantasie bemühen, um sich die Vergangenheit vorstellen zu können. Denn anders als heute erstrahlten die Burgen zumeist in blendendem Kalkweiß, sodass sie von weit her sichtbar waren. Eine Burg war stets auch ein Zeichen der Macht.

Dass gerade im Domleschg eine solche Häufung von Burgstellen zu finden ist, hat denn auch mit Macht zu tun. Da war zum einen die Lage an gleich zwei wichtigen Transitachsen, an der sogenannten Unteren Straße, die durch das Domleschg, die Viamala und das Schams zu den Pässen San Bernardino und Splügen führte; und an der Oberen Straße durch die

Schloss Ortenstein bei Tumegl/Tomils, eine große Burganlage mit dem Bergfried aus dem frühen 15. Jahrhundert.

Schloss Rhäzüns, das erste Schloss am Hinterrhein, einst wichtig, um den Eingang zum Domleschg zu überwachen.

Schynschlucht und über den Septimerpass. Letztere wurde vom Churer Bischof kontrolliert. Dessen Bestreben war es denn auch, im Domleschg durch den Bau von Herrschaftssitzen seinen Anspruch zu wahren. 1260 gründete er deswegen die Stadt Fürstenau, deren Namen selbst auf den Adelsstand des Bischofs zurückgeht. Das bischöfliche Schloss, heute in Privatbesitz, gehört zu den herausragenden Beispielen des Bündner Schlossbaus. Ebenso stattlich sind die Schlösser Rietberg (Pratval) und Ortenstein (Tomils).

Dem Bischof als zugleich geistlichem wie weltlichem Oberhaupt – als Fürstbischof kontrollierte er weite Teile des heutigen Graubünden – gegenüber stand mit den Freiherren von Vaz ein einflussreiches Adelsgeschlecht. Zwar galten sie als Vasallen des Bischofs, wurden ihm aber auch zunehmend gefährlich. Die Freiherren von Vaz stammten aus der Region des heutigen Obervaz und hatten ihre Stammburg Belfort in Brienz im Albulatal, eine geradezu schlossartige Burg, wie sie weitherum einzigartig war.

Auch die Vazer strebten nach Einfluss und Status im Domleschg und bauten hier, stets in Sichtweite der Churer Bischöfe, mehrere Burgen wie etwa Alt- und Neu-Süns oder – zumindest der Vermutung nach – den Bergfried des heutigen Schlosses Ortenstein. Ein besonderes Stück gelang den Vazern mit der Burg Neu-Süns (auch Canova genannt): Sie besteht aus einer für die Region völlig untypischen Rundform. Ob damit die Weltgewandtheit der bis nach Rapperswil einflussreichen Familie untermauert werden sollte?

Die größte Burganlage liegt auf einem Felssporn oberhalb von Sils i.D.: Hohen Rätien. Hier, wo bereits seit Römerzeiten Bauten nachgewiesen werden konnten, bleibt jedoch vieles im Dunkeln. Wer hinter dem ersten Burgenbau stand, ist nicht klar. Sicher ist lediglich, dass dem Ort seit frühester Zeit eine sowohl weltliche wie auch geistliche Bedeutung zukam. Bei Ausgrabungsarbeiten stieß man nämlich 1999 auf einen Komplex von Sakralbauten. Dessen Zentrum, ein Baptisterium, also ein Taufbecken, dürfte schätzungsweise um 500 entstanden sein. Es ist eines der frühesten Zeugnisse der Christianisierung nördlich der Alpen. Heute gehört die Burg der Familienstiftung Jecklin und kann gegen ein Entgelt besucht werden.

Die meisten Domleschger Burgruinen weisen eine besondere Ähnlichkeit auf: Sie bestehen nur noch aus zwei oder drei Mauern. Dieser Verfall ist nicht allein der Zeit geschuldet, sondern einem Streit um Macht und Anspruch. Als das Geschlecht der Vazer erlosch, gingen ihre Besitzungen im Domleschg und im Schams an die Freiherren von Werdenberg-Sargans über. Doch diese konnten ihren Anspruch nicht durchsetzen, sodass die Schamser zum Aufstand riefen. 1451 machten sie sich auf und schleiften die Werdenberger Burgen im Schams und im Domleschg. Dazu brachten sie mit Gewalt und Feuer jeweils eine Mauer einer Burg zum Einsturz. Die Herrschaften mussten einlenken; wenige Jahre später kauften sich die Schamser los und erlangten so eine zu jener Zeit beispiellose Autonomie.

Burgenweg Domleschg

Der Burgenweg Domleschg führt vom Bahnhof Thusis nach Rothenbrunnen durchs Domleschg und kann auch etappenweise und in Kombination mit dem Postauto erkundet werden. Kurzporträts von fünfzehn Objekten sind in der handlichen MiniGuide-Faltbroschüre zu finden.

Die Route: Bahnhof Thusis–Sils i.D.–Burg Ehrenfels–alter Bahnhof Sils i. D.–Kapelle St. Cassian–Schloss Baldenstein–Albula–Cumparduns–Albulasteg–Fürstenau–Planezzas–Klein Rietberg–Almens–Canovasee–Paspels–Tomils–Mulegns–Rothenbrunnen–Bahnhof Rothenbrunnen.

Informationen zu den einzelnen Burgen
viamala.ch.

Route 2: Feldis–Scheid–Trans

Hoch über dem Domleschg

Feldis, das nördlichste Dorf unserer Region, ist zugleich das sonnigste. Von der Feldiser Sonnenterrasse führt unsere Panoramawanderung durch lichte Lärchenwaldweiden, steile Tobel und zu spektakulären Aussichtspunkten.

Wanderzeiten
Feldis–Scheid	1 h 45
Scheid–Trans	2 h 30
Totale Wanderzeit	**4 h 15**
Höhendifferenz	auf 600 m, ↘ 600 m
Distanz	9 km

Charakter
Abwechslungsreiche, aussichtsreiche Wanderung durch Wiesen, Weiden, Wälder. Mehrheitlich Abschnitte mit wenig Gefälle und kurze steile Partien. T3.

Beste Jahreszeit
Juni bis Oktober

Feldis, romanisch Veulden, liegt auf einer Sonnenterrasse hoch über dem Hinterrhein auf 1470 Meter und ist seit dem Jahr 2015 Teil der Gemeinde Domleschg. Es gibt verschiedene Möglichkeiten, das Bergdorf zu erreichen: Zu Fuß von Reichenau aus (Variante 1), mit dem Postauto von Tumegl/Tomils und – am eindrücklichsten – mit der 2319 Meter langen Luftseilbahn, die in atemberaubender Fahrt in sieben Minuten 800 Höhenmeter von Rhäzüns nach Feldis überwindet.

Kurz nach der Seilbahnstation kommen wir am Dorfschulhaus vorbei, das die Gemeinde, unterstützt von der Schulfürsorge Basel-Stadt, im Jahr 1935 gebaut hatte. Die Abmachung:

Oben: Feldis von Süden mit dem Blumenweg.
Unten: Blick von der Sonnenterrasse Feldis zum Heinzenberg und Piz Beverin.

Von Oktober bis April diente das Haus der Feldiser Schule – im schulfreien Sommerhalbjahr, wenn die einheimischen Kinder in der Landwirtschaft mithalfen, war es Ferienlager für die Kinder aus der Stadt. 2007 wurde die Schule geschlossen und dient seither als Ferienlager- und Veranstaltungshaus.

Auf den nach Süden ausgerichteten Dächern der Nebenbauten der Schulanlage sind heute Solarpanels angebracht. Die in den 1990er-Jahren noch eigenständige Gemeinde erließ eine fortschrittliche Bauordnung zum Erstellen von Sonnenenergieanlagen. Sie förderte und unterstützte die Solarenergienutzung aktiv. Dank der Lage mit der überdurchschnittlichen Sonneneinstrahlung und den Fördermaßnahmen investierten die Gemeinde selbst und Private in Wärmekollektorflächen und Photovoltaikanlagen. Bereits in den frühen 1990er-Jahren waren die Zielwerte des Programms »Energie 2000« bei der Wärme- und Stromproduktion übertroffen.

1994 erhielt die Gemeinde Feldis ein erstes Mal und zehn Jahre später ein zweites Mal den Schweizerischen Solarpreis. Die Solaragentur begründete im Jahr 2004 die erneute Preisverleihung so: »Seit der Verleihung des Schweizerischen Solarpreises 1994 verdoppelte die Gemeinde Feldis bei praktisch gleichbleibender Bevölkerungszahl die damals schon große

Dorfplatz Feldis.

Die bis etwa um 1900 benutzte alte Zugangsstraße nach Feldis. Heute der Wanderweg nach Tarpegl.

Kollektorfläche thermischer Solaranlagen und verzehnfachte die installierte Leistung [...]. Mit beinahe 400 W (3 m²) pro Einwohner/in installierter Solarzellenleistung entspricht dies dem Hundertfachen des Schweizer Durchschnitts [...]. Durch diese außergewöhnliche Leistung erreicht die Gemeinde Feldis in Europa und wahrscheinlich weltweit einen Spitzenplatz bezüglich nachhaltiger Stromversorgung pro Einwohner/in. Aus diesen Gründen erhält Feldis den Solarpreis 2004.« Gegenwärtig leisten auch die Elektrizitätswerke der Stadt Zürich, ewz, Förderbeiträge an die Solarstromproduktionsanlagen im Domleschg, am Heinzenberg und im Rheinwald, um Ökostrom mit dem Label naturemade star weiterzuverkaufen.

»Das kleine, aber feine Erholungs-, Wander- und Naturparadies hoch über dem Rheinzusammenfluss«, wie es zu Recht auf der Titelseite der Broschüre von Pro Feldis heißt, ist Ausgangspunkt der Panoramawanderung nach Trans. Vom Plaz mit dem großen Dorfbrunnen steuern wir als erstes den Thusisblick an. Wir gehen auf der alten Feldiser Straße, heute ein historischer Verkehrsweg von regionaler Bedeutung, der nach 50 Metern von der Fahrstraße abzweigt und parallel zur heutigen Zufahrtsstraße nach Osten führt. Der erste Abschnitt ist auch der Blumenweg, romanisch Voia da Flurs. Links und rechts des Wegs sind ausgewählte Pflanzen, Blumen, Kräuter und Sträucher auf Deutsch und Romanisch angeschrieben.

Bei Punkt 1443 führt der Weg im Wald 60 Höhenmeter in südlicher Richtung abwärts, dann über den Bach und weiter leicht ansteigend zum Thusisblick, den wir nach einer knappen Stunde erreichen. Auf dem Weg geben Waldlichtungen die Sicht zum Ausgangspunkt der Wanderung, auf den Ringelspitz und den Flimserstein frei. Kurz vor und etwas unterhalb des Thusisblicks befindet sich ein kleines Moor mit einem Weiher.

Beim Thusisblick (1511 m) lädt eine Liegebank zum Ausruhen ein. Bei klarer Sicht schweift der Blick über das Domleschg: Im Zentrum der kanalisierte Hinterrhein, die verschiedenen Verkehrsstränge, im Südosten die Domleschger Dörfer und Schlösser, im Westen der Heinzenberg, im Süden das Regionalzentrum Thusis und der Eingang zur Viamala. Im Hintergrund thront der Piz Beverin. Am obersten Rand des nach Süden abfallenden Steilhangs wachsen auf steinigem Boden Föhren und Wacholdersträuche.

Aussicht vom Thusisblick über das Domleschg nach Süden mit der A13, die zwischen Fürstenau und Cazis über den Hinterrhein führt.

Vom Thusisblick führt die Route zu Punkt 1508 im lichten Lärchenweidwald am Südrand des Bual und von dort dem Waldrand entlang steil abwärts zur Straße über dem Weiler Purz. Ein alter Weg führt an der inmitten von Bergwiesen an schönster Hanglage zwischen Purz und Scheid (romanisch Sched) stehenden Kirche mit dem schlanken Turm vorbei. Wenig später ist die Hauptstraße zu überqueren.

Wir gehen auf der Dorfstraße hinunter nach Scheid bis zur Kurve (1219 m) mit dem Wegweiser nach Trans. Von hier nach

Lärchenweidwald auf dem Bual zwischen Feldis und Scheid.

Kirche von Scheid mit Tiefblick in die Wald- und Tobellandschaft der Val da Sched.

Osten wieder leicht ansteigend auf dem Feldweg zur Val da Sched. Unterhalb Tscheppa queren wir den steilen Gualt (Wald) da Sax und überwinden ein Bachtobel.

Weiter geht es über eine erodierende und etwas rutschige Runse knapp 100 Höhenmeter aufwärts. Die heikelste Stelle ist mit einer fixen Kette gesichert. Nach diesem Steilstück, das Trittsicherheit erfordert, verläuft der schmale, von der Domleschger »Gruppe Wanderwege und Natur« instand gestellte und gut unterhaltene Weg durch die bewaldete Südwestflanke der Val da Tumegl.

Nach einem weiteren Bachübergang führt eine Forststraße zu den Lärchenweidwäldern von Muletgs auf eine offene Geländeterrasse hoch über dem Domleschg, wo sich das Tran-

Wegführung zwischen Tscheppa und Tuleu über der Val Tumegl.

ser Ferienlagerhaus befindet. Von hier sind es noch 500 Meter auf der Fahrstraße – der alte Weg ist leider abgezäunt und eingewachsen – bis zum ehemaligen Schulhaus im oberen Dorfteil von Trans, wo das Postauto hält. Auf halbem Weg dorthin, unterhalb der Fahrstraße, liegt der Bauernhof Pro digl Begl, einer der sechs nach dem Dorfbrand von 1944 und der darauffolgenden Güterzusammenlegung ausgesiedelten Berglandwirtschaftsbetriebe.

Ortsporträt Feldis

Feldis, früher selbständige Berggemeinde, schloss sich 2007 mit Tumegl/Tomils zusammen, und ist nach einer weiteren Gemeindefusion seit 2015 Teil der Gemeinde Domleschg.

Der Feldiser Dorfkern am Plaz besteht mehrheitlich aus Steinbauten, die nach der Feuersbrunst vom 16. März 1774 errichtet wurden. Manche sind mit Inschriften im romanischen Idiom Sutselvisch verziert. In Feldis/Veulden sprach bis in die 1970er-Jahre noch etwa die Hälfte der Bevölkerung Romanisch, um 2000 waren es nur noch 14 Prozent der 129 Personen zählenden Einwohnerschaft.

Die am südlichen Dorfrand an der Hangkante liegende reformierte spätgotische Kirche wurde um 1500 auf Mauern eines romanischen Vorgängerbaus erstellt. Den Dorfbrand von 1774 überstand sie nicht unbeschadet, sie konnte aber wieder instand gestellt werden, neu wurde damals die geschweifte Barockhaube aufgesetzt. Die letzte Außenrenovation wurde 1968 vorgenommen, die Innenrestauration 1975/76.

Vor dem verheerenden Dorfbrand lebten in Feldis/Veulden um die 400 Menschen. Auf die Feuerkatastrophe folgte eine starke Abwanderung. Seit 1904 besteht die Fahrstraße vom Domleschg nach Feldis. Sie trug wohl dazu bei, dass die Bevölkerungszahl in der ersten Hälfte des 20. Jahrhunderts wieder anstieg. Die 1958 eröffnete und 2006 erneuerte Luftseilbahn Rhäzüns–Feldis war vor allem förderlich für den Tourismus.

Mitte der 1980er-Jahre gab es 475 Fremdenbetten, davon 69 Prozent in Zweitwohnungen. Viele Ferienhäuser wurden zwischen 1960 und 2010 in der Nähe der Seilbahnstation auf den nordwestlich des Dorfzentrums gelegenen Wiesen erstellt und mit Zufahrtswegen erschlossen. So ist hier ein aussichtsreicher sonnenverwöhnter »Hüslihang« entstanden. Mit der Orts-

Schulhaus Feldis mit Fotovoltaik-Anlage.

Häuser am Sonnenhang westlich des Dorfkerns und nahe der Seilbahnstation.

planung sollten die Zweitwohnungen auf dieses Gebiet beschränkt bleiben.

Feldis setzt seit einem halben Jahrhundert auf einen »familiären« Sommer- und Wintertourismus. Zwischen 1958 und 1972 gab es einen der ersten Skilifte in der Region Domleschg, er führte von der Talstation La Val, zu der man vom Dorf zu Fuß gehen musste, nach Rumadetsch. 1972 trat der Sessellift Feldis–Mutta an die Stelle des Skilifts. 2004 wurde er durch eine neue Sesselbahn ersetzt. Damit besteht nun auch eine Verbindung zum Wanderparadies rund um den Dreibündenstein.

Auch die Infrastruktur für die Landwirtschaft wird erneuert. Seit 2014 ist in Feldis eine Gesamtmelioration im Gang. Parzellen werden zusammengelegt und durch den Ausbau bisheriger und die Erstellung neuer Wege über eine Gesamtlänge von 23 Kilometern leichter zugänglich gemacht. Die beauftragten Landmanagement-Fachleute beabsichtigen, »ein ausgewogenes Infrastruktur- und Naturschutzprojekt zu realisieren«. Es gibt aber auch Vorbehalte und Einsprachen gegen den Bau von Betonspuren und die Erschließung bisher wenig berührter Gebiete. Eine kleine Gruppe von Einheimischen und Feldis-Liebhabern will »das Schlimmste verhindern« und mithelfen, »die großartige Biodiversität von Feldis zu erhalten«.

Der Dorfbrand von Trans 1944 und andere Feuersbrünste im Domleschg

Nach heißen und trockenen Sommermonaten brach am späten Vormittag des 24. August 1944 in Trans ein Dorfbrand aus. Der damals 24-jährige Bartolome Tscharner erinnert sich im *Transer Neujahrsblatt auf das Jahr 1995* an den Tag der Katastrophe, an dem er zufällig Urlaub vom Militärdienst hatte und in Trans war. Es war die Zeit der Ernte auf den Heubergen Vazos, den Maiensäßen Schins und den Vorwinterungen unterhalb des Dorfes, also hielt sich kaum jemand im Dorf auf; niemand beobachtete den Ausbruch des Feuers, das spielende Kinder verursacht haben sollen. »Beim Eintreffen der Bevölkerung, welche auf dem Felde beschäftigt war, war ein Löschen des Feuers unmöglich mehr, sodass bis an die untersten Gebäude alles ein Raub der Flammen wurde. Um 13 Uhr war das Dorf vollständig eingeäschert. Mitverbrannt sind sämtliche Vorräte sowie das meiste Mobiliar«, heißt es im Gemeindeprotokoll, das Nott Caviezel in seiner Schrift *Dorfbrände in Graubünden 1800–1945* zitiert.

Das alte Trans war ein Haufendorf mit eng zusammenstehenden Häusern. Vom Feuer verschont blieben nebst der Kirche einige wenige Bauten am südlichen Rand des Dorfes. »Vierzehn Wohnhäuser, 15 Ställe und das Pastregn, das gemeinsame Back- und Waschhaus, waren zerstört.

Glück im Unglück war, dass kein Mensch ums Leben gekommen war. Aber die Folgezeit war für die Obdachlosen miserabel. Am ersten Abend versuchten alle irgendwie unterzukommen, in der Kirche, in Kellern, Maiensäßen und Hütten. Das Angebot der Gemeinde Paspels, ein Quartier im Tal, wollte niemand annehmen«, schreibt Bartolome Tscharner in seinen Erinnerungen fünfzig Jahre nach dem Brand von Trans.

Im August 1945 begann der Wiederaufbau. Vorübergehend lebten die Leute in Baracken. »Im Winter ist man darin beinahe erfroren und im Sommer herrschte darin unerträgliche Hitze«, sagt eine Zeitzeugin. Bis Neu-Trans fertig gebaut war und alle Familien wieder ein Zuhause hatten, dauerte es fünf Jahre. In Verbindung mit einer Güterzusammenlegung erfolgte der Neubau von sechs Höfen in einem weiteren Umkreis des Dorfes.

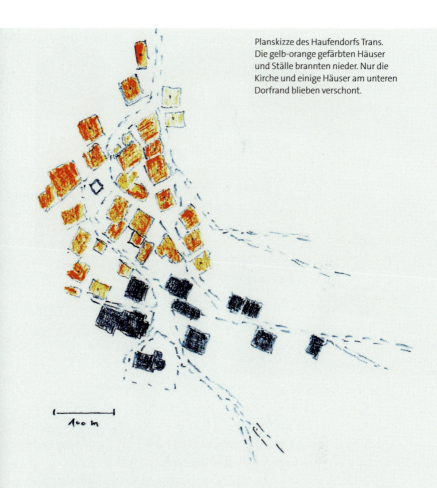

Planskizze des Haufendorfs Trans. Die gelb-orange gefärbten Häuser und Ställe brannten nieder. Nur die Kirche und einige Häuser am unteren Dorfrand blieben verschont.

Streitereien im Zusammenhang mit der Güterzusammenlegung und mit der von den Behörden forcierten Aussiedlung der Landwirtschaftsbetriebe hatten eine lange Planungs- und Bauzeit zur Folge.

Die Siedlung sah nun ganz anders aus. Nur zwei Bauernhöfe, ein Wohnhaus und das Schulhaus, alles Holzstrickbauten, wurden in lockerer Anordnung im Bereich des alten Dorfkerns errichtet.

Trans war nicht der einzige Ort im Hinterrheintal, der von einer Feuersbrunst zerstört wurde. Zwischen 1656 und 1944 ereigneten sich zwischen Bonaduz und Splügen 22 Dorfbrände. Die Schauplätze und die meisten Daten der Ereignisse sind bekannt. Nott Caviezel listet die Dorfbrände zwischen 1800 und 1945 nicht nur präzise auf, er beschreibt auch die risiko-

Dorfplatz von Trans mit einem freistehenden, nach dem Dorfbrand von 1944 errichteten Wohnhaus.

reichen gedrängten Dorfstrukturen, die Ohnmacht der Feuerwehren und die Not vieler betroffener Familien, die keinerlei Versicherung hatten.

Thusis brannte nach den Jahren 1656, 1727, 1742 am 29. Juni 1845 zum vierten Mal – »eine der bedeutendsten und folgenschwersten Feuersbrünste des Kantons [...]. Von 85 Häusern brannten 79 ab; von 60 Ställen blieben nur 6 unversehrt; gemäß anderen Quellen sollen 80 Häuser und 80 Scheunen abgebrannt sein«, schreibt Caviezel. Mit den Gebäuden wurde auch alles, was darin war, zerstört: Heuvorräte, Lebensmittel und der ganze Hausrat. »121 Familien waren binnen kurzer Zeit hilfsbedürftig geworden. Schnell folgten Spendenaufrufe in den Zeitungen, die ausdrücklich darauf hinwiesen, dass es nicht nur an Geld mangle.«

Innert kurzer Zeit gingen viele Naturalspenden ein. Die Brandruinen wurden weggeräumt, der Wiederaufbau geschah aber nicht an der gleichen Stelle, sondern entlang der nun auch neu realisierten Durchgangsstraße

Pro digl Begl, ein nach dem Dorfbrand von 1944 erstellter Bergbauernhof außerhalb des Dorfes.

gegen die Viamala, auf dem landwirtschaftlichen Boden, der enteignet, in regelmäßige Parzellen aufgeteilt und neu zugeteilt wurde.

Heute begehen oder befahren wir auf der Länge von einem Kilometer die Mitte des 18. Jahrhunderts erstellte gut 13 Meter breite Neudorfstraße mit den Geschäfts- und Wohnhäusern auf beiden Seiten. Die nach dem Brand aufgestellten Stallscheuen schließen, getrennt durch einen Hof und von der Straße her kaum einsehbar, gegen Westen an die Häuserreihe an. Sie sind von der Oberen und der Unteren Stallstraße her zugänglich, die parallel zur Hauptstraße verlaufen. Heute haben sie kaum mehr eine Funktion für die Landwirtschaft.

Route 3: Tumegl/Tomils–Dusch–Paspels–Almens–Scharans–Sils i.D.–Thusis

Auf der Oberen Domleschger Landstrass

Beinahe paradiesisch schön ist das Wandern auf alten Wegen ohne Hartbelag entlang von Trockenmauern, Waldrändern und Obstgärten mit dem Blick auf Burganlagen, den Heinzenberg und den Piz Beverin.

Wanderzeiten	
Tumegl/Tomils–Dusch	0 h 40
Dusch–Almens	0 h 50
Almens–Scharans	0 h 40
Scharans–Sils i.D.	0 h 50
Sils i.D.–Thusis Bahnhof	0 h 50
Totale Wanderzeit	**3 h 50**
Höhendifferenz	↗ 400 m, ↘ 500 m
Distanz	13,5 km

Charakter
Abwechslungsreiche Wanderung auf guten Wegen durch Wiesen, entlang von Hecken, Obstgärten und kleinen Waldabschnitten. T1.

Beste Jahreszeit
Februar bis November

Wir erwandern die sonnenverwöhnte Talschaft Domleschg (romanisch Tumleastga, die Landschaft von Tumegl/Tomils), die sich nach der Talenge von Rothenbrunnen auf einem Plateau über dem Hinterrhein bis zum Eingang der Viamala-Schlucht bei Thusis erstreckt.

Die milde Gegend ist beinahe ganzjährig zu erwandern. Die Dörfer des Domleschgs sind nicht nur mit einem ausgebauten Straßennetz mit guten ÖV-Anschlüssen miteinander verbun-

Domleschger Obstgarten mit Heinzenberg und Piz Beverin.

den, sondern auch mit einem dichten Netz an Wegen für den Langsamverkehr.

Zum geografisch-kulturellen Gebiet Domleschg, das früher einem Wahl- und Gerichtskreis entsprach, gehören die Gemeinden Sils, Scharans, Fürstenau, Domleschg und Rothenbrunnen. Seit 2015 ist Domleschg auch ein Gemeindename. Acht Fraktionen, nämlich die Taldörfer Almens, Pratval, Rodels, Paspels und Tomils und die Bergdörfer Feldis/Veulden, Scheid und Trans bilden die Fusionsgemeinde Domleschg.

Es lohnt sich, die Wanderung mit einem Dorfrundgang durch Tumegl/Tomils und einem Abstecher zur außerhalb des Dorfrands liegenden Kirche zu beginnen (zusätzlich 30 Minuten einrechnen). In der 1486 geweihten Kirche katholischen Kirche Maria Krönung von Tumegl/Tomils hat der reformierte Wandermaler Hans Ardüser die Innenwände bemalt: In zwei Jochbögen quadratische Wandbilder mit biblischen Motiven und im Bogen neben der Kanzel unter anderem ein Bild mit Darstellungen von Tomils, Paspels und Schloss Ortenstein, davor Mauritius (Sogn Murezi), der Namensgeber der Vorgängerkirche, die wahrscheinlich im 7. Jahrhundert erbaut und bis ins

Wandbild des heiligen Mauritius von Hans Ardüser in der Kirche von Tumegl/Tomils.

Die Kapelle St. Maria Magdalena, romanisch Sontga Mareia Magdalagna, oberhalb von Dusch.

16. Jahrhundert benutzt worden war. Die Fundamente der einstigen Dreiapsidenkirche Sogn Murezi aus karolingischer Zeit wurden in den letzten Jahrzehnten freigelegt. Sogn Murezi war ein kirchliches Zentrum im frühmittelalterlichen Graubünden. Eine umfangreiche Publikation zu Sogn Murezi erschien 2020 in der Reihe Archäologie Graubünden, verfasst von Ursina Jecklin-Tischhauser.

Beim Dorfrundgang an der alten Post, der Posta veglia, vorbei, fallen die Hausinschriften auf, teils in romanischer, teils in deutscher Sprache. Der Anteil der Romanisch sprechenden Bevölkerung lag im Jahr 2000 unter fünf Prozent, die Amtssprache ist Deutsch, nur der offizielle Ortsname ist zweisprachig geblieben. Einige hübsche Hausgärten, die noch nicht in Parkplätze umgewandelt sind, weisen auf das milde Domleschger Klima hin, ebenso die Obstgärten am Südrand des Dorfes.

Wieder beim Dorfeingang, wo sich der Postautowendeplatz und das Altersheim befinden, gehen wir ein kleines Stück auf der Straße, die nach Trans führt, und zweigen bald rechts ab auf den Feldweg nach Dusch, zuerst am Waldrand, dann durch einen alten Feldobstgarten, hier Bongert genannt.

Paspels. Im Vordergrund das Schulhaus, entworfen von Valerio Olgiati. Im Hintergrund die Burgruine Alt Süns.

Im Weiler Dusch mit dem geschützten Ortsbild steht das mächtige Haus Buol und etwas oberhalb des Weilers auf einem von Bäumen umgebenen Trockenwiesenplateau im Schutzgebiet Dusch die Kapelle St. Maria Magdalena (romanisch Sontga Mareia Magdalagna). An der Südwand der kleinen, einst regional bedeutenden romanischen Saalkirche mit der niedrigen Apsis begegnen wir wieder einem Werk des Waltensburger Meisters. Der Wandmaler schuf hier um 1350 einen Christophorus. Wer im Innern der Kapelle die aus dem 14. Jahrhundert stammende Wandmalerei mit dem Magdalenenzyklus sehen möchte, holt den Schlüssel für die Kapelle im Denner-Dorfladen Paspels.

Von Dusch führt ein angenehm zu gehendes, von Trockenmauern und Hecken gesäumtes Strässchen nach Paspels, vorbei am 2020 von Biosuisse für die pionierhafte Hofschlachtung ausgezeichneten Bio-Demeter-Betrieb mit Hofladen von Georg Blunier und Claudia Hanimann. Die Grauviehkälber kommen hier zur Welt, wachsen auf, weiden, werden älter, werden

Mutterkühe und sterben, ohne je ins Schlachthaus gefahren werden zu müssen. Dank der Intervention von Nina von Albertini, die in Dusch wohnt, wo sie ein Umweltbüro führt, ist die Straße in ihrem traditionellen Erscheinungsbild erhalten und weder asphaltiert noch verbreitert worden.

Am oberen Dorfrand von Paspels treffen wir auf das das moderne, von Valerio Olgiati entworfene, 1997/98 in Sichtbeton gebaute Oberstufenschulhaus, im Innern mit Zimmern aus Lärchenholz. Der Bau ist ein interessanter Kontrast zu den historischen Baudenkmälern von Dusch. Das Paspelser Schulhaus gehört zu den 52 besten Bauten, die vom Bündner Heimatschutz für die Jahre 1950–2000 ausgewählt wurden.

Von der südlichen Ecke des Schulhauses am oberen Siedlungsrand von Paspels folgen wir der Oberen Domleschger Landstrass, die uns dem Hang entlang bis nach Scharans führen wird. Der meist unbefestigte Weg mit Erd- und Schotteroberfläche diente und dient als regionale Verbindung zwischen den Domleschger Dörfern, mit Anschluss an den alten Schynweg nach Obervaz.

Eine der vielen Trockenmauern an der Oberen Domleschger Landstrass.

Hohlweg, gesäumt von Hecken und Feldgehölz, zwischen Almens und Scharans.

Die Strecke mit historischem Verlauf – im Inventar der historischen Verkehrswege IVS mit GR 273 bezeichnet – hat nationale Bedeutung. Die Route verläuft in einer vielfältigen Landschaft am Rand von Hecken und Obstwiesen. Die Böschungen der Oberen Domleschger Landstrass werden beidseits des Trassees von Trockenmauern aus Lese- und Bruchsteinen gestützt. Als die Mitarbeitenden von ViaStoria in den 1980er- und 1990er-Jahren die Feldarbeiten für das Inventar durchführten, waren viele Trockenmauerabschnitte in schlechtem Zustand. Freiwillige aus Vereinen, Jugendliche in Lehrlingslagern und Fachleute aus der Region und von auswärts haben inzwischen im Rahmen des Projektes Kulturlandschaft Domleschg viele der wegbegleitenden Trockenmauern saniert oder gesichert.

Ein Teil des Wegabschnitts zwischen Paspels und Almens ist nicht nur ein historischer Verkehrsweg, sondern als Veia da pumera auch ein dreieinhalb Kilometer langer Themenweg zu Obstbäumen, Obst, Natur und Kultur. Beim Gehen erfahren wir viel über die Geschichte der Obstkultur, den Anbau, die Pflege, Ernte und Verwertung von Äpfeln, Birnen, Zwetschgen. Es geht zum hübschen Canovasee, der sich in Privatbesitz befindet, in dem man aber im Sommer gegen eine Eintrittsgebühr baden kann. Die Fortsetzung unseres Wegs verläuft östlich vom Canovagut und hinter der Cresta da Canova und dann leicht abwärts nach Noeins.

Dort, am Ende einer Trockenmauer beim Eingang zum Gut Noeins, steht ein Maulbeerbaum. Er erinnert an die Periode, als es im Domleschg eine beträchtliche Zahl von Maulbeerbäumen gab, um Seidenraupen zu züchten. Mitte des 19. Jahrhunderts konnten große Mengen von Seidenraupenkokons an Seidenfabriken in Chiavenna exportiert werden, allerdings brach dieser Wirtschaftszweig innert weniger Jahre wieder zusammen.

Nachdem wir ein kleines Tobel durchquert haben, kommen wir zum Schloss Rietberg, wo Andrea und Ursi Hämmerle 1986 begannen, den Obstbau auf ihrem Landwirtschaftsgut, das seit langem ein »richtiges Obstzentrum« war, weiter zu pflegen. (siehe Thema Seite 69)

Von der Wegkreuzung und Postautohaltestelle Schloss Rietberg führen zwei Wege nach Almens. Der kürzere und direktere

Ausblick vom Schlossturm von Rietberg auf Rodels.

entlang der Obstbaumreihe, die beim Freilaufstall des Landwirtschaftsbetriebs Rietberg abzweigt, der etwas längere entlang der Veia pumera über Klein Rietberg und über die Straßenkreuzung (738 m) bei Sagliolas zum oberen Dorfteil von Almens.

Im Dorfzentrum steht die katholische Pfarrkirche St. Andreas. Sie setzt sich zusammen aus dem von Nordost nach Südwest ausgerichteten, Ende des 17. Jahrhunderts errichteten Hauptteil mit der zweigeschossigen barocken Fassade, einem Reststück der mittelalterlichen Kirche, die rechtwinklig zum heutigen Hauptbau steht, und dem 1702 erstellten Turm. In Almens gibt es auch eine reformierte Kirche. Das ist erstaunlich für das kleine Dorf. Die Erklärung: Nachdem die Angehörigen beider Konfessionen hundert Jahre lang dieselbe Kirche benutzt hatten, war es für den Bischof von Chur wichtig, die Andreaskirche ausschließlich für das eigene Glaubensvolk zu haben. So finanzierte er eine extra für die Protestanten erstellte neue Kirche am unteren Dorfrand.

Gleich daneben können wir uns im Gasthaus Landhus verpflegen. »Frisch, saisonal, regional«, wird vom Restaurant angekündigt – und das stimmt für den schreibenden Wanderer ebenso wie das »Kochen mit Sorgfalt und Liebe« und das »Servieren mit Herz und Verstand«. Das Landhus bezieht viele Produkte von Biohöfen aus der nächsten Umgebung.

Beim Dorfrundgang durch Almens fallen nicht nur die beiden Kirchen auf, sondern nebst einigen wenigen jahrhundertealten renovierten und erweiterten Bauten auch das klassizistische Wohn- und Geschäftshaus mit der doppelseitigen Freitreppe. Die alten Stallscheunen, die an Wohnhäuser angebaut sind oder frei zwischen ihnen stehen, haben die ursprüngliche Funktion verloren und sind zum Teil umgebaut. Moderne Landwirtschaftsbauten stehen am Dorfrand.

Wir gehen an Sagliolas vorbei auf dem markierten Wanderweg nach Süden in Richtung Scharans und passieren zuerst einen der großen neuen Ställe mit Pferdekoppel. Dann führt der von Hecken und Trockenmauern gesäumte Feldweg, der beim Bach aus der Val Pischa die Gestalt eines Hohlwegs hat,

Neupflanzung eines Obstgartens bei Scharans.

durch eine abwechslungsreiche traditionelle Kulturlandschaft. Auf der angenehm zu gehenden Route öffnen sich zwischen Heckenabschnitten und Baumreihen immer wieder Fenster zu den Domleschger Obsthainen und zum gegenüberliegenden Heinzenberg sowie – welch ein Gegensatz! – auf das langgezogene und von einer sieben Meter hohen Mauer umrandete modernste Gefängnis der Schweiz. Es ist die Bündner Justizvollzugsanstalt Cazis-Tignez, die bereits beim Blick von Dusch ins Tal aufgefallen ist (siehe Thema Seite 74). Am Siedlungsrand von Scharans wandern wir zuerst an einem ausgesiedelten Bauernhof vorbei, dann durch die Quartierstraße Quadra, die entlang eines ausgedehnten Einfamilienhausquartiers zum Dorfzentrum führt.

Scharans: Dorfpartie mit dem Atelierbau von Linard Bardill, Architektur Valerio Olgiati.

Einen augenfälligen Kontrast zu den nördlichen Randzonen des Dorfes, die Elisabeth Messmer in ihrer Gemeindestudie über Scharans bereits Mitte der 1970er-Jahre als zersiedelt bezeichnet hatte, bildet der alte, südlich gelegene kompakte Dorfteil mit seiner wertvollen alten Bausubstanz.

Einen Kontrapunkt bildet das Atelierhaus des Liedermachers beziehungsweise »Liederers« Linard Bardill im Dorfkern: Der Architekt Valerio Olgiati konzipierte für Bardill einen Neubau, der die Umrisse des Vorgängerbaus – eines Stalls – exakt wiedergibt, jedoch vollständig aus rötlichem Beton gebaut ist. In Scharans wie in der ganzen Talschaft stechen die Gegensätze zwischen den in den letzten drei Jahrzehnten aus den alten Dorfkernen herausgewachsenen Neubauquartieren und den naturnahen Zwischenzonen ins Auge.

Vom südlichen Scharanser Dorfrand beim Wegweiser Parnegl/Siedlung Albula-Sils führt die Wanderroute an den Gebäuden der Stiftung Scalottas, Kompetenzzentrum für Menschen mit Behinderung, vorbei über ein kleines Bachtobel zum Landwirtschaftsbetrieb Era Plauna (794 m) und seinem Hofladen. Weiter durch offenes Gelände über Danis in den Wald, wo nach 200 Metern ein schmaler Fußweg abwärts über eine Geländestufe ans Nordufer der Albula führt, der wir ein Stück weit folgen, um sie dann zu überqueren.

Wir gelangen zu den Anlagen der Kraftwerke Hinterrhein (KHR) und des Elektrizitätswerks der Stadt Zürich (ewz) am

Ausgang der Schynschlucht in Sils im Domleschg (Sils i.D.). Eindrücklich ist das ewz-Maschinenhaus, 1910 gestaltet nach Plänen von Gustav Gull, der auch Architekt des Landesmuseums Zürich war. Die Turbinen nutzen das unterhalb von Tiefencastel gestaute Albulawasser. In die 1961 auf der anderen Seite der Albula erstellte Zentrale der Kraftwerke Hinterrhein führt der Druckstollen vom Kraftwerk und Ausgleichsbecken Bärenburg.

Weiter gehen wir jetzt wieder in nördlicher Richtung unterhalb des Schlosses Baldenstein zu den Arbeiterwohnhäusern der Albulawerke des ewz, gebaut um 1910 im neuen Heimatstil vom Architekten Nicolaus Hartmann. In diesem Quartier stehen auch die Bauten der ehemaligen Bündner Wolldeckenfabrik, wo die gewerkschaftlich organisierte Belegschaft 1946 und im Winter 1952/53 gestreikt hatte. Der erste Streik war ein Solidaritätsstreik für die Arbeiterschaft der Tuchfabrik Cazis. Auslöser für den zweiten, mehrmonatigen Streik war die Entlassung zweier organisierter Arbeiter. Darauf folgten Solidaritätskundgebungen in verschiedenen Gebieten der Schweiz. Der Unter-

Maschinenhaus des Elektrizitätswerks der Stadt Zürich (ewz).

nehmer verlagerte die Produktion nach Locarno, die meisten Arbeiterinnen und Arbeiter waren gezwungen, von Sils wegzuziehen.

In den Gebäuden, in denen es im Jahr 2011 einen Brand gab, sind immer noch verschiedene Gewerbebetriebe untergebracht. Die letzte, ausgiebig markierte Etappe unserer Wanderung führt westlich der Burg Baldenstein über Sant Cassian ins Zentrum von Sils i.D., wo auch die Kirche steht. Beim Dorfplatz gehen wir gemäß dem Wegweiser auf einer Quartierstraße weiter nach Westen, unter der A13 durch, dann überqueren wir auf dem Silserbrüggli den Rhein. Diese Holzhängebrücke wurde 1925 vom Bündner Zimmermeister und Gerüstbauer Richard Coray gebaut und gilt als eine der schönsten Flusshängebrücken der Schweiz. Danach geht es zwischen Bad und Campingplatz ins Wohnquartier östlich des Bahnhofs von Thusis und zum Bahnhof.

Für Arbeiterfamilien der Albulawerke erstelltes Wohnhaus in Sils nach Plänen des Architekten Nicolaus Hartmann.

Alte Wege, Hecken, Trockenmauern, Obstbäume und die Zoja-Apfelschachtel

Die Domleschger Kulturlandschaft ist nicht nur durchzogen von einem dichten Netz von Flurwegen, sondern auch reich an Hecken, Trockenmauern, Halbtrockenrasen und Hochstammobstgärten – Zeugen für die frühere Bedeutung des Domleschgs als Obstbaugebiet. Je nach Jahreszeit – im milden Domleschg ist praktisch jede Jahreszeit auch Wanderzeit – präsentieren sich die Obstbäume unterschiedlich, hell blühend im Frühjahr, dicht grün belaubt und schattenspendend im Hochsommer, je nach Jahr voll mit Früchten behangen im frühen Herbst und im farbigen Blätterkleid im Spätherbst. Im Winter ragen sie kahl und dunkelbraun, ja fast schwarz im Gegenlicht zum Himmel und kontrastieren die Schneedecke.

In früheren Jahrhunderten war Dörrobst im Winter ein wichtiges Nahrungsmittel. Unterhalb des Giebels verschiedener alter Häuser, zum Beispiel in Fürstenau, weisen die ausfahrbaren Dörrlauben oder Dörrschlitten auf die traditionelle Konservierungsmethode hin. Lagerfähige Obstsorten konnten jeweils in den Naturkellern bis gegen Ende Winter gelagert werden. Ab dem 18. bis in die erste Hälfte des 20. Jahrhunderts fand das Domleschger Obst über die Selbstversorgung hinaus einen sehr speziellen Markt.

Vielfach erzählt und geschrieben ist die Geschichte des Exports von Äpfeln und Zwetschgen bis nach Sankt Petersburg an den damaligen Zarenhof. Noch bis zur Mitte des 20. Jahrhunderts lieferten Domleschger Obstbetriebe ihre Produkte in die aufkommenden Tourismuslandschaften Davos und Engadin. Der 1946 geborene Andrea Hämmerle von Rietberg erinnert sich daran, wie in seiner Jugendzeit »Äpfel von hier in Hotels ins Engadin gingen. Jeder einzelne Apfel wurde in Seidenpapier gewickelt, in einen Harass gelegt, rundherum mit Holzwolle geschützt, verschlossen und auf den Bahnhof gebracht.« Von der Station Rodels-Realta ging der Transport mit der Rhätischen Bahn nach St. Moritz und in die Hotels.

In den 1960er- und 1970er-Jahren schrumpfte der Feldobstbau in Graubünden wie überall in der Schweiz. Auch im Domleschg sank die Zahl der Hochstammobstbäume massiv. Sie wurden gerodet, starben wegen Überalterung ab, und Nachwuchs wurde kaum gepflanzt. Nach einer beunruhigenden Bestandsaufnahme von 1986 mithilfe der damaligen Eidgenössischen Forschungsanstalt für Obstbau Wädenswil (heute Agroscope) begannen einzelne Bauern und auch Gemeinden, den Feldobstbau wiederzubeleben, noch vorhandene Bäume wieder zu pflegen oder durch junge Bäume zu ersetzen. Tumegl/Tomils schuf eine »Schutzzone für Obstbäume«.

Auf privater Ebene setzten sich ab 1982 Andrea und Ursula Hämmerle für den Erhalt des traditionellen Obstbaus im Landwirtschaftsbetrieb von Schloss Rietberg ein. Sie sicherten den alten Bestand von 150 Hochstammobstbäumen, zumeist Apfelbäumen, innerhalb der Mauer, die das Schlossgut umgibt; sie pflegen die Anlage zusammen mit dem heutigen Betriebsleiter Fidel Hämmerle weiter. Auf dem Obstbaubetrieb Rietberg ist die Anzahl der Bäume »gleich wie vor fünfzig Jahren, weil wir jedes Jahr Bäume herausgenommen und junge angepflanzt haben«, sagt Andrea Hämmerle im Gespräch.

Das war in einer Zeit, als die Mehrheit der Domleschger Bauern »wenig Interesse« zeigte, Obstbau zu betreiben, und der landwirtschaftliche Beratungsdienst andere Prioritäten setzte. Heute gibt es ein »Nebenher von

Schloss Rietberg: Obstgarten mit Turm.

Intensiv- und Extensivobstbau«, schreibt Paul Bolli in *Obstland Graubünden*. Existenzsichernd sind heute allenfalls die intensiv betriebenen Niederstammbetriebe in den größeren Landwirtschaftszonen, die für größere Märkte produzieren. Die Wiesen mit Hochstamm-Obstbau liegen in der Regel an den Siedlungsrändern oder um die Schlossgüter. Das Obst wird oft direkt vermarktet, ab Hof oder auf dem regionalen Markt, es dient weiterhin der Selbstversorgung und wird teils vermostet.

Was Bolli 1988 zur Bedeutung des »Altobstbaus« sagte, gilt auch dreißig Jahre danach noch: »Die Bedeutung liegt zu einem großen Teil im Landschafts- und Naturschutz. Die Bäume sind wichtig für die Biodiversität und immer noch willkommene Schattenspender für Mensch und Tier.« Im Rahmen eines Kulturlandschaftsprojektes wurden im Domleschg seit 1996 Hunderte von Hochstammobstbäumen neu gepflanzt. Das Projekt gab den Impuls für weitere Erhaltungs- und Pflegemaßnahmen der Domleschger Kulturlandschaft.

Vor zwanzig Jahren, am 30. Januar 2001, erläuterte die Agronomin und Fachfrau für Bodenökologie Esther Bräm im Rahmen des Obstvereins die

Alter Nussbaum bei Scharans.

Argumente für das Projekt Kulturlandschaft Domleschg: »Unsere Landschaft ist zum Teil geprägt durch naturnahe Bewirtschaftung früherer Generationen. Dazu gehören kleinflächige Terrassierungen und Parzellierungen, Hecken und Weiden. Besonders die Hecken bedürfen heute der Pflege, da die sie überwuchernden Eschen nicht mehr als Energiespender zum Eigenbedarf genutzt werden und drohen, die Hecken zu dominieren. Wichtig ist auch, dass nicht bis an die Hecken heran Jauche ausgebracht wird. Die Vögel, die in den Hecken brüten, benötigen in unmittelbarer Nähe Magerwiesen mit einer Vielfalt von Blumen und Gräsern als Nahrungsgrundlage für die Aufzucht der Jungvögel. Aber auch dort, wo nicht mehr geweidet wird, wie zum Beispiel in der Scheidhalde, drohen die Weideflächen, die gleichzeitig auch Trockenstandort für eine reichhaltige Flora sind, durch wildes Überhandnehmen von Gehölzen, verloren zu gehen. Zum Projekt gehören auch Sanierungsarbeiten an Trockenmauern, welche zum Teil vom Erscheinungsbild einen kulturellen Wert haben, aber auch Unterschlupf für zahlreiche Kleinlebewesen bieten.«

Inzwischen wird der Obstbaumbestand in manchem Bongert, wie die Obstgärten rund um die Domleschger Dörfer genannt werden, wieder gepflegt. Mit der großen Zahl an Apfel-, Birnen-, Kirschen-, Zwetschgensorten und mit Nussbäumen, Wildrosen und Berberitzen ist im Domleschg noch beziehungsweise wieder eine außerordentliche Vielfalt vorhanden, es ist beinahe ein Garten Eden oder eine bukolische Landschaft.

Baumpflege und Apfelernte sind aufwendig, und die Hochstämmer tragen in der Regel nur jedes zweite Jahr. Die Früchte werden von Hand gepflückt, in den noch in manchen alten Häusern vorhandenen Naturkellern gelagert, und was nicht dem Eigenbedarf dient, wird verkauft.

Um die wiederbelebte Kultur kümmern sich in erster Linie die Bäuerinnen und Bauern, die inzwischen auch durch Direktzahlungen für ihre Bemühungen unterstützt werden. Viele von ihnen sind im 1993 gegründeten Obstverein Mittelbünden aktiv, einer wichtigen Selbsthilfeorganisation, die Schnittkurse und andere Weiterbildungsveranstaltungen organisiert.

Um die Vermarktung der traditionellen Obstsorten zu fördern, entstand die Idee von Zoja. Das ist eine Apfeldegustationsschachtel, die sechs bis neun verschiedene Apfelsorten enthält und der intensiv betriebenen Niederstammproduktion ein kleines, aber wertvolles Gegengewicht gibt. Und so preist der Obstverein die Apfelschachtel an: »Mit Zoja kommen Sie zum einmaligen Genuss von auserlesenen und seltenen Hochstammtafeläpfeln – altem Leben – aus den Bauerngärten und Herrschaftsgütern im Domleschg. Die Früchte werden von Hand gepflückt und verlesen und danach in Naturkellern fachgerecht bis zur optimalen Reife gelagert. Die Qualität wird vor dem Abpacken überprüft. Da an die Qualität der Äpfel hohe Ansprüche gestellt werden, wird das Produkt nur bis Januar geliefert.«

Im milden Domleschger Klima gedeihen auch Nussbäume. Bekannt ist die Sorte Scharans. »Die Scharans ist eine Qualitätsnuss. Sie ist leicht knackbar, gut auskernbar und überzeugt mit ihrem ausgewogenen Geschmack«, heißt es in den *Fructus-Nuss-News* 2013. Der Mutterbaum am Rand einer Wiese südöstlich von Scharans ist über hundertjährig und gibt in guten Jahren einen schönen Ertrag. Verschiedene Landwirtschaftsbetriebe haben in den letzten Jahren den Wert alter Nussbäume erkannt und auch wieder junge Bäume gepflanzt. Die Walnuss hat Konjunktur. Die Bündner Nusstorten sollen in Zukunft mehr einheimische Nüsse enthalten. Gefragt ist auch das kalt gepresste Nussöl, das zum Beispiel auf dem Biohof Dusch produziert wird.

Informationen
obstverein-graubünden.ch, iacsa.eu/jw/obstbau_domleschg_1986.pdf.

Betreuen, korrigieren und pflegen

Im Domleschg hat das, was heute unter dem Begriff Gesundheits- und Sozialwesen subsumiert wird, eine lange Geschichte. Dabei ging es nicht immer um die Gesundung des Menschen, sondern allzuoft um seine Korrektur. Bereits 1840 wurde die erste Zwangsanstalt des Kantons in Fürstenau eröffnet. Hier landete, wer als »liederlich«, »arbeitsscheu« oder »herumziehend« galt – darunter auch viele Personen mit jenischem Hintergrund.

Die Wahl fiel auch deshalb auf Fürstenau, weil die Insaßen so als billige Arbeitskräfte für die Rheinkorrektion verwendet werden konnten (Rietmann, 2017). Die Anstaltsinsaßen festigten Sumpfstellen mit Stein und Kies, bauten Dämme, legten Entwässerungskanäle an und bauten und unterhielten Straßen. Die Korrektur der Natur und jene des Menschen hatten also eine direkte Verbindung, wie ein Buch über den Ingenieur Richard La Nicca – einen der Väter der Rheinkorrektion – aus dem Jahr 2006 festhält.

1855 übersiedelte die Anstalt nach dem linksrheinisch gelegenen Realta, wo auf dem durch die Rheinkorrektion neu gewonnenen Boden eine Anlage erstellt wurde. Weiterhin mischten sich hier Menschen mit psychischen Behinderungen, Kleinkriminelle und sonstige unliebsame Gestalten in einer einzigen Anstalt. Und wieder wurden die Insaßen für schwere körperliche Arbeiten eingesetzt, ob nun an der Rheinkorrektion oder in der Landwirtschaft.

1919 wurde der Komplex erweitert und bot nun Platz für bis zu 250 Menschen. Eine Studie geht davon aus, dass mehrere Tausend Menschen aus verschiedenen, teils willkürlichen Gründen einen oder mehrere Aufenthalte in der Anstalt abzusitzen hatten. Die Lebensumstände waren hart, vielfach wurden die Insaßen in Ketten gelegt und vermutlich auch körperlich missbraucht. Letzteres ergaben Untersuchungen an Skeletten, die erst vor wenigen Jahren bei Ausgrabungen beim Bau des neuen Gefängnisses

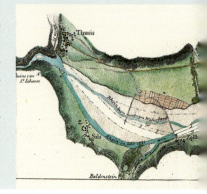

Die Anlage der Klinik Beverin in Cazis im Jahr 1947, oben im Bild die Anstalt Realta.

Tignez gefunden wurden. Aus dem Asyl Realta wurde 1951 die Heilanstalt Beverin und 1967 die Psychiatrische Klinik Beverin.

Die institutionelle Verflechtung von Gefängnis und Psychiatrie hielt bis 1990 an, wenn sie auch räumlich bereits viel früher gelöst wurde. Heute betreiben die Psychiatrischen Dienste Graubünden die Klinik Beverin, die Justizvollzugsanstalt Cazis Tignez ist eine Abteilung des Amtes für Justizvollzug Graubünden. Erst 2020 wurde an diesem Standort das modernste Gefängnis der Schweiz eröffnet. Darin sitzen bis zu 150 Insaßen ihre Strafe ab und werden auf das Leben nach der Haft vorbereitet, eine Mehrzahl davon stammt aus dem Kanton Zürich.

Siedlungen schützen, Kulturland gewinnen: Der Plan des Bündner Oberingenieurs Richard La Nicca für die Rheinkorrektion im Domleschg von 1828 wurde in den darauf folgenden Jahrzehnten umgesetzt.

Betreuen, korrigieren und pflegen

Rodels und die Justizvollzugsanstalt Cazis Tignez.

Das Gesundheits- und Sozialwesen bestimmt das Tal auch andernorts – ob diese augenfällige Häufung mit der oben beschriebenen Anstalt in Realta zusammenhängt, ist unklar. In Thusis beheimatet ist das Regionalspital Thusis, das für die Grundversorgung der ganzen Region und des Albulatales zuständig ist. Heute sind im Spital Thusis sieben leitende Ärzte und insgesamt 180 Personen tätig, man findet zudem eine Praxisgemeinschaft von Hausärzten, eine Geburtsabteilung und ein sportmedizinisches Zentrum.

Verschiedene Heime in der Region widmen sich Menschen mit Behinderungen. Das größte ist das Zentrum für Sonderpädagogik Giuvaulta in Rothenbrunnen. In Scharans leben in elf Wohngruppen Erwachsene mit Behinderungen in den Gebäuden der Stiftung Scalottas. Und ebenfalls in Scharans ist ein Schulheim ansässig, welches zur Stiftung Gott hilft gehört. Auf medizinische Rehabilitation ist die Reha Andeer spezialisiert, die von der Nähe zum dortigen Heilbad profitiert.

Fast 70 Prozent der Arbeitsstellen in der Region Viamala entfallen auf den Dienstleistungssektor, und von diesen wieder ein bedeutender Teil auf soziale und medizinische Berufe, die vornehmlich teilweise bis ganz staatlich finanziert sind. Aufgrund der starken Präsenz des Gesundheits- und des Sozialwesens kursiert in der Gegend für diesen Sektor auch der Begriff der Sozialindustrie.

Ortsporträt Thusis

Thusis mit Blick gegen die Viamala um das Jahr 1920.

Thusis macht auf den ersten Blick nicht viel her. Wer mit dem Zug von Chur anreist, durchfährt zunächst eine lieblose Anhäufung von Industrie- und Gewerbebauten, bevor er oder sie an dem schmucklosen, ja geradezu nüchternen Bahnhof aussteigt. Ein Betonklotz begrüßt einen, Viamala-Zentrum steht darauf, doch mit der Viamala-Schlucht hat dieses Gebäude wenig zu tun. Einst stand hier das Hotel Post, eine der besten Adressen des Ortes, das jedoch in den 1980er-Jahren dem Komplex aus Parkhaus, Einkaufszentrum, Gewerbe und Wohnungen weichen musste.

Wer mit dem Lift hochfährt, gelangt zur Neudorfstraße. Ein wenig städtisch mutet Thusis hier an, und das hat auch seinen Grund: Nach dem großen Dorfbrand von 1845 wurde vom ersten Bündner Kantonsbaumeister Richard La Nicca ein für damalige Verhältnisse moderner Siedlungsplan erstellt. Die genormten Hausgrößen und -abstände prägen noch heute das Bild. Bei der reformierten Dorfkirche beginnt sodann das Altdorf, und hier kann Thusis durchaus schön sein. Wer beispielsweise zu den Nolla-Gärten hinuntersteigt, sieht eine Häuserfront, die ebenso in einem italienischen Kleinstädtchen zu finden sein könnte.

Weniger ansehnlich war lange Zeit der Rest des zweiten großen Hotelgebäudes von Thusis, des Hotels Viamala. Hier,

Thusis, von Süden aus gesehen, mit der markanten Neudorfstraße.

wo einst der Blut- und der Geldadel Aufenthalt machten, bevor man ins Engadin oder nach Italien reiste, steht nach mehreren Bränden nur noch ein einziger Flügel. Wo damals ein großzügig angelegter Park zum Flanieren einlud, steht ein mit Glas verkleidetes Einkaufszentrum. Nur ein großer Mammutbaum erinnert noch an die frühere Opulenz.

Erstmals erwähnt wurde Thusis 1156. Seit jeher ist es – ebenso wie das gesamte Tal – geprägt vom Durchgangsverkehr. Man darf annehmen, dass bereits in der unweit von Thusis gefundenen Siedlung Cresta aus der Steinzeit alpenübergreifender Handel betrieben worden ist. Thusis war stets bedeutender Wegpunkt zwischen Norden und Süden.

Ein wichtiges Ereignis war der Ausbau der Viamala-Schlucht 1473 durch eine Portengenossenschaft aus Thusner, Cazner und Maseiner Bürgern und der dadurch ermöglichte Bedeutungszuwachs der gesamten Unteren Straße (siehe Seite 148). Spürbar war im 19. Jahrhundert der Einbruch des Transportwesens nach der Eröffnung der Gotthardbahn. Der Anschluss an das RhB-Netz konnte diesen nur für kurze Zeit abmildern.

Feuer und Wasser prägten das Dorf ebenso. Entweder quoll der Nolla über und zerstörte die Obstgärten und Häuser des Dorfes – oder eine Feuersbrunst legte Thusis in Schutt und Asche. Noch heute ist kaum jemand überrascht, wenn in Thusis wieder einmal Feueralarm zu hören ist. Ein Sinnspruch hält die größten Thusner Plagen fest:

»Der Nolla hat mich zum Zittern gebracht,
die Feuersbrunst zu Asche gemacht,
das Thusner Gericht war wütend und schwer,
des Säumers Ruf erschallt nimmermehr.«

Mit dem wütenden Thusner Gericht ist eine Episode aus den Anfängen der Bündner Wirren gemeint. Ein aus reformierten Glaubensangehörigen bestehendes Gericht folterte, verurteilte und exekutierte 1618 mehrere katholische Exponenten, darunter Erzpriester Nicolò Rusca aus dem Veltlin. Das Strafgericht gilt als einer der Auslöser für weitere blutige Auseinandersetzungen zwischen den Konfessionen. Rusca wurde 2013 vom Papst seliggesprochen.

Das Thusner Dorfgeschehen wurde noch bis weit ins 20. Jahrhundert hinein durch den Verkehr geprägt. Nach der Eröffnung des San-Bernardino-Tunnels 1967 führte der Autoverkehr noch eine ganze Weile mitten durchs Dorf, bis endlich der Domleschger Abschnitt der A13 fertiggestellt und Thusis so umfahren wurde. 2008 wurde beim Anschluss Thusis Nord die vom einheimischen Architektenduo Ivano Iseppi und Stefan Kurath konzipierte Raststätte Viamala eröffnet, in deren Restaurant und Shop vorwiegend regionale Produkte verarbeitet beziehungsweise angeboten werden.

Heute profitiert Thusis von seiner guten Anbindung nach Chur und ins Rheintal. Zugleich ist es zu einem regionalen Zentrum gewachsen, das Arbeitsplätze, Einkaufsmöglichkeiten, ein Kino und ein Spital bietet. 2018 fusionierte Thusis mit dem geografisch nicht direkt angrenzenden Bergdorf Mutten. Seither zählt die Gemeinde rund 3200 Einwohner.

Information
Dorfführungen Juli/August, siehe
viamala.ch/de/dorffuehrungen

Atelierhaus Lilly Keller

Die Künstlerin Lilly Keller (1929–2018) schuf in einer Zeitspanne von fast siebzig Jahren ein in seiner Fülle und Vielfalt unvergleichliches Werk. Obwohl sie sich im Kreis um Jean Tinguely, Daniel Spoerri und Meret Oppenheim bewegte, erlangte sie nie deren Bekanntheit. Das mag einerseits daran gelegen haben, dass sich die Kunstwelt früher noch schwerer tat mit der Anerkennung von Frauen als Künstlerinnen. Andererseits aber entzog sich Keller auch jeder Festlegung: Stilistisch betätigte sie sich sowohl in der Malerei wie in der Plastik, sie erschuf Collagen, Lithografien und bis in die Achtzigerjahre hinein Tapisserien. Die Stellung der Frau in der Kunst war für sie ein Lebensthema, dem sie sich verschiedentlich widmete.

Geboren in Bern, zog es sie später nach Zürich, wo sie an der Kunstgewerbeschule studierte, und für viele Jahre ins Waadtland. Nach dem Tod ihres Mannes Toni Grieb baute sie sich in Thusis ein Refugium. Von hier stammte ihre Mutter, die der Handelsfamilie Casparis entstammte. In einem ehemaligen Stall, den sie liebevoll und stilsicher zu einem Atelierhaus umbauen ließ, verbrachte Lilly Keller ihre letzten Lebensjahre. Ihren Nachlass übergab sie einer Stiftung, die einerseits Kellers künstlerisches Werk für die Nachwelt sichert, zudem aber auch das Haus mit einem Artist-in-Residence-Programm und mit Veranstaltungen belebt.

Ortsporträt

Heinzenberg und Schamserberg

II. Rund um den Piz Beverin

Die ersten Gratwanderungen und Überquerungen stehen an. Auf der Krete des Heinzenbergs haben wir stets den Beverin im Blick. Dahinter öffnet sich der Schamserberg, voller Wege, Bergseen, Alpen und neuen Panoramen.

↑ Glaspass mit Hoch Büel und Piz Beverin.

Route 4 Dalin–Mutta–Bischolapass–Glaser Grat–Glaspass 6 h 30

Varianten

1. Die Wanderung im Dorf Präz beginnen, von der Endhaltestelle der Postautolinie. Ca. 20 Min. länger.
2. Vom Bischolapass nach Lüsch und über die Lüscheralp am ehemaligen Lüschersee vorbei und von dort am oberen Rand der Bruchalp zum Glaspass. Ca. 15 Min. länger.

Route 5 Glaspass–Carnusapass–Wergenstein 6 h 45

Varianten

1. Vom Carnusapass (2602 m) aus ist es einfach, in einer halben Stunde den Piz Tarantschun, einen hübschen Aussichtsberg (2769 m), zu erklimmen.
2. Von Wergenstein (1487 m) über Casti (dort zum Kirchhügel) und weiter über die restaurierte Maillard-Brücke nach Donat und bis in den Schamser Talboden (920 m) hinunter nach Zillis. 1 h 30.

Route 6 Glaspass–Piz Beverin–Mathon 6 h
Varianten
Der deutlich weniger schwierige Aufstieg ab Mathon (4 h) oder Dumangs (3 h 30). T2.

Route 7 Alp Nurdagn–Alperschällilücke–Sufers 5 h
Varianten
1. Startpunkt in Wergenstein, Aufstieg zur Alp über Dumangs und durch die Vallatscha (plus 2 h 30).
2. Farcletta digl Lai Pintg, Cufercalhütte, 4 h.
3. Statt über Alperschällilücke hinunter nach Thalkirch/Safiental, 2 h ab Punkt 2529.

Besonderes
Steinbockausstellung im Center da Capricorns in Wergenstein.
Mathon mit einigen ortstypischen historischen Bauten.
Lai Grond (Bergsee an der Route).
Wildtier-Beobachtungsposten (naturpark-beverin.ch/de/wildtierbeobachtungspunkte).
Sennerei Sufers.

Einkehren/Übernachten
Präz: Hotel Reich, hotel-reich-präz.ch
Obergmeind: Berghaus Obergmeind, berghaus-obergmeind.ch
Glaspass: Berggasthaus Beverin, berggasthaus-beverin.com
Alp Nurdagn: Agrotourismus, viamala.ch/de/aktivitaeten-erlebnisse/alp-nurdagn
Wergenstein: Hotel Restaurant Capricorns, capricorns.ch
Mathon: Restaurant Muntsulej, muntsulej.ch; Pensiun Laresch, laresch.ch
Sufers: Hotel Restaurant Seeblick, seeblick-sufers.ch

Einkaufen
Innerglas: Glaser Selbstbedienungs-Hoflädali
Sufers: Prima-Laden, Hofladen, Sennerei

Karten
1215 Thusis (Routen 2, 3, 4, 5, 6, 8), 257 T Safiental (1:50 000), 1235 Andeer, 1254 Hinterrhein

Literatur
Aerne 2008, Caprez 2019, Clopath 2019, Cuminànza Culturala Val Schons (Hg.) 2017, Imhof 1920, Jenny 2014, Werthemann 1969, Lejeune 1961, Lejeune 1942, Lejeune 1943, Lejeune 1968, Mani 1958, Romegialli 2012, Schorta 1991, Wanner 2014.

Route 4: Dalin–Präzer Höhi (Mutta)–Bischolapass–Glaser Grat–Glaspass

Gratwanderung ob den Alpweiden des Heinzenbergs

Eine Tour mit Aussicht: Gegen zwölf Kilometer Gratwanderung auf der Heinzenberg-Krete mit Tiefblicken ins Domleschg und ins Safiental. Dazu der Panoramagenuss mit Sicht auf Bergketten in alle Himmelsrichtungen.

Wanderzeiten

Dalin–Präzer Höhi	3 h
Präzer Höhi (Mutta)–Bischolapass	2 h
Bischolapass–Glaspass	1 h 30
Totale Wanderzeit	**6 h 30**
Höhendifferenz	↗1500 m, ↘900 m
Distanz	16 km

Charakter
Aussichtsreiche Höhenwanderung nach einem längeren Aufstieg von Dalin auf die Präzer Höhi und über den Heinzenberggrat etwas auf und ab bis zum Glaspass. T 2.

Wir wählen als Ausgangspunkt für die Wanderung am Heinzenberg die Postautohaltestelle in Dalin und biegen hier von der Straße, die nach Präz führt, links ab. Nach 500 Metern überqueren wir bei Runcaleda die Güterstraße, die in weiten Schlaufen über die Maiensäßstufe zur Präzer Alp, auch Alp Gronda genannt, führt. Der Flurname Runcaleda weist darauf hin, dass dieses Gebiet einst gerodet wurde; jetzt droht es wieder zu verbuschen. Im Alpkataster für Graubünden, der auch Einschätzungen zum Zustand der Kulturlandschaft enthält, heißt es, dass hier die dorfnahen Weiden »zu starker Verunkrautung und

Runcaleda, deutsch Reute, oberhalb von Dalin-Präz. Blick auf Paspels (Domleschg) und die steilen Wiesen unterhalb von Trans.

Spatla Bella, zu Deutsch schöner Grashang, unterhalb der Präzer Alp.

Verwaldung« neigen und sich »in geradezu erbärmlichem Zustand befinden«. Für diejenigen, die hier in ihrer Freizeit hochsteigen, ist der Pfad, der mehr oder weniger steil durch Weiden, Waldabschnitte, teilweise mit Sträuchern überwachsene Abhänge und kleine Bachtobel führt, umso spannender.

Wer hier von Berufs wegen unterwegs ist oder auf dem Weg zum Wochenendhäuschen, nutzt ohnehin die Zufahrtsstraße, die wir weiter oben noch zweimal überqueren. Wir selber gehen den schmalen Pfad, der teilweise exakt entlang der Grenzen von Mähwiesen führt. In früherer Zeit, wohl während Jahrhunderten, wurde diese Route zur Alp für den Viehtrieb genutzt. An manchen Stellen hat sich der Weg ins Gelände eingegraben, er ist zum Hohlweg geworden.

Der Pfad führt weiter auf die Maiensäße von Pranzolas und Saloms auf einer kleinen Ebene, die schon in mittelalterlichen Quellen erwähnt wurde, wie Andrea Schorta in seinem Büchlein *Wie der Berg zu seinem Namen kam* schreibt. Wir kreuzen wieder die Fahrstraße, die im Rahmen der Güterzusammenlegung in den 1950er-/60er-Jahren gebaut wurde. Sie dient heute nicht

Auf der Präzer Alp weiden während des Alpsommers Mutterkühe.

nur als Zugang zur Alp und zum Transport des Heus von den Maiensäßwiesen in die Dörfer, sondern wird auch benutzt, um zu den als Jagd- oder Ferienhäuschen umgenutzten Maiensäßhütten zu fahren. Alte Ställe und renovierte Hütten überziehen einen großen Teil der Höhenstufe zwischen 1600 und 1700 Metern oberhalb der Dörfer Präz, Sarn, Urmein und Tschappina.

Wir queren die Prau da l'Alp, deutsch Alpwiese, die an ans Alpweidegebiet angrenzt und gelangen auf dem alten Alpweg durch teils dichtere, teils lockere Waldabschnitte zur Präzer Alp, von der in den 1960er-Jahren eine Milchleitung zur Dorfsennerei von Präz gebaut wurde. Diese ist allerdings seit längerem nicht mehr in Betrieb, denn die Alp wird wie viele andere ehemalige Milchviehalpen mit Mutterkühen bestoßen.

Von der Präzer Alp führt der Weg auf schmalem Pfad durch das Weidegebiet zwischen Grasbüscheln, Heidekraut und jungen Bäumen zum Grat (Punkt 1979 m) und in südwestlicher Richtung zum sanften Gipfel der Präzer Höhi, romanisch Mutta genannt, was nichts anderes heißt als Anhöhe. Hier sind wir am Anfang der gegen zehn Kilometer langen »Gratwanderung

mit Suchtpotenzial«, wie es in einem Programm der Wanderwege Graubünden heißt.

Von der Präzer Höhi steigen wir auf der Krete etwas ab zu einem kleinen Einschnitt, wo ein Weg zur Alp da Sarn abzweigt. Auf schmalem, teils in niedrigem Buschwerk verlaufenden Weg, der zuweilen rechts des Grates auf der steil abfallenden Safier Seite verläuft, teils auf der meist wenig steilen Seite der Sarner Alp, halten wir mit wenig Auf und Ab die Höhe von rund 2100 Metern.

Nach zwei Kilometern steigen wir zur Tguma empor, einem hübschen Punkt, um zu pausieren und die Aussicht zu genießen. Nun gehts auf den Weiden der Alp Bischola zum Bischolapass und dem kleinen Bischolasee. Von hier zum Lüschgrat auf dem der Skilift von Obertschappina/Obergmeind endet. Zwischen den Weiden der Lüschalp im Südosten und Lüschsunnigi mit der weiterum sichtbaren Antenne steigen wir zum Einschnitt mit einem Wegweiser (1988 m) ab, von wo die eine Route in südlicher Richtung zum Glaser Grat, die andere nach Osten zum ehemaligen Lüschersee (1933 m) führt.

Wir ziehen es vor, ganz oben zu bleiben und wollen den letzten Höhepunkt des Tages, den Glaser Grat, erreichen. Von der Lücke bei Lüschsunnige steigt der Pfad mehr oder weniger der Krete entlang zu einem kurzen etwas ausgesetzten horizontalen Wegstück über dem Choltobel auf der einen und der Bruchalp auf der anderen Seite. Vom Safiental herauf bellt ab und zu ein Hund, hoch über dem Kopf fliegt ein gwundriger Rabe.

Zuoberst angelangt, ist bei klarem Wetter ein weiter Rundblick zu genießen. Die etwas angewitterten Panoramatafeln helfen, Gipfel und Übergänge zu identifizieren. Wer am späten Nachmittag oder abends hier oben ist, kann bei schönem Wetter einen traumhaften Sonnenuntergang erleben.

Vom höchsten Punkt des Grates dauert der Abstieg zum Glaspass ohne Anstrengung auf einem breiten Trampelpfad eine knappe halbe Stunde. Auf der über 1800 Meter über Meer gelegenen Glaspasshöhe gibt es zwei Weiler, die wie Tschappina im 14. Jahrhundert von Safien her besiedelt wurden und heute noch ganzjährig mehrheitlich von Bauernfamilien bewohnt

Bischolasee auf dem gleichnamigen Pass zwischen Safien Neukirch und Urmein.

Stall auf der Präzer Alp.

Senn und Zusenn beim Herstellen von Ziger in der ersten Hälfte des letzten Jahrhunderts vor dem Bau der Milchleitung zur Präzer Dorfsennerei.

Grauvieh bei Innerglas.

Der Glaspass, einst wichtigster Weg ins Safiental

Der Glaspass, Schlusspunkt der Wanderung über den Heinzenberg und Ausgangspunkt der Touren über den Carnusapass und auf den Piz Beverin, war bis in die 1880er-Jahre, als die Straße von Versam ins Safiental eröffnet wurde, die wichtigste Verbindung von Safien-Platz zur Außenwelt, in erster Linie zum Marktort Thusis. Politisch-administrativ gehörte Safien früher zum Bezirk Heinzenberg und zur Zeit der Kolonisation durch Walser aus dem Rheinwald lag das Tal im Einflussbereich des Klosters Cazis.

Nahrungsmittel wie Mehl, Reis und Mais wurden über den Glaspass gesäumt, der Safier Postbote überquerte ihn mehrmals wöchentlich. Der Weg zwischen Glas und Safien wurde auch im Winter offengehalten. Zum Routnern (Wegunterhalt) verpflichtet waren die Bewohner beider Seiten des Passes. Bis heute wird die Route regelmäßig von Schnee- und Erdrutschen beschädigt und muss immer wieder geräumt und instand gestellt werden.

Der gut unterhaltene und streckenweise mit Geländern gesicherte Weg ist im Inventar der historischen Verkehrswege erfasst und Teil des Walserwegs. Der ehemalige Saumpfad führt vom heutigen Ausgleichsbecken Safien-Platz zuerst auf einer Eisenbrücke über das häufig ausgetrocknete Flussbett der Rabiusa, dann in Serpentinen durch den Chilchawald, weiter über Felsstufen, auf der Karte als Uf den Stägen bezeichnet, in eine Übergangszone von Wald, Weiden und Wiesen. Immer wieder öffnen sich Fenster, die Blicke auf die Höfe im Safiental und bald auch auf die Westflanke des Piz Beverin freigeben. Auf der Höhe von 1740 Metern in Sichtweite von Inner Glas führt der oberste Teil des Wegs, den 1941 polnische Internierte restauriert hatten, mit mäßiger Steigung zum Glaspass.

Der historische Verkehrsweg von Safien-Platz zum Glaspass.

Auf dem Glasergrat.

sind: Ausserglas und Innerglas. Das Innerglaser Selbstbedienungs-Hoflädali offeriert ein breites Angebot und ist während 365 Tagen geöffnet.

Auf dem Glaspass, dem Endpunkt der Heinzenberggrat-Tour, haben wir während der sommerlichen Wandersaison zwei Möglichkeiten: Mit dem Postauto nach Obertschappina und Thusis zu fahren oder im Berggasthaus Beverin zu übernachten und am nächsten Tag auf Route 5 weiterzuwandern. Auf dem Glapass zu bleiben, lohnt sich. Bei schönem Wetter bietet sich abends die Gelegenheit, lange auf der Sonnenterrasse des Berggasthauses zu verweilen.

Die bösen Wasser

Lange bevor Verkehr und Strom durch das Domleschg flossen, tat es das Wasser. Da ist der Rhein, der sich aus der Viamala-Schlucht herunterströmend über die Ebene des Tales ergoss, wo er sich seinen Weg selber wählen durfte. Der mäandrierende Strom lagerte Kies und Geschiebe ab, welches das Land unfruchtbar und sumpfig machte. Geradezu gefürchtet aber war der Nolla-Bach, der sich vom Beverin und vom Heinzenberg her speist und dort für die starken Hangrutschungen verantwortlich war. Das Gemenge aus feinem Schiefersand und Gestein verursachte zahlreiche Hochwasser und Murgänge, die nicht nur in Thusis, sondern im ganzen Tal und sogar bis zum Bodensee hinunter zu spüren waren. Mehrere Male schoss das Geschiebe derart in den Rhein, dass er diesen bis zu 12 Meter aufstaute, was jeweils flussabwärts eine zerstörerische Flutwelle zur Folge hatte.

Schon früh im 19. Jahrhundert gab es erste Pläne, den Nolla – sein Name kommt vom romanischen Wort für Widder – zu bändigen. Doch zunächst wurde die Rheinkorrektion in Angriff genommen. Ein Konsortium wurde gebildet, Aktien ausgegeben, denn man erhoffte sich von den künftig fruchtbaren Flächen viel Profit. Treibende Kraft war Kantonsingenieur Richard La Nicca.

1868 und in den zwei folgenden Jahren floss der Nolla aber derart über, dass endlich auch dessen Verbauung in Angriff genommen wurde. La Niccas Nachfolger, Adolf von Salis, erarbeitete die Pläne mit einer Reihe von acht Sperren, die teils mühsam im Gelände gebaut werden mussten. Bei Thusis wurde der nährstoffreiche Nolla-Schlamm sodann in ein Kanalsystem geleitet, der ihn auf die nun vorhandenen Flächen in der Rheinebene bringen sollte. Diese Kolmatierung genannte Technik wurde bis 2003 angewandt, fast 600 Hektaren Ackerland wurden so urbar gemacht.

Nachdem die Rheinkorrektion nicht den gewünschten Gewinn brachte, sprangen Kanton und Bund ein. Dies ist mit ein Grund dafür, dass die größten Landflächen entlang des Rheins dem Kanton gehören, bewirtschaftet von der Justizvollzugsanstalt Realta.

Eine wichtige Rolle, weshalb der Nolla derart verheerende Hochwasser verursachte, spielt der geologische Aufbau des Heinzenbergs. Diesem von

Die Steg-Installation am ehemaligen Lüschersee.

instabilem Schiefer gebildeten Berg ist auch heute noch seine Tendenz zur Rutschung anzusehen.

Interessant ist in diesem Zusammenhang die Geschichte des Lüschersees, der sich bis 1909 zwischen der Lüschalp und der Bruchalp befand. Sein unsichtbar abfließendes Wasser hatte nach der Überzeugung der Fachleute und der Bevölkerung einen negativ verstärkenden Einfluss auf einen Bergrutsch bei Tschappina und weitere Hangrutsche im instabilen Gelände am inneren Heinzenberg. Bei stürmischen Unwettern, so ein Mythos, soll ein im See verborgenes Ungeheuer jeweils gebrüllt haben. Jedenfalls erlöste die Ingenieurskunst die Bevölkerung des Heinzenberges von den Ängsten. Der Kanton ließ einen Stollen bauen, um das Wasser des Sees abzuleiten.

Seither kann sich das Seebecken, früher gespeist durch die Bäche der Umgebung und die Schneeschmelze von den Berghängen der Umgebung, nicht mehr füllen. Seit einigen Jahren wird diskutiert, ob der Abfluss des Sees kontrolliert geschlossen und das Becken wieder gefüllt werden könnte, um als Reservoir für die Beschneiung der Skihänge von Obertschappina und Oberurmein zu dienen. Vorerst ist über dem Abflussloch des ehemaligen Sees ein Holzsteg installiert worden und das Gelände der Umgebung wird im Hinblick auf einen möglichen Wiedereinstau von solarbetriebenen Sensoren überwacht.

Route 5: Glaspass–Carnusapass–Wergenstein

Passwanderung hinter dem Beverin

Einem kurzen Abstieg von 250 Höhenmetern auf einem Alpweg zum Carnusabach folgt ein langer Aufstieg auf zunehmend schmaler werdenden Pfaden durch Waldweiden, offenes Alpgebiet und Geröllhalden bis zum Carnusasattel. Von dort über weite Grasflächen zur Alp Tumpriv und über die Maiensäßsiedlung Dumagns nach Wergenstein.

Wanderzeiten

Glaspass–Carnusapass	4 h 15
Carnusapass–Wergenstein	2 h 30
Totale Wanderzeit	**6 h 45**
Höhendifferenz	↗ 1100 m, ↘ 1500 m
Distanz	19,5 km

Charakter
Bergwanderung über verschiedene Höhen- und Vegetationsstufen durch Wiesen, Waldweiden, Alpweiden, Schutt- und Geröllhalden. T2.

Beste Jahreszeit
Juni bis Oktober, nördlich des Carnusapasses kann sich der Schnee lange halten.

Nicht nur die Abend-, sondern auch die Morgenstimmungen auf dem Glaspass können außerordentlich schön sein. Der Blick nach Osten ins Albulatal und auf die Berge Mittelbündens bei Sonnenaufgang ist prächtig. Es lohnt sich, am Morgen früh den Weg von Usserglass über Frätja zum Steg über den Carnusabach unter die Füße zu nehmen, auch wenn dieser zum Teil etwas vernässte Streckenabschnitt noch im Schatten liegt. In der Waldpartie krächzen die Tannenhäher, der Bach führt nicht nur

An der Aufstiegsroute zum Carnusapass. Oben der Alt Stafel, dann die Mittler Hütta, unten vom Schönboda zum Pass.

Oberlauf des Carnusabachs.

viel Wasser mit, sondern auch rumpelnde Bündnerschieferstücke, die aus den steilen, zum Teil mit Altschnee versetzten Runsen unter den Chräjenchöpf und dem Piz Beverin ins Bachbett kollern.

Vom tiefsten Punkt der Tour steigt der anfänglich noch breite Alpweg auf der linken Seite des Bachs zuerst zur Carnusahütte, dann gesäumt von einer vielfältig blühenden Flora samt Edelweiß als schmaler Pfad im Zickzack durch zunehmend lichter werdenden Wald hoch zum Plateau Alt Stafel, einer Jungviehweide mit einem kleinen Tümpel. Von hier geht es weiter über einen kurzen, steilen und mit kleinen Felsen durchsetzten Weideabschnitt zur Mittler Hütta, einer kleinen Hirtenunterkunft.

Hier rastend, haben wir einen guten Einblick in die Westflanke des Piz Beverin und Aussicht zum Heinzenberggrat im Norden. Mit ein bisschen Glück sehen wir, wie ein Adler über dem Verdushorn seine Kreise zieht und nach Beute Ausschau hält. Murmeltiere machen mit ihren Warnschreien auf ihn aufmerksam. Von der Mittler Hütta führt der Weg zur Tritthütte.

Entlang der Flanke von Verdushorn und Carnusahorn, vor uns die Nordabdachung des Bruschghorns mit dem markanten Nebengipfel, steigen wir weiter über Hinderem Tritt zum Schönbode. Hier gehen die Weiden, die territorial zur Gemeinde Safiental gehören, aber von der Heinzenberger Landwirtschaft genutzt werden, nach und nach in eine Schutt- und

Geröllandschaft über. Am Himmel fliegen Dohlen, die Geröllhalden an der Nordflanke des Piz Tuf sind von Gemsen bevölkert.

Wer weiß, vielleicht wurde in dieser Gegend auf der Herbstjagd 1941 die berühmte Carnusa-Geiß mit ihren extrem langen Hörnern geschossen. Am Abschuss waren die zwei Jäger Werner Hänni und Christian Tester beteiligt. Es war unklar, welcher von beiden den tödlichen Schuss abgegeben hatte und so kam es, dass sie die Trophäe dieser Gemse jeweils abwechselnd ein Jahr bei sich zur Schau stellten. Heute sie ist im Bündner Naturmuseum ausgestellt, dessen Hauszeitung im September 2011 davon berichtet hat.

Wegspuren führen vorerst einen Kilometer lang mehr oder weniger horizontal nach Westen und steigen dann zu einem kleinen Einschnitt des Grates hoch, der vom Piz Beverin zum Piz Tuf führt. Hier überschreiten wir die unsichtbare Grenze zwischen Safiental und Schams. Jetzt führt die Route in einer

Weg mit Piz Beverin bei der Furcletta.

In der Carnusapasslücke.

weiten Schlaufe durch den Kessel nordöstlich des Lai la Scotga (Schottensee), zu dem man einen Abstecher machen kann, auf den Carnusapass (2602 m). Von diesem Wegstück aus können zuweilen am Nordgrat des Piz Tarantschun Steinböcke und -geißen, die Symboltiere des Naturparks Beverin, beobachtet werden; der wandernde Routenbeschreiber sah sie nicht.

Von der Passhöhe aus weitet sich die Sicht auf die Bergkette des Piz Curvér, die das Schams vom Oberhalbstein trennt. Um das Blickfeld noch mehr zu öffnen, könnten wir 150 Meter höher zum Piz Tarantschun (2769 m) aufsteigen. Unter uns liegen die ausgedehnten Viehweiden der Alp Tumpriv. Über einen breiten Rücken peilen wir den Punkt an, wo sich verschiedene Pfade kreuzen. Einer von ihnen führt zu den Alpen Curtginatsch und Nurdagn, der andere zur Haltestelle des Bus alpin. Wir halten über Pfadspuren in nordöstliche Richtung, zuerst ziemlich flach, dann steil abwärts zu den Hütten der Alp Tumpriv.

Von hier gehts über den Bach, der vom Carnusapass herunterfließt, und abwärts durch die Val Larisch, in der wir den gleichen Bach nochmals überqueren und dann auf dem etwas breiter werdenden Alpweg zur Maiensäßsiedlung Dumagns mit seinen großen Wiesenflächen, alten nicht mehr gebrauchten Ställen und zahlreichen umgenutzten Hütten absteigen. Ein hübscher, gut markierter Weg bringt uns durch anfänglich staudenbewachsene Weiden und Wiesen hinunter nach Wergenstein.

Maiensäßsiedlung Dumagns ob Wergenstein.

Robert Lejeune, Pfarrer, Berggänger und Sozialist

Einer, der vor über hundert Jahren, im Frühsommer 1915, über den Carnusapass wanderte, war Robert Lejeune (1891–1970). Um von Tenna im Safiental, wo er als Pfarrer wirkte, nach Andeer zu gelangen, wo er für Sonntag, 11. Juni, zu einer Probepredigt eingeladen war, nahm er am frühen Samstagmorgen den langen Weg unter die Füße. Über Safien Platz, Verdus, das Carnusatal, den gleichnamigen Pass – mit einem Abstecher auf den Piz Tarantschun – gelangte er nach Wergenstein am Schamser Berg und schließlich nach Andeer. In seinen *Erinnerungen eines Bergpfarrers* beschreibt er diese Wanderung.

»Einer kleinen Wegspur folgend stieg ich zunächst [von Safien Platz] steil zur Verdusalp hinauf, gewann von hier leicht die Carnusaalp und stapfte dann recht mühsam durch den weichen, tiefen Schnee zum 2600 Meter hohen Carnusapass hinauf. Auf eine Besteigung des nahen Piz Beverin, den ich schon in Flerden stets vor Augen hatte und den ich auch von meiner Studierstube in Tenna oft noch in den letzten Strahlen der Sonne aufleuchten sah, musste ich angesichts der besonderen Aufgabe des nächsten Tages verzichten. Doch ließ ich es mir nicht nehmen, wenigstens noch zum Piz Tarantschun hinan zu steigen und dort die längst schon fällige Mittagszeit zu halten. Von dieser Höhe blickte ich nachdenklich ins Schamsertal hinunter, das nun vielleicht für längere Zeit mein neues Wirkungsfeld werden sollte. Und unwillkürlich bewegten mich während dieser Gipfelrast Gedanken, wie sie gewiss noch nie einem Touristen dort oben in den Sinn gekommen sind, – nun hat ja auch nie einer in seinem Rucksack einen Gehrock mit sich getragen und während des Schneestampfens eine Predigt für den folgenden Tag im Kopf gewälzt. Nach ausgiebiger Rast stieg ich über einen schönen, breiten Bergrücken nach Wergenstein, einem kleinen Dörfchen am Schamserberg hinab.«

Die Predigt war offensichtlich akzeptabel für die Andeerer Kirchgemeinde. Jedenfalls erhielt Lejeune das Angebot, anfangs November des gleichen Jahres die Pfarrstelle im Schams anzutreten. Mit der Perspektive,

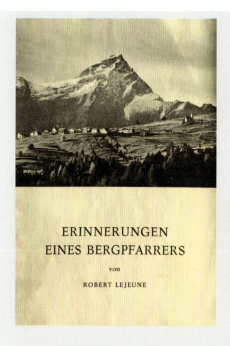

ERINNERUNGEN
EINES BERGPFARRERS
von
ROBERT LEJEUNE

bald vom entlegenen Tenna in den gut erschlossenen Hauptort des Schams umzuziehen, wanderte Lejeune am folgenden Tag durch die Viamala nach Thusis und weiter über seinen ersten Arbeitsort Flerden – wo übrigens auch Leujeunes Theologieprofessor Leonhard Ragaz in den 1890er-Jahren in den Pfarrberuf eingestiegen war – auf den höchsten Punkt des Heinzenberges, die Tguma. Von dort stieg Leujeune hinunter nach Eggschi im Safier Talboden und schließlich wieder hinauf nach Tenna.

Der junge Pfarrer war fit genug, um immer wieder Wanderungen dieser Art durchzuziehen. Er erzählt von den Fußmärschen, die er jeweils machte, um an den evangelischen Synoden, den jährlichen Versammlungen der Bündner Pfarrer, teilzunehmen. Noch gab es keine Pfarrerinnen, das Amt blieb den Frauen noch jahrzehntelang verwehrt.

Lejeune scheint ein unermüdlicher, fast besessener Wanderer gewesen zu sein. 1916 marschierte er zum Beispiel von Andeer nach Ilanz an die Synode. Dabei wählte er den Umweg durch die Rofla ins Rheinwald und von dort über den Valserberg und durch das Lugnez, um nach »diesem Vormittag« mit »siebzig Kilometern« Distanz und »1500 Höhenmetern pünktlich zur abgemachten Zeit« in Ilanz einzutreffen. Nach einer Synode im Engadin wanderte er über den Septimer und weiter durch Avers und das Ferreratal heimwärts nach Andeer, wo er um Mitternacht eintraf.

In seinen Erinnerungen beschreibt Lejeune auch seine regelmäßigen, immer zügigen Wanderungen nach Pignia, Ausserferrera und Avers Cresta. »Nach der Predigt [in Pignia] galt es raschen Schrittes gen Andeer zu eilen; doch warf ich gleichwohl im obersten Wegstück einen Blick auf die Surettagruppe, die mit ihrem Gletscher bisweilen strahlend hell über der düste-

Val Carnusa mit Piz Tarantschun.

ren Rofla aufleuchtete, und an einer bestimmten Biegung des Weges gab ich dem Andeerer Messmer mit dem Hut das Zeichen zum Läuten. [...] Wenn ich um zwei Uhr wieder in Ausser-Ferrera zu predigen hatte, das bei 350 Metern Höhendifferenz immerhin sechs bis sieben Kilometer entfernt liegt, war die Mittagspause recht knapp bemessen. Doch hatte der Weg zur Roflaschlucht und dem schäumenden Averser Rhein entlang immer wieder seinen besonderen Reiz und mochte zur Entspannung ebenso gut dienen wie ein Ruhestündchen zu Hause.«

Lejeune versah den Predigtdienst während eines Winters einmal im Monat auch in Avers-Cresta. Das ergab lange Arbeitstage. Er brach dann jeweils um sieben Uhr in Andeer auf, predigte zuerst in Innerferrera und ging weiter talaufwärts, um Punkt ein Uhr in Cresta auf die Kanzel zu steigen. Nachher gab es ein spätes Mittagessen beim Gastwirt, Lehrer und Kirchenvorsteher Heinz. Auf dem Rückweg hielt er um sieben Uhr in Ausserferrera noch die Abendpredigt. »Wenn ich dann um neun Uhr zu Hause anlangte, hatte ich in diesen vierzehn Stunden nicht nur drei Predigten und eine Kinderlehre gehalten, sondern erst noch eine Wegstrecke von 45 Kilometern auf ungebahnter, mitunter verschneiter Straße zurückgelegt.«

In späteren Jahren, als Lejeune Pfarrer im Unterland war, verbrachte er regelmäßig Ferien in Andeer, von wo aus er weiterhin durch Täler, über Berge und Grate unterwegs war. Im Jahrbuch des Schweizerischen Alpenclubs von 1943 hat er über einige seiner Bergfahrten berichtet. Zusammenfassend sagt er über seine Streifzüge: »Im Lauf der Jahre habe ich die Berge rings um den Hinterrhein und seine Zuflüsse kreuz und quer, auf alten und auf neuen Wegen durchstreift und bin in ihnen so heimisch geworden, wie es bestimmt kein Einheimischer gewesen ist.«

Lejeune war nicht nur ein unermüdlicher Berggänger, sondern ab Beginn seiner Berufszeit als Theologe auch ein kritischer Kirchenmann und Bürger. Schon an seiner ersten Synode in Davos verstimmte er »mit seinem Bekenntnis zum in seiner Heimat umstrittenen Leonhard Ragaz die ehrwürdige Versammlung« und erregte mit seiner Predigt »durch ihre Kritik an der Kirche und der landläufigen Christlichkeit heftigen Widerspruch«. Sein soziales und politisches Engagement zeigte er auch an einer Predigt, die er an einer Landsgemeinde des Kreises Schams in Donat zum Thema Religion und Politik hielt. Sein Motto war: »Von der Bibel her zu wichtigen politischen Fragen Stellung nehmen!«

Lejeune las in der Freizeit Tolstoi, Kropotkin, Marx und Engels und, »wenn der Bergsteiger nicht gerade mit dem Bergpfarrer durchgebrannt war«, bestieg er zum Beispiel den Piz Beverin oder die Splügner Kalkberge. Der Gemeindepfarrer war Mitbegründer der Schamser Krankenkasse und dann auch deren Präsident, er war überzeugt, dass es für die Kirche und den Pfarrer auch eine sozialpolitische Verantwortung gibt. So trat er anlässlich der Beratung eines neuen Gemeindesteuergesetzes für höhere Erbschaftssteuern für entfernt Verwandte ein, was ihm in Andeer den Vorwurf eintrug, er predige den Raub.

Lejeune blieb seinen sozialethischen und sozialpolitischen Überzeugungen als Pfarrer im Industrieort Arbon treu, er engagierte sich in der religiös-sozialen Bewegung, war eine Zeitlang Redaktor und Mitarbeiter der Zeitschrift *Neue Wege*, zu der ihn Leonhard Ragaz geholt hatte. Später, als Pfarrer der Zürcher Kirchgemeinde Neumünster (1926–1958), engagierte er sich auch in der Flüchtlingsarbeit und Friedensbewegung. Zwischen 1955 und 1963 war Lejeune Zürcher SP-Kantonsrat.

Route 6: Glaspass–Piz Beverin–Mathon

Auf dem Dach der Region

Zuweilen klettern wir wie Steinböcke auf der Nordroute auf den knapp 3000 Meter hohen Piz Beverin. Der beliebte Ausflugsberg besticht durch eine wunderbare Rundumsicht über die ganze Region und ins Safiental. Diese Alpinwanderung ist jedoch nur für schwindelfreie und trittsichere Wandernde geeignet.

Wanderzeiten

Glaspass–Piz Beverin	3 h 30
Piz Beverin–Mathon	2 h 30
Totale Wanderzeit	**6 h**
Höhendifferenz	↗ 1200 m, ↘ 1500 m
Distanz	11,5 km

Charakter
Anspruchsvolle Alpinwanderung mit viel Weit- und Rundumsicht. T4.

Beste Jahreszeit
Juni bis September

Der Ausgangspunkt für den anspruchsvollen und steilen, nur für ausdauernde und trittsichere Benützer geeigneten Aufstieg über die Nordflanke des Piz Beverin ist der Glaspass (1846 m). Die einst wichtige Verbindung zwischen Safiental und dem Heinzenberg (siehe auch Route 5) ist heute lediglich noch Ausflugsziel und Alpgebiet. Das Restaurant bewirtet in den Sommer- und Wintermonaten; wer mit dem Motorrad anreist, ist besonders willkommen. Wir aber haben das Postauto genommen und nehmen gleich von der Haltestelle Glaspass aus den Weg Richtung Hochbüel unter die Füße. Man kann den Hochbüel rechter oder linker Hand ersteigen, wir wählen heute die

Rund 350 Steinböcke leben am und um den Piz Beverin.

Blick zurück: Der Weg schlängelt sich hoch auf die Chräjenchöpf.

linke Flanke und verzichten deshalb auf den Blick hinunter ins Safiental.

Hier ist alles Gras- und Weideland, zuweilen sumpfig, und es ist ratsam, die Füße noch eine Weile trocken zu halten. In Ob Masügg auf etwa 2000 Meter passieren wir in Sichtweite ein kleines Hirtengebäude. Die angenehme Steigung wärmt die Muskeln, was uns nur willkommen sein kann angesichts der nach der Rechtskurve in Sichtweite kommenden Partie durch die Chräjenchöpf. Wir werden es noch einige Male erleben: Wer vorausschaut, erkennt nicht immer auf den ersten Blick, wo der Weg durchführen wird. Zum Glück ist er gut markiert. Am Punkt 2100 wechseln wir auf die Safier Seite, passieren einen Graben, und bald erreichen wir die erste Felspartie. Hier können wir unsere Trittsicherheit ein erstes, wenn auch kurzes Mal auf die Probe stellen. Vorsicht ist dennoch geboten, mehr als ein Tritt erfordert, dass wir die Arme zur Hilfe nehmen.

Nun wechselt der Weg wieder auf die Heinzenberger und Domleschger Seite, der Blick wird frei hinunter auf die ausgedehnten Wälder entlang des Nollatobels. Wir erahnen auch die schiere Masse, die der Beverin immer mal wieder in die Tiefe rauschen lässt, das Gestein ist brüchig, die Abbrüche sind massiv. Am Heinzenberg entspringt der Schwarznolla, seinen Namen hat er vom hier reichlich vorhandenen Schiefer, der vom Wasser ausgespült als dicke Masse ins Tal hinunterdrängt, sobald es stärker regnet.

Über eine mit einem Seil gesicherte Passage durchqueren wir den Felsen, während sich der Abgrund nun gegen Safien auftut. Hier ginge es rechter Hand steil über Felsen in die Tiefe, was durchaus respekteinflößend ist Der Weg führt eng am Stein entlang, bis wir auf dem nächsten Plateau stehen. Hier beginnt das Jagdbanngebiet Beverin, in dem Leinenpflicht für Hunde gilt. Dies aus Rücksicht auf die rund 350 Exemplare große Steinbockpopulation, die seit der Wiederansiedelung 1954 hier eine Heimat findet. Das Banngebiet wurde 1886 ausgeschieden und ist das zweitälteste Schutzgebiet im Kanton Graubünden.

Fehltritt verboten: An der Nordseite des Beverin ist der Weg sehr ausgesetzt.

Nun führt der Weg zunächst dem Grat entlang. Dann stechen wir in eine rund 150 Meter lange Flanke, wo wir uns in doch sehr exponiertem Gebiet wiederfinden. Der Tritt ist brüchig und schmal, der Abgrund nah. Danach folgt eine kurze, im steilen Gelände liegende Passage über Gras, woraufhin wir uns auf dem Grat der Chräjenchöpfe weiterbewegen und

Auf dem Gipfel angekommen, lässt sich rasten und staunen. Links der zweite Gipfel des Piz Beverin.

Höhenmeter 2500 erreichen. Rund 400 Meter lang haben wir nun die beste Aussicht auf beide Seiten – der Blick sollte dennoch nie lange vom Weg abkommen, denn der Grat ist schmal und beide Seiten sind steil.

Wer es ausgesetzt mag, der kommt nun ganz auf seine Kosten. Denn vor uns liegt der rund 800 Meter lange, von Geröll und Schutt geprägte letzte längere Abschnitt bis zur Beverinlücke. Unter dem steilen Felsband gehen wir nun durch eine karge, steinige Landschaft, und so manches Mal löst sich ein Stein unter unseren Sohlen und stürzt in die Tiefe. Auch sommers können hier an besonders schattigen Orten noch Schneefelder liegen.

Zum Glück müssen wir diese nicht passieren. Die wenigen Rinnsale, die hier und dort niedertröpfeln, stellen unsere Trittsicherheit schon genug auf die Probe, doch ansonsten geht es munter vorwärts durchs Couloir. Auf- und auch einmal abwärts gehen wir, mal zwischen abgebrochenen Felsen hindurch, mal über sie hinweg. In den letzten Jahren kam es immer einmal wieder vor, dass diese Partie wegen erhöhter Steinschlaggefahr unpassierbar war.

Bei unserem Durchgang erblicken wir eine merkwürdige Schneeablagerung. Sie erinnert an ein Flugtier, als wäre sie das Echo einer Geschichte, die der einheimische Erzähler Luzi Jenny im Tschappiner Dialekt niedergeschrieben hat. Er erzählt darin von einem Drachen, der in einer Höhle am Beverin hausen soll. Den Tschappinern reißt er regelmäßig ein Schaf oder eine Kuh. Selber werden die Einheimischen des Monsters nicht Herr, bis sich ein Fremder, ganz in Schwarz gekleidet, gegen ein Entgelt dafür zur Verfügung stellt. Die Tschappiner reut das Geld sehr, doch schließlich lenken sie ein und lassen den zaubernden Fremdling das Ungeheuer verscheuchen. Die zweite Ratenzahlung aber halten sie zurück, bis sie sicher sind, dass der Drache nicht wiederkehrt. Ob diese Höhle irgendwo hier zu finden wäre? Wir bleiben lieber auf dem Pfad.

Mit der Beverinlücke auf 2826 Metern ist ein weiteres Etappenziel erreicht – doch einfacher wird es in der nächsten halben

Romanen und Walser in der Region Viamala

Im heute soziokulturell vielfältigen Gebiet am Hinterrhein gab es bis anfangs des 20. Jahrhunderts einerseits die dominante rätoromanische, andererseits die walserisch/walserdeutsch geprägte Sprache und Kultur.

Von Bonaduz über das Domleschg (Tumlestga) und am Heinzenberg (Mantogna) sowie im Schams (Schons) bis in die Val Ferrera wurde sutselvisch gesprochen. Sutselvisch (Romontsch Sutsilvan) ist ein Mittelbündner Romanischdialekt wie das Surmeirische, das im Oberhalbstein und in Teilen des Albulatals gesprochen wird. Sutselvisch ist die am gefährdetste bündnerromanische Dialektgruppe; besonders im Domleschg, am Heinzenberg und im Schamser Talboden wird die Sprache kaum mehr gesprochen. Am Schamserberg konnte sie sich stärker halten, sie ist nebst Deutsch Amtssprache in der Gemeinde Muntogna da Schons und in Donat die einzige sutselvische Schulsprache.

Tschappina am Heinzenberg wurde im 14. Jahrhundert wahrscheinlich durch die Walser von Safien aus besiedelt. Die Bewohnerinnen und Bewohner von Unter- und Oberschappina, Obergmeind und Glas sprechen deshalb einen Walser Dialekt. Das hintere Rheinwald gilt als die Stammkolonie der Walser in Graubünden. Das Safien- und das Valsertal wurden vom Rheinwald her besiedelt. Bezüglich der Walserkolonie Avers gibt es zwei Thesen: Walser wanderten entweder direkt aus den westlichen Walsergebieten (Pomatt, Oberwallis) ein oder sie kamen aus dem Rheinwald.

Sechs Meter hoch ist die Leiter auf den Beverin Pintg.

Stunde bis zum 170 Meter höher liegenden Gipfel nur bedingt. Nun haben wir immerhin das Schams im Blick, das dritte Tal, das wir auf dieser Wanderung von oben sehen, rechter Hand zudem die von Bruschghorn und Gelbhorn eingefasste Hochebene.

Wo der Weg besonders steil und schwierig ist, helfen Seile und Ketten. Der eine oder andere hohe Tritt über größere Blöcke ist zu bewältigen, ehe wir auf dem sanft ansteigenden, von Schutt bedeckten Gipfel des Piz Beverin ankommen. Hier ist die Sicht nun rundum frei, wir sehen das Safiental und die dahinter liegende Surselva, Rheintal, Domleschg und Lenzerheide, das Schams und weiter hinten das Oberhalbstein.

Hier oben entschlüsseln wir auch ein optisches Phänomen: Vom Domleschg aus scheint der Beverin zwei Hörner zu haben, woher wohl auch sein Name stammt: vom lateinischen Wort für Ochse nämlich. Wer auf dem Gipfel steht, erkennt, dass das zweite Horn eine Nadel ist, die sich einige Meter weiter nördlich des eigentlichen Gipfels erhebt. Wer risikofreudig ist, der kann auch sie besteigen, wie mehrere Steinmännli bezeugen – anzuraten ist es eher nicht.

Wir könnten nun zur Beverinlücke zurückkehren und von dort weitestgehend über Grasland den Abstieg unternehmen. Dies ist auch der Weg, den die meisten Beverin-Besteiger wählen, ob nun beim Auf- oder beim Abstieg. Wer es ein wenig abwechslungsreicher möchte, wählt stattdessen den Pfad über den von Schutt bedeckten Kegel Richtung Süden. Es folgt eine

Über satte Alpweiden geht es hinunter zu den Dörfern am Schamserberg.

rund 100 Meter lange Passage zwischen gröberen Blöcken, bis wir bei Punkt 2770 vor einer etwa sechs Meter hohen Leiter stehen. Sie bringt uns Schwindelfreie auf den Beverin Pintg, einen rund 700 Meter langen, abfallenden Grasrücken, an dessen Ende sich der Pfad wieder über mehrere Dutzend Höhenmeter hinunterschlängelt.

Hier ist es zunächst flach, und uns fällt ein Brunnen ins Auge, in dem Getränke im kühlen Nass liegen – bei unserem Besuch ist das Wasser allerdings so warm, dass es kaum einen Kühlungseffekt hat. Wir passieren einen Hirtenunterschlupf in Sichtweite und wandern durch die Alpweiden – Achtung: Mutterkühe – in östlicher Richtung weiter.

Wir sind nun im Gebiet der Alp digl Oberst, und wer über den Namen stolpert, hat recht. Er geht auf einen Spross der adligen Familie Rosenroll von Thusis zurück, der, aus holländischen Kriegsdiensten zurückgekehrt, einige Wiesen zusammenkaufte und seine im Ausland erworbenen Kenntnisse zur Milchverarbeitung anwenden wollte – welche genau diese im 18. Jahrhundert waren, wissen wir leider nicht.

Wir überqueren den Bach, der anschließend in die Val Mirer fließt, und spüren langsam die Knie. Wenige Meter oberhalb des Baches geht es nun dessen Lauf entlang zu den Maiensäßen Mursenas und Tgoms. Wir halten uns oberhalb des Bot la Crapa in östliche Richtung bis Fegias, wo sich der Weg verzweigt: entweder geradeaus in Richtung Lohn oder rechter Hand Richtung Mathon. Der rechte Weg passiert einen Brunnen, bevor wir kurz in den Lärchenwald eintauchen.

Oberhalb der Val Granda geht es weiter, relativ stotzig zuweilen, zum Dorf hin, wo wir die letzten Kehren auf einer ausgebauten Straße nehmen, um endlich beim Gasthaus Muntsulej anzukommen. Mathon, das seit Anfang 2021 zusammen mit Lohn, Casti-Wergenstein und Donat die fusionierte Gemeinde Muntogna da Schons/Schamserberg bildet, ist wie die Nachbardörfer ein kleines Schmuckstück. Hübsch die Kirche, romantisch die Ruine der Antoniuskirche. Zudem beherbergt es mit dem Geburtshaus des Komponisten Tumasch Dolf einen wichtigen Identifikationspunkt der regionalen Sprach- und Gesangskultur. Die Pläne, daraus ein »Haus des Gesangs« zu entwickeln, harren noch der Ausführung.

Naturpark Beverin

Eine hohe Biodiversität und einmalige Landschaften zeichnen den Naturpark Beverin aus.

»Wo der Capricorn zu Hause ist«: Mit diesem Slogan wirbt der Naturpark Beverin für sich. Sein Alleinstellungsmerkmal ergibt sich aus der rund 350 Tiere zählenden Steinbockkolonie Safien-Rheinwald, die in einem Jagdbanngebiet rund um den Piz Beverin lebt. Seit 2013 gilt der Naturpark Beverin als Regionaler Naturpark von nationaler Bedeutung, mittlerweile besteht er aus neun Gemeinden und damit einer Fläche von rund 460 Quadratkilometern. Der Park umfasst vier Talschaften und zwei kulturhistorisch und sprachlich unterschiedliche Siedlungsgebiete: Das romanische Schams und die walserisch geprägten Siedlungsgebiete Safien, Rheinwald und Tschappina.

Höhenstufen zwischen 600 und 3200 Metern prägen das Parkgebiet. Die unterschiedlichen Landschaftstypen bieten Lebensraum für viele Tier- und Pflanzenarten. Mehr als die Hälfte des Parkgebiets steht unter Landschaftsschutz. Zahlreiche Lebensräume wie Trockenwiesen und -weiden, Moore, Auen, Amphibienlaichgebiete, Heckenlandschaften und besondere Waldgesellschaften sind auf eidgenössischer oder kantonaler Ebene geschützt. Die Magerwiesen auf Maiensäßstufe beispielsweise bieten Lebensraum für seltenere Blumen wie Arnika, Bärtige Glockenblume oder Prachtnelken ebenso wie für in den Wiesen brütende Vogelarten, etwa die Feldlerche.

Doch der Naturschutz im engeren Sinn ist nicht die eigentliche Aufgabe eines regionalen Naturparks. In einem Naturpark gelten nämlich keine Gesetze, die ohne den Park nicht ebenso gelten würden, spezielle Schutzmechanismen herrschen nicht. Vielmehr sollen die aus der Regionalpolitik des Bundes entstandenen Pärke einen Beitrag zur Entwicklung einer Region leisten, die sich durch hohe Natur-, Landschafts- und Kulturwerte auszeichnet.

Dabei spielt die Natur eine wichtige, aber nicht die einzige Rolle. Oder wie es Thomas Buchli, Präsident des Parkvereins, formuliert: »Die Natur ist das Grundkapital und die Stärke des Parks. Sie ist unsere Hauptressource.« Gleichzeitig sagt er: »Bei der Nachhaltigkeit, die ein Naturpark anstrebt, geht es nicht nur um den Schutz ökologischer Werte. Es geht auch um eine gesellschaftliche und eine ökonomische Komponente.«

Gefördert werden soll ebenso eine nachhaltige regionale Wirtschaft. Hierzu vermarktet der Naturpark etwa gewisse in der Region hergestellte Produkte, die den Standards des Naturpark-Labels genügen. Auch hat Buchli das Projekt für einen Solarskilift in Tenna unterstützt. Zudem leitet er die Geschäftsstelle der Gewerbezone Schams, die sich zum Ziel gesetzt hat, der einheimischen Wirtschaft preiswert Land zur Verfügung zu stellen. Drei Standorte in Zillis und Andeer wurden dafür von den Gemeinden ausgewiesen. Bereits konnten etwa Holzunternehmer ihre Produktionsstätten erweitern und so die Wertschöpfungskette verlängern. Andernorts fand ein Bauunternehmer mehr Platz für sein Magazin. Darüber hinaus beschäftigt sich der Naturpark intensiv mit Angeboten im Bereich E-Mobilität und für den Wanderbus Bus alpin.

Kerngeschäft des Parks ist dennoch die Vermittlung der Natur- und Kulturschätze seines Gebiets. In Zusammenarbeit mit Partnern organisiert der Naturpark Beverin unter anderem ökologische Aufwertungsmaßnahmen, in welchen Lebensräume erhalten und aufgewertet werden. Gruppen von Erwachsenen oder Schulklassen unterstützen mit ihrem praktischen Einsatz Aufwertungsmaßnahmen an Gewässern, auf Weiden und im Wald oder engagieren sich bei der Sanierung von Trockenmauern. Weitere Initiativen sind Wildbeobachtungstouren oder das Installieren von Themenwegen, etwa auf dem Glaspass oder in der Val Ferrera.

Auch in der Kultur ist der Naturpark engagiert. So ist bei ihm die Geschäftsstelle jener Stiftung angegliedert, die in Mathon ein »Haus des Gesangs/Tgea da tgànt« errichten möchte. Dies im Geburtshaus des Komponisten Tumasch Dolf (1889–1963), das in den letzten Jahren unbewohnt war und entsprechend sanierungsbedürftig ist. Die Realisierung wäre ein wichtiger Beitrag zur Wahrung des kulturellen Erbes der Region, zu der eine lange und starke Gesangstradition gehört. Die Fundaziun Tgea da Tgànt ist dabei, die notwendigen finanziellen Mittel aufzutreiben.

Anders als in anderen Regionen scheint es hier wenig Bedenken zu geben, dass der Naturpark die künftige Entwicklung erschweren könnte. Der Parkperimeter konnte in den vergangenen Jahren bereits zweimal erweitert werden. Nachdem 2016 die in der Gemeinde Safiental liegenden Fraktionen Versam und Valendas hinzugekommen waren, der Park damit eine Erweiterung bis zur Vorderrheinschlucht Ruinaulta erfuhr, wurde per 2020 auch die Gemeinde Rheinwald in den Parkperimeter aufgenommen.

Für Vereinspräsident Buchli liegt der Wert des Parks außer in den in die Region fließenden Bundes- und Kantonsgeldern auch in einer sozialen Komponente: »Der Park hilft dem Selbstbewusstsein der Menschen: Man muss sich nicht jedem Entwicklungsgedanken unterwerfen. Man kann auch stolz sagen: Es ist doch gut so, wie es ist, und wenn wir daran weiterarbeiten, können wir es sogar noch besser machen. Wenn man den Gedanken, immer im Nachteil zu sein, verinnerlicht, kann das sehr ungünstige Folgen haben, bis hin zur Abwanderung. Wenn ich hingegen finde, es ist gut hier, dann bleibe ich.«

Information
Naturpark Beverin: naturpark-beverin.ch.
Fundaziun Tgea da Tgànt: tgeadatgant.ch/fundaziun.html.

Route 7: Alp Nurdagn–Alperschällilücke–Sufers

Im Land der Steine

In kargem Gelände hoffen wir, auf den König der Alpen zu treffen – und umrunden dabei die eindrückliche Formation der Pizzas d'Anarosa. Über Kalksteinfelder geht es durch eine einmalige, fast unberührte Landschaft, die uns immer wieder Ausblicke auf die bizarren Felsformationen verschafft. Gerade beim Abstieg durchaus eine anstrengende Wanderung.

Wanderzeiten

Alp Nurdagn–Farcletta digl Lai Grand	1 h 30
Farcletta digl Lai Grand–Alperschällilücke	1 h
Alperschällilücke–Sufers	2 h 30
Totale Wanderzeit	**5 h**
Höhendifferenz	↗ 650 m, ↘ 1500 m
Distanz	12,5 km

Charakter
Streifzug durch alpines Gebiet, das durch seine Kargheit besticht. Abgesehen von einigen Passagen mit Geröllfeldern nicht überaus anspruchsvoll. T3.

Beste Jahreszeit
Juni bis Oktober

Mehr als ein Weg führt zur Alp Nurdagn (2262 m), unserem Ausgangspunkt: ob abgekürzt mit dem Bus alpin oder zu Fuß von Wergenstein aus. Oben angekommen, finden wir ein ehemaliges Alpgebäude vor, in dem sich speisen und übernachten lässt. Besonders Familien sind im Fokus der Betreiber, ist der Aufstieg doch leicht, und die Umgebung lädt zum Klettern, Baden und Wandern ein. Seit 2018 ist das Gebäude stilvoll und zweckmäßig eingerichtet, und wer mag, kann hier gleich noch einen Kaffee als Stärkung für die kommenden Strapazen zu sich nehmen.

Die Wanderung ab der Alp Nurdagn (im Hintergrund) beginnt entspannt.

Das Alpgebiet befindet sich auf einer einmaligen Hochebene.

Anstrengend ist es zunächst aber nicht. Von der Alp geht der Weg in zwei Varianten in südwestlicher Richtung ab, die sich aber bald vereinen. Wir gehen über die weite Ebene mit schönem Rundumblick auf die umstehenden Gipfel. Bei Punkt 2131 zweigt links der Weg ab in Richtung Lai Pintg und Farcletta digl Lai Pintg, der uns zur Cufercalhütte führen würde. Eine ebenfalls reizvolle Variante.

Doch zunächst lautet Lai Grand (2386 m) unser Ziel, ein Bergsee, der sich wunderbar in das mit Felsen und Steinen übersäte Wiesland einfügt. Mächtige Blöcke liegen hier, und es ist unschwer zu erkennen, woher sie stammen. Links vor uns türmen sich nämlich bereits die von weitem sichtbaren, mächtigen Spitzen der Pizzas d'Anarosa auf, deren höchste Erhebung knapp die 3000er-Marke übertrifft. Ihr Name rührt vermutlich vom vorrömischen Rosa her, was Gletscher oder Wildbach bedeutet, doch eine lokale Sage liefert eine andere Erklärung und erzählt von zwei Schwestern, Anna und Rosa, die als Hirtinnen auf der Alp arbeiteten:

Große Brocken laden zu einer kurzen Kletterpartie ein.

»Die Alp Annarosa in den Schamser Bergen gehörte vor vielen Jahren einst zwei Schwestern, Anna und Rosa geheißen, von denen sie ihren Namen hat. Damals waren die Weiden dort wunderbar grün und üppig. Kühe und Ziegen gaben so viel Milch, dass man kaum wusste, was man damit anfangen sollte. Die beiden Schwestern mussten Groß- und Kleinvieh sogar am Mittag noch melken. Eines Tages gingen sie fort, um ihren Leuten im Tale einen Besuch zu machen, von wo sie erst am Abend zurück sein konnten. So musste für einmal das Melken um die Mittagszeit unterbleiben. Als sie zurückkamen, wollten sie sich gleich an die Arbeit machen. Doch die Kühe und Ziegen hatten von den fetten Kräutern so viel Milch, dass manchen die strotzenden Euter geplatzt waren. Zum Zorn darüber verwünschten die beiden Schwestern das nahrhafte Gras. Da vertrockneten die Weiden, und seither gibt das Vieh auch auf der Alp Annarosa lange nicht mehr so viel Milch wie ehedem.«

Erst später erhielten die Berge den Namen Grauhörner. Unzählige Zacken ragen in die Höhe, senkrecht fallen die Felsen ab

Vom Piz Beverin zu den Pizzas d'Anarosa – Bündner Schiefer und Kalkberge

Vom Piz Beverin und den oberen Weiden der Alp Tumpriv fallen den Wandernden die schroffen und zackigen Pizzas d'Anarosa auf. »In diesem Tale, wo Wiesengrün und das Schwarz des Schiefers die einzigen Landschaftsfarben zu sein scheinen, nehmen die Splügner Kalkberge oder Splügner Dolomiten eine auffallende Sonderstellung ein. Es sind dies die südlichsten Gipfel der Beverinkette, die Berge zwischen Safien, Splügen und Andeer. Eine mächtige Kalkdecke überlagert hier den Schiefer, und eben diese Decke ist es, welche die große Bildhauerin Natur zu den abenteuerlichsten Modellierkünsten verlockt hat. Bleich und zerborsten erhebt sich ein Kranz von Zinnen und Mauern, und wie Firnschnee leuchtet oft in der Mittagssonne der breite Geröllmantel, der sich um die Ruinen schmiegt«, schreibt der Geograf Eduard Imhof sen. Und er ergänzt: »Im Safiertale nennt man den ganzen von dort aus sichtbaren Teil der Splügener Kalkberge

(Weisshorn, Alperschällihorn und Pizzas d'Anarosa) Grauhörner, und der Hauptgipfel der Pizzas d'Anarosa selbst heißt sehr treffend ›Sägihorn‹«. Der Name der Bergkette, der auch für die nördlich davon gelegene Alp gilt, wird vom vorrömischen Wort ›rosa‹ abgeleitet, das für Gletscher oder Wildbach steht, gleich wie bei Arosa, Piz Rosatsch oder Monte Rosa. Ein großer Teil der Felsmassen des Piz Beverin besteht aus losem Gestein, dem Nolla-Kalkschiefer, einem relativ weichen und leicht erodierenden Material. Nur die Blöcke im Gipfelaufbau sind aus erosionsresistentem Quarzit.

Der Lai Grand ist eine kurze Pause wert.

und gehen in eine mächtige Schutthalde über. Dieses Massiv, das den wohl eindrücklichsten Teil der sogenannten Splügner Kalkberge ausmacht, werden wir nun beinahe umrunden.

Der Lai Grand würde zu einer schönen Pause einladen, doch noch ist es etwas früh dafür. Der Weg führt nun um einen namenlosen Felskopf herum, wir bewegen uns entlang der Geröllfläche und des Baches Raptgusa. Immer wieder stoßen wir auf große Kalkfelsstücke, die von Wind und Wetter gezeichnet sind, als hätten sie unbekannte Zeichen in die Oberflächen eingeritzt. Noch wachsen zwischen den Steinen Grasflecken, doch wir merken bald, dass wir uns immer weiter in wüstenähnliches Gebiet hineinbegeben.

Nachdem wir ein kleineres Plateau (Punkt 2563) erreicht haben, auf dem mehrere Bäche zusammenfließen, beginnt der Aufstieg zur 100 Meter höher liegenden Farcletta digl Lai Grand über einen von Geröll und Schutt gesäumten Pfad. Je höher wir steigen, desto besser wird die Aussicht auf die Kette der Grauhörner, über den Piz Calandari hin zum Piz Vizan und zur gegenüberliegenden Seite des Schamsertales mit dem Piz Curvér.

Auf dem Grat (2660 m) stoßen wir auf einige Trockenmauern und eine Kiste, in der sich Feldstecher und Informationen über das Steinwild befinden, das man von hier aus beobachten kann. Leider haben wir selber kein Glück. Ob es an der laut disputierenden Wandergruppe aus Italien liegt, die ebenfalls gerade hier rastet oder ob es bloß die falsche Tageszeit ist?

Hinter der Forcletta digl Lai Grand liegt das Alperschälli, ein kleines Hochtal, das sich in der Mitte zum Safiental hin öffnet. Es ist eine Einöde von eigentümlicher Schönheit: karg, wild, bis auf den Wanderweg fast unberührt. Der Blick geht auf die obersten Safier Weiden und Maiensäße, links von uns nun aber die mächtige Westseite der Grauhörner/Pizzas d'Anarosa. Man wähnt sich in einer Filmszenerie, etwas zwischen *Herr der Ringe* und *The Last Days on Mars*, so wüstenhaft und lebensfeindlich scheint der Anblick. Dass es einer besonderen Flora und Fauna bedarf, um diesen alpinen Lebensraum zu beleben, ist augenscheinlich.

Etwas mehr als hundert Höhenmeter steigen wir ab, bis es ein wenig flacher wird und wir nach dem nach Osten weiterführenden Weg Ausschau halten. Am Punkt 2529, etwa einen Kilometer nach der Farcletta digl Lai Grand, würde der Weg rechts ins Safiental abzweigen. Wir aber halten uns links und versuchen, unseren Pfad in der alles überdeckenden Schuttmas-

Die Forcletta digl Lai Grand mit Blick gegen die Pizzas d'Anarosa.

se auszumachen. Erst bei genauer Betrachtung erkennen wir, dass er sich an der untersten Kante der Schutthalde von links nach rechts oben führt.

Was gleich nach Erklimmen der steinigen Masse ins Auge fällt, ist ein starker Kontrast der hier aufeinandertreffenden Gesteinsarten: Der von links herabbröselnde Kalk der Pizzas d'Anarosa und das von rechts her stammende Feld von Rauhwacken-Ablagerungen, dessen Gelbbraun auf das kalkige Grauweiß trifft. Porös ist dieses Gestein, von dem wir in der näheren Umgebung noch weitere Felder erkennen werden.

Jetzt führt der Weg zunächst über größere Blöcke, später über feineren Kies. Das Wandern geht nicht ohne Anstrengung,

doch die bizarren Formationen, in die sich das Gestein hier bereits entwickelt hat, lässt uns immer wieder pausieren und staunen. Das Geröll, durch das der Wanderweg führt, macht den Aufstieg zur Alperschällilücke etwas beschwerlich. Kurz bevor wir oben ankommen, betreten wir eine kleine Senke, in der sich bei Niederschlägen viel Wasser sammeln dürfte. Rechts ginge es nun in Richtung Bodahora oder Alperschällihorn, links beginnt der nur für geübte Alpinisten geeignete Aufstieg zu den Pizzas d'Anarosa. Das Couloir können wir bloß erahnen.

Gleich nach der Alperschällilücke (2613 m) lässt es sich hinter einem Felsen gut rasten, und das sei angeraten: Nachher geht es nur noch bergab. Zunächst durch die Geröllhalde, aus der bald der Steilerbach entspringt, den wir nun kaum mehr aus den Augen verlieren werden. Nach der nächsten Kante eröffnet sich uns der eindrückliche Ausblick auf den Schuttkegel, der sich unter dem Steilerhorn gebildet hat. Hier beginnt das Land auch wieder grüner zu werden, wir steigen ab über die linke Flanke, gleich

Nach der Alperschällilücke sammelt sich das Wasser, das als Steilerbach nach Sufers fließen wird.

unter der Kette der Grauhörner, die hier drohend auf uns herabsehen. Am Punkt 2322 betreten wir das Wiesland der Steileralp, deren Name geradezu selbsterklärend ist.

Nachdem wir den Felskopf des Rota Grinds passiert haben, zweigt der Weg links ab zu den Sufner Maiensäßen, über die man die Cufercalhütte ebenfalls erreichen könnte. Rechts hinauf geht es zum Stutzhorn, einem gut kletterfrei besteigbaren Aussichtspunkt über das Rheinwald. Zunächst führt der Weg noch entlang eines nur spärlich bewaldeten Hanges im Gebiet Under Steila, bis wir den Steilerwald betreten, und auch der ist tatsächlich steil, der Abstieg erfordert noch einmal ziemlich Kondition. Die 350 Höhenmeter zum Dorf Sufers hinunter werden wir in den Knien merken. Bei Punkt 1700 lohnt es sich, links die Abkürzung zu nehmen, da der andere Weg bald danach in eine Fahrstraße mündet.

Nur hin und wieder erblicken wir Ausschnitte des Sufner Sees. Als wir aus dem Wald treten, gehen wir zunächst ein kurzes Stück auf der Landwirtschaftsstraße Richtung Dorf, zweigen an deren Ende beim Büel (1539 m) rechts ab. Ein Pfad bringt

Kurz vor der Alperschällilücke stößt Kalkstein auf Rauhwackenhalden.

Route 7: Alp Nurdagn–Alperschällilücke–Sufers

Der obere Teil der Steileralp ist von Geröll geprägt.

uns hinunter zum Steilerbach, der hier inzwischen schön viel Wasser führt. Bei der Dorfstraße angelangt, sehen wir rechter Hand ein Gebäude, das einen für das Brennen von Tonarbeiten geeigneten Ofen birgt. Wir überqueren die Brücke im Tobel und wandern die letzten Meter ins Dorf hinein.

Sufers gilt zwar als Rheinwalder Gemeinde, besitzt aber dennoch eine Sonderstellung, liegt es doch auf einem tiefer gelegenen Plateau als der Talboden bei Splügen. Beim Versuch zu einer Fusion aller Rheinwaldner Gemeinden fand sich in Sufers keine Mehrheit. Dies auch mit Blick auf die Gemeindefinanzen, die von den Wasserzinsen profitieren und einen tiefen Steuerfuß ermöglichen. Neben dem Dorfladen und einem gut ausgestatteten Hofladen besitzt Sufers eine Sennerei und zwei Museen: das Festungsmuseum Crestawald (siehe Seite 165) und das Gilli's Museum, in dem Alltagsgegenstände früherer Generationen zu sehen sind. Der See selbst bietet Fischern gute Fänge. Geplant ist hier ein beschränkter Ausbau der Infrastruktur, um auch das Befahren mit Booten zu ermöglichen.

Die Modernisierung von Land- und Alpwirtschaft am Schamserberg

Am Schamserberg wird die Berglandwirtschaft wie in der ganzen Region Viamala als Stufenwirtschaft betrieben. Sie umfasst den Talbetrieb und die Maiensäße der Privaten sowie die genossenschaftlich organisierten Alpen im Kollektiveigentum. Während bis vor wenigen Jahrzehnten das im Spätsommer auf den Maiensäßen geerntete Heu oben am Berg eingelagert und nach der Herbstweidezeit im Vorwinter dort verfüttert wurde – bis in die 1960er-Jahre stellten die Bauern und Bäuerinnen auf den Maiensäßen auch Käse her – wird es jetzt in die großen Stallscheunen geführt, die sich meistens am Rand der Dörfer befinden. Die Fluren und Wälder am Schamserberg sind heute weitgehend von Güterstraßen erschlossen.

In den letzten Jahrzehnten hat sich die Berglandwirtschaft stark verändert. Früher dominierten die Milchwirtschafts- und Viehaufzuchtbetriebe. Inzwischen haben einige Betriebe auf die weniger arbeitsintensive

Stallbauten mit Fotovoltaik-Dächern am oberen Dorfrand von Lohn.

Mutterkuhhaltung umgestellt. Die Milch der Schamser Kühe, soweit sie noch gemolken werden, wird einerseits in die Dorfsennereien Andeer und Nufenen geführt und dort verkäst, andererseits an den Biomilchpool verkauft und weggeführt.

»Sie ist wohl eine der größten und schönsten Alpen des Kantons«, heißt es in der Datenbank alporama, der Schweizerischen Arbeitsgemeinschaft für Berggebiete zur Alp Anarosa. Die Korporationsalp gehört seit 1892 der Bergschaft Schams, einer öffentlich-rechtlichen Körperschaft der Gemeinden Muntogna da Schons, Andeer und Rongellen. Die Weiden von Anarosa umfassen gegen 1500 Hektaren, was mehr als einem Viertel der Gemeindefläche von Muntogna da Schons entspricht, und sie sind durchsetzt von vielen Flachmoorflächen. Deshalb ist das Alpgebiet Anarosa 1996 ins Inventar der Moorlandschaften von nationaler Bedeutung aufgenommen worden. Anarosa weist vier Alpteile oder Stafel auf: Curtginatsch (2272 m), Nurdagn, Danis und Nera. Im Sommer grasen auf den flacheren Weiden Milchkühe, und wo die Hänge etwas steiler sind, Mutterkühe, Rinder und Kälber – früher auch Ziegen, ähnlich wie das auch für die benachbarte, unterhalb des Piz Vizan gelegene Andeerer Alp Durnan belegt ist.

Zum Alppersonal gehören eine Sennerin oder ein Senn, eine Zusennerin oder ein Zusenn und je eine Hirtin oder ein Hirt für die Mutterkühe und das Jungvieh. Zu den Alpen Curtginatsch und Nurdagn führt eine Fahrstraße.

Landwirtschaft früher und heute: Heuernte in Mathon in den Fünfzigerjahren und in der Gegenwart.

Schafherde beim Stavel da las Nursas.

Das 1926 erstellte Alpgebäude von Nurdagn ist vor einigen Jahren umgebaut worden und bietet Übernachtungs- und Verpflegungsmöglichkeiten. Bereits seit 1988 gibt es im Alpgebiet Anarosa einen fahrbaren Melkstand. Die Sennerei befindet sich auf Curtginatsch, wo ein mit dem Label des Regionalparks Beverin versehener Alpkäse hergestellt wird.

Auf Curtginatsch, der höchst gelegenen Kuhalp Graubündens, kann es auch im Sommer gelegentlich schneien. In unmittelbarer Nähe der Alpgebäude ist eine rechteckige Fläche von einer 200 Meter langen historischen Trockenmauer umgeben, die vor einigen Jahren durch die Stiftung Umwelteinsatz Schweiz (SUS) saniert wurde. Früher war das Geviert wie auf vielen anderen Alpen eine schöne Wiese, die geheut und gedüngt wurde. So war ein Futtervorrat für das Vieh garantiert, falls die Tiere wegen dem Schnee eingestallt werden mussten. Heute kann Heu auf der Straße zugeführt werden.

Weitere Alpen in der Gemeinde Muntogna da Schons sind Tumpriv, Nursin und die Alp digl Oberst. Sie befinden sich nördlich der Alp Anarosa unterhalb des Piz Beverin und sind heute dem Galtvieh (Jungrinder) vorbehalten. Früher trieben Hirtenbuben während des schulfreien Sommers jeweils täglich eine Herde mit 130 Ziegen aus den verschiedenen Dörfern des Schamserbergs durch die heute teilweise verbuschten Weiden, insbesondere in die Val Larisch.

Viamala, Schams und Rheinwald

III. Durch Schluchten und Täler ins erste Dorf am jungen Rhein

Nadelöhr und Kernstück der Region: die Viamalaschlucht. Wege, Brücken, Straßen erschließen sie seit Jahrhunderten. Generationen von eindrücklichen Bauwerken sind am Weg zu sehen. Weiter oben wechseln sich offene und enge Talabschnitte ab: Schams, Roflaschlucht, Rheinwald.

Route 8 Thusis–Viamala–Zillis–Andeer 6 h

Varianten

1. Von Anfang an auf der ViaSpluga über Sils i.D. Zusätzlich ca. 30 Min.
2. Thusis–Besucherzentrum: Via Übernolla–Bofel–Rongellen 2 h 30, ↗560 m ↘400 m, 6,3 km.
3. Thusis–Besucherzentrum: Auf der alten Kommerzialstraße über das Verlorene Loch, 2 h 20, ↗500 m ↘330 m, 5 km. Vorsicht: gelegentlich Steinschlag.
4. Rundweg Viamala Süd: Besucherzentrum–Pùnt da Suransuns–Rania–Val Baselgia–St. Ambriesch–Besucherzentrum 1 h 15, ↗↘150 m, 1 h 15, 2 km.
5. Auch ab Zillis auf der ViaSpluga bleiben, die auf der linken Talseite über Donat und Clugin führt. Etwa gleich lang.

Route 9 Andeer–Roflaschlucht–Sufers–Splügen 5 h

Variante

In Sufers bei der Postautohaltestelle absteigen zum Seeufer und dem Ufer entlang bis zum Wissbach, diesem entlang rechts hinauf in die ViaSpluga.

↑ Schnell- und Langsamverkehr in der Viamala.

Viamala, Schams und Rheinwald

Route 10 Splügen–Medels–Hinterrhein 3 h

Varianten
1. Ganze Strecke an der linken Talflanke.
2. Ganze Strecke rechtsrheinisch. Dann muss man in Splügen über die Dorfbrücke kurz Richtung Splügenpass, nach dem alten Zollhaus rechts, unter der A13 durch und gleich wieder rechts, am Kreisel, dann am Werkgebäude des Tiefbauamtes vorbei.

Bei beiden Varianten deutlich längere Hartbelagstrecken.

Besonderes

Familienstiftung Hohen Rätien: Die Anlage (oder einzelne ihrer Gebäude) kann für kulturelle oder private Anlässe gemietet werden, hohenraetien.ch.

Traversinersteg: traversinersteg.ch.

Viamala: Besucherzentrum mit Treppenanlage und Felsgalerie. Geöffnet vom 1. April bis 1. November.

Zillis: Kirche St. Martin, dazu die permanente Ausstellung zur romanischen Bilderdecke der Kirche im Ausstellungsraum bei der Postautohaltestelle, zillis-st-martin.ch/ausstellung-zur-kirchendecke. Talmuseum Tgea da Schons, Tel. 079 661 31 31.

Andeer: Casa Storica, Museum mit Schwerpunkt Verkehrsgeschichte der Unteren Straße. Erwin Dirnberger, Gründer des Museums, bietet Führungen und szenische Darbietungen zum Thema, auch in der Viamala (Viamala Notte) und in der Zilliser Kirche. Event-Infos: casa-storica.ch oder über viamala.ch.

Felsgalerie Roflaschlucht: rofflaschlucht.ch.

Festungsmuseum Crestawald: crestawald.ch.

Splügen: Heimatmuseum (mit Schwerpunkt Verkehrsgeschichte), ein Besuch lohnt sich.

Hinterrhein: Alte Landbrücke.

Einkehren/Übernachten

Thusis: Siehe Kapitel I (Domleschg)

Besucherzentrum Viamala: Regionale Spezialitäten, Getränke, Bücher, Sitzplätze auf der Aussichtsterrasse

Zillis: Gasthof Alte Post, Zimmer und Restaurant, alte-post.ch

Pignia: Restaurant Caltgera, Tel. 081 661 15 02

Andeer: Boutique-Hotel Post: hotelpostandeer.ch (Wiedereröffnung nach Renovation im Herbst 2021); Bade-, Kur- und Ferienhotel Fravi, fravi-hotel.ch; Hotel Weisses Kreuz, hotel-weisseskreuz.ch

Rofla: Hotel Rofflaschlucht, rofflaschlucht.ch

Splügen: Hotel Bodenhaus, hotel-bodenhaus.ch; Hotel Alte Herberge Weiss Kreuz, weiss-kreuz.ch; B & B Haus Wanner, ferienhaus-wanner.com

Hinterrhein: Bachhus-Stuba und -Chäller, bachhuus-chaeller.ch; B & B Rothaus, rothausferien.ch; B & B Trepp, Tel. 081 664 18 08 oder 078 746 35 74

Einkaufen

Zillis: Volg

Andeer: Metzga nova, Metzga Viamala, Stizun da Latg (Sennerei), Bäckerei/Konditorei/Café Iselin, Volg

Sufers: Hofladen Bio Yak Hof Heinz, Sennerei, Prima-Laden

Splügen: Spezialitäten-Metzg, Sennerei, Bäckerei Winker, Volg

Hinterrhein: Alpkäse kann man bei Christina und Johann Egger im Bachhus kaufen

Karten

1215 Thusis, 1235 Andeer, 1254 Hinterrhein

Literatur

Brun 1800, Das Aus für das Rheinwald-Grosskraftwerk […] 2016, Domenig 1919, Egloff 1987, Feiner/Gantenbein/Guetg (Hg.) 2020, Lorez 1943, Mantovani 1988, Meyer, J. J. 1825, Nay 2015, Pieth 1945, Rheinwald. Die Talschaft wehrt sich […] 1942, Riedi 2009, Schmid 1943, Sererhard 1994, Simonett 1986, Simonett 2017, Walter 1984, Wanner (Hg.) 1972, Wanner 1993.

Route 8: Thusis–Viamala–Zillis–Andeer

Auf gutem Weg durch die Viamala

Erstaunlich viele Wege führen durch die enge Schlucht, noch mehr in sie hinein. Die Viamala ist das Nadelöhr, durch das sich seit Jahrhunderten der Nord-Süd-Verkehr hindurchzwängt. Die Überwindung dieses Verkehrshindernisses brachte den umliegenden Tälern die meiste Zeit ein gutes Auskommen im Warentransport. Und die Viamala schrieb ein einmalig dichtes Kapitel alpiner Verkehrsgeschichte.

Wanderzeiten

Thusis–Viamala (Besucherzentrum)	2 h 15
Viamala (Besucherzentrum)–Zillis	2 h
Zillis–Pignia	1 h 15
Pignia–Andeer	0 h 30
Totale Wanderzeit	**6 h**
Höhendifferenz	↗ 1050 m, ↘ 750 m
Distanz	16 km

Charakter
Der Weg führt in einem ständigen Auf und Ab auf guten Wegen durch die enge Schlucht. T2.

Beste Jahreszeit
Mai bis Oktober

Der Name ist geblieben: Via mala, schlechter, schlimmer Weg. Er steht für die ganze Schlucht, diese »grässliche Felsenkluft«, diesen »Höllenschlund«, diese »Schreckenspforte«, diesen »jähen Riss in der Erdkugel«, wie Reisende das Naturspektakel gerne umschrieben. Die deutsche Schriftstellerin Friederike Brun war 1798 besonders beeindruckt von der Stelle, an der die unterste der damals drei Brücken von der linksrheinischen an die rechte Schluchtwand hinüberwechselt. Diese Brücke »ist

Naturschutzgebiet Pessen bei Pignia (oben) und die Viamala-Schlucht, wo sie enger nicht mehr sein könnte.

Hohen Rätien, die größte Burganlage Graubündens.

und bleibt doch der entsetzlichste Moment auf diesem Todeswege! Denn hier erstirbt alle Hofnung, hier wo die schwärzeste Nacht mit gleich schwerem Fittig den dunkelsten Abgrund und die schwindelndste Höhe umschwebt, wo fern, kalt und unerreichbar, des Aethers tiefe Bläue über engem Raum dahingleitet, wo aus den Eingeweiden der Erde der klagende Laut des leidenden Stromes aus seinem kalten Kerker wie die Stimme eines Sterbenden ertönt!«

Doch vor ihrer Wanderung durch die Schlucht hat Brun in ihr *Tagebuch einer Reise durch die östliche, südliche und italienische Schweiz* notiert: »Schon der Name hat für ein Wesen meiner Art etwas einladendes; nur hörte ich beinahe mit Bedauern, dass sie bei weitem nicht so sehr via mala sey, wie ehedem.«

Nein, ein »Todesweg« war das damals schon lange nicht mehr. Es war eine Straße, auf der die Säumerkolonnen mit ihren Tieren das ganze Jahr über in beiden Richtungen verkehrten. Und schon 25 Jahre nach Bruns Reise war diese »Via mala« auf der neuen Kommerzialstraße auch mit Kutschen befahrbar – eine Via bona, ein bequemer Weg! Aber die Topografie rundum lädt schon zu Dramatisierungen ein.

Gut ist auch der Wanderweg, der heute die ganze Schlucht

Blick in die Viamala Richtung Süden. Unten die alte Kommerzialstraße, die zum Verlorenen Loch führt; sie dient heute nur noch dem Langsamverkehr.

abseits der Straßen für Fußgänger begehbar macht. Wir wandern auf der Veia Traversina, bis Zillis identisch mit der ViaSpluga. Doch ab Thusis Bahnhof geht es zunächst ein Stück weit auf der Via Albula/Bernina (Schweiz Mobil-Route 33), den Gleisen entlang Richtung Viamala, rechts hinauf über einen Parkplatz zum Kreisel am Dorfausgang von Thusis; ab hier auf dem Trottoir entlang der Straße, die nach Sils i.D. führt.

Gleich nach der Autobahnunterführung zweigt der Wanderweg rechts ab und steigt sogleich steil an. Nach der vierten Kehre verlassen wir die Via Albula und zweigen nach rechts ab; dieser Weg mündet nach circa 300 Metern in die ViaSpluga (Schweiz Mobil-Route 50) und den Walserweg Graubünden (Schweiz Mobil-Route 35), die von Thusis aus bis nach Hohen Rätien identisch verlaufen. Es geht durch einen verwunschenen dichten Wald mit viel Unterholz, vermoderndem und moosbewachsenem Fallholz bergauf; oft ist es hier auch bei gutem Wetter etwas feucht, weil nicht viel Sonne durchdringt.

Oben angekommen, zweigt ein Weg nach rechts ab zum Burghügel von Hohen Rätien (948 m), der größten Burganlage in Graubünden; bis zum Spätmittelalter führte einer der meistbegangenen Wege durch die Schlucht hier vorbei. Der Abste-

Eine hängende Treppenbrücke: der Traversinersteg.

cher von circa einer Viertelstunde lohnt sich einerseits wegen der Bauten, welche die Familienstiftung Jecklin von Hohen Rätien, Besitzerin der Burganlage, restauriert hat und weiterhin pflegt, aber auch wegen des Ausblicks, den man von da aus auf das ganze Domleschg und den Heinzenberg hat. Die Befestigungsanlage stammt aus dem Frühmittelalter, die heutige Kirche St. Johannes Baptista aus dem Spätmittelalter. Das wiederholt umgebaute Gotteshaus war bis um 1500 das kirchliche Zentrum für Thusis und das linksrheinische Domleschg (Heinzenberg).

Weiter geht es sanft ansteigend bis Punkt 975, wo unser Weg nach rechts abzweigt. Gingen wir auf dem Walserweg, der nach Obermutten hinaufführt, etwa eine halbe Stunde weiter, gelangten wir zu einer geheimnisvollen Stelle, die wieder einen historischen Superlativ bildet: die Felszeichnungen von Carschenna. Obschon man fast nichts über sie weiß, gilt die Fundstelle als die bedeutendste ihrer Art in der Schweiz. Wer wem was mit diesen Kreisen und Figuren kundtun wollte, weiß man aber nicht. Auch nicht, aus welcher Epoche sie stammen. Nur dass sie sehr alt sein müssen, gilt als gesichert. Das Historische

Lexikon der Schweiz hält eine Datierung in der Jungstein- und Bronzezeit für möglich, also vielleicht um 2000 v.u.Z.

Auf der ViaSpluga und der Veia Traversina geht es inzwischen sanft abwärts, links ist eine für die Gegend erstaunlich flache, schöne Wiese mit der Ruine der Kapelle St. Albin, rechts die Schluchtwand, wo es dreihundert Meter senkrecht in die Tiefe geht. Aber keine Bange, der Weg verläuft angenehm und in sicherer Distanz zum Abgrund. Wenn die Bäume und Sträucher die Sicht freigeben, sieht man weit unten an der gegenüberliegenden Schluchtwand die eindrücklich in den Fels geschlagene alte Kommerzialstraße mit dem kurzen Tunnel im Verlorenen Loch.

Dann wird das Gelände steiler und wir queren den Abhang, der die rechte Schluchtwand bildet; es geht meist durch Wald, auf gutem, oft tannennadelgefedertem Weg. Allerdings sind einige kleinere Tobel zu meistern, die im Sommer wenig oder gar kein Wasser führen; den Geröllansammlungen ist anzusehen, dass sie auch anders können. Gefahr für Wandernde besteht bei guter Witterung nicht, und der Weg wird stets gut gepflegt.

Im Gästebuch an der Brücke stellt Rosa (6) den Brückeningenieuren ein gutes Zeugnis aus.

Das große Traversiner Tobel allerdings wäre ohne Brücke nicht zu überwinden. Diese Etappe ist auch ein Brückenweg. Nach den Autobrücken über Nolla und Hinterrhein bei Thusis kommt jetzt die erste Fußgängerbrücke, eine ziemlich spektakuläre zudem, denn sie muss von einem Brückenende zum anderen 22 Höhenmeter überwinden. Das tut sie mittels Stufen aus Holz; sie ist auch eine Treppe, zudem hängt sie an Drahtseilen, es ist also eine hängende Treppenbrücke. »Die Einschätzung eines angemessenen Benutzerkomforts bezüglich Tiefblick und Schwingungen an dieser ausgesetzten Lage ca. 70 Meter über dem Bachbett gehörte zu den anspruchsvollsten Aufgaben der Projektarbeit«, schreiben die Brückenbauer vom Ingenieurbüro Conzett Bronzini Gartmann aus Chur.

Zahlreiche Querträger aus Stahl und vier Holzbalken auf beiden Seiten stabilisieren die Hängebrücke und lassen sie kaum schwanken, die Balken verhindern zudem einen allzu direkten Blick in die Tiefe. Die Holzteile stammen übrigens aus der nächsten Umgebung, nämlich aus dem Wald bei Nesslaboda an der gegenüberliegenden Talseite. Die Brücke wurde 2005 eingeweiht. Es ist schon der zweite Traversinersteg, der erste, weiter oben im Tobel, kam noch ohne Treppe aus, war aber exponierter und wurde 1999 nach nur drei Jahren durch einen Felssturz zerstört.

Nun führt der Weg hinunter zum Hinterrhein, den wir von einer weiteren Brücke, die wir aber nicht überqueren, nochmals ein Stück tiefer sich durch die enge Felsschlucht kämpfen sehen. Es geht weiter rechtsrheinisch, wieder aufwärts und am Schluss steil hinunter zum Besucherzentrum (870 m).

Die allerneuesten Brücken, die 2017 erbauten Pùnts da Tgavorgia (Schluchtbrücken), befinden sich unten in der Schlucht, wenn man die Treppe beim Besucherzentrum hinuntersteigt. Das Brückenpaar hat rein touristische Funktion und dient einer besseren Kanalisierung der Besucherströme, die hier den ehemaligen Höllenschlund als modern erschlossene Sehenswürdigkeit bewundern. Entworfen wurde es ebenfalls von Jürg Conzett.

Unten angekommen, bietet sich das Bild, das tausendfach fotografiert und hundertfach gemalt und gezeichnet worden ist: hoch oben ein weiteres Brückenpaar, vorne die Wildenerbrücke von 1739, benannt nach dem Davoser Baumeister Christian Wildener. Gleich dahinter die 1938 gebaute, weniger angewinkelte Brücke, auto- und vor allem postautogerechter angelegt. Die untere Wildenerbrücke am nördlichen Rand des Viamala-Kessels unterhalb des Besucherzentrums, 1738 errichtet, wurde 1935 abgerissen und durch die heutige Brücke ersetzt.

Die Treppe in die Schlucht hinab gibt es schon seit 1903. Das Schauspiel dürfte damals noch eindrücklicher gewesen sein,

Das Viamala-Besucherzentrum mit der Treppe hinab in die Schlucht.

weil der Hinterrhein noch sein ganzes Wasser durch die Schlucht pressen musste. Das muss ein Schäumen und Tosen gewesen sein! Seit dem Bau der großen Kraftwerke in den obliegenden Tälern ist der Rhein hier nur noch ein Schatten seiner selbst. Wesentlich jünger ist das Besucherzentrum, das erst 2014 in Betrieb genommen wurde. Die Architekten Ivano Iseppi und Stefan Kurath aus Thusis haben es entworfen, straßenseitig wirkt es abweisend, fast bunkerartig, Auf der Schluchtseite jedoch ist es sehr offen, und von der Terrasse hat man gute Sicht in die beängstigende Tiefe.

Nun geht es durch eine Straßengalerie, über die Wildenerbrücke an einer Felskaverne vorbei, ursprünglich Magazinkavernen der Schweizer Armee, in deren Eingangsbereich man heute auf Infotafeln Wissenswertes zu Aktualität und Vergangenheit der Viamala erfährt. Dann ein kurzes Stück auf der Kantonsstraße, die hier wie im Viamalakessel das Trassee der alten Kommerzialstraße nutzt, dann zweigt auch schon der Fußweg links ab, hinunter zum Rhein.

Wir sind wieder im Wald, und es geht über Stock und Stein, auch

Die Kirche St. Martin in Zillis

Als »ecclesia plebeia in Ciranes« (Ziràn ist der romanische Name von Zillis) wird die Kirche 831 in einer karolingischen Urkunde erstmals erwähnt. Funde deuten auf eine noch ältere frühchristliche Kirche hin, die um 500 wohl durch den Ausbau eines profanen Gebäudes entstanden war. Im Lauf der Jahrhunderte wurde die Kirche immer wieder verändert, erweitert und renoviert.

Das Alleinstellungsmerkmal der Kirche ist aber die einzigartige romanische Bilderdecke, bestehend aus insgesamt 153 ornamental gerahmten, bunt bemalten Einzelfeldern aus Holz, die 1109 bis 1114 entstanden sein sollen – andere Quellen nennen etwas spätere Jahreszahlen –, aber unbestritten ist dies die älteste figürlich bemalte, fast vollständig erhaltene Holzdecke der abendländischen Kunst.

»Die Deckenkomposition folgt drei Ordnungen«, erklärt der *Kunstführer durch die Schweiz*: »Die streifenweise von Osten nach Westen zu lesenden 105 Binnenfelder schildern die Heilsgeschichte des Neuen Testaments, der sich in der letzten Reihe Szenen aus dem Leben des Kirchenpatrons St. Martin anschließen. Die Innenfläche wird von einem Rahmenfries mit Meereshintergrund umgeben, der mit Fabelwesen und Meerungeheuern bevölkert ist, dazwischen eingeschoben drei szenische Tafeln, eine Schifffahrt, ein Fischzug und eine nicht näher erkennbare Schiffszene. Über die Gesamtkomposition ist ein aus doppelten Ornamentleisten gebildetes Kreuz gelegt, das die Decke in vier gleich große Rechtecke gliedert.« Die Randbilder mit den Fabelwesen könnten – analog der »terra incognita« auf mittelalterlichen Weltkarten – das unbekannte heidnische Gebiet am Rande der Welt, die Innenfelder gleichsam das gesicherte christliche Festland darstellen. Wie die unbekannten Künstler es genau gemeint haben, wissen wir nicht. Der Kunsthistoriker Marc-Antoni Nay vermutet in seinem 2015 erschienen Werk über die Bilderdecke eine ursprünglich andere Anordnung der Bildtafeln.

Zuständig für den Unterhalt der Kirche ist die Stiftung Kirchendecke Zillis. Vor allem die Pflege der Bilderdecke ist äußerst aufwendig, die Bildtafeln stehen unter ständiger Beobachtung, da sie bei zu großer Luftfeuchtigkeit gefährdet sind (Pilzbefall); in den Jahren 2003/04 wurden die Tafeln umfassend restauriert.

In der Kirche stehen Spiegel zur Verfügung, damit man nicht den Hals verrenken muss, um die berühmte Decke zu betrachten.

Zahlreiche Reisende statten der berühmten Zilliser Kirche einen Besuch ab.

über eine kleinere Fußgängerbrücke, und schon kommt das nächste sehr ungleiche Brückenpaar. Unten, eher knapp über dem Wasser des Hinterrheins, die Pùnt da Suransuns, seit 1999 in Betrieb und ebenfalls von Jürg Conzett entworfen. Man spricht daher von Conzetts Brückentrilogie in der Viamala. Diese Brücke wirkt bodenständig und elegant zugleich, die Gehwegplatten aus Andeerer Granit ruhen auf vier Flachstahlbändern.

Hoch oben donnert der Verkehr über die Große Viamalabrücke der A13 von 1967, entworfen vom berühmten Brückenbauer Christian Menn. Die A13 löst sich von der linken Schluchtwand, schwingt sich in elegantem Bogen über die Schlucht und verschwindet sofort in einem Tunnel. Wir Wanderer können durchaus froh darüber sein, dass die A13 nicht viel Federlesens macht mit der Viamalaschlucht. Sie umfährt sie die meiste Zeit im Tunnel!

Nach der Brücke geht es über Stock und Stein auf und ab immer dem Rhein entlang nach Süden. Dann steigt der Weg an, der am Südportal des Bargiastunnels die A13 unterquert. Der Lärm der Schnellstraße ist hier erheblich, entfernt sich aber, je höher wir den Wald hinaufsteigen, immer mehr. Die Viamala ist

Nach Zillis führt der Wanderweg durch eine Hohle Gasse.

jetzt hinter uns, unter uns. Auch wenn wir das Pathos der Schrecknisse früherer Reisender nicht mehr teilen können, bleibt die Schlucht mehr als eindrücklich und mit der Dichte an interessanten historischen und modernen Bauten auf engstem Raum eine sehr lohnende Fußreise.

Nun öffnet sich das Schamser Tal (romanisch Val Schons) vor uns mit den hübsch platzierten kleinen Dörfern, die sich oben am Schamserberg aufreihen. Der Weg führt über die schönen Wiesen und Weiden von Cultira Dafora abwärts Richtung Reischen, das wir beim Ual da Reschen über eine gedeckte Holzbrücke (die letzte markante Brücke der Etappe) erreichen. Kurz vor Reischen mündet der Walserweg, von Obermutten herunterkommend, wieder in die ViaSpluga, und die Viertelstunde bis nach Zillis befinden wir uns wieder auf drei Themenwegen gleichzeitig.

Natürlich lohnt ein Besuch in der romanischen Kirche von Zillis, die einmalig ist (siehe Kasten), und in der Dauerausstellung bei der Postautohaltestelle.

Ab Zillis nehmen wir den Walserweg, der auf der rechten Talseite nach Andeer führt, während die ViaSpluga ab Zillis auf die andere Talseite hinüberwechselt. Der Weg steigt ab Zillis Post zunächst an und führt hinauf bis zum Waldrand, ab da geht es immer abwechselnd durch Wald, über Wiesen, am Waldrand entlang, ein kurzes Stück über eine asphaltierte Feldstraße, dann betreten wir den Zauberlaubwald von Pessen, schon vor fünfzig Jahren unter Schutz gestellt wegen seiner

»interessanten Kleintierwelt und Pionierflora. Anschließend Heckenlandschaft mit Trockenstandorten« (Pro Natura).

Zwischendurch wird die Sicht immer wieder frei auf den gegenüberliegenden Schamserberg und seine Dörfer, einige Tobel sind zu überqueren, die aber meist zahm oder gezähmt sind; die größeren Nebenbäche im Schams – auf dieser Talseite der Ual da Reschen und der Ual da Pignia, die von den Alpen da Nursas, Taspegn und Neaza herunterkommen – sind von den Kraftwerken Hinterrhein (KHR) gefasst und führen nur noch Restwasser. Dasselbe gilt übrigens auch für die beiden Bäche an der Westflanke des Tals, den Fundogn- und Valtschielbach.

Durch eine Art Allee erreichen wir schließlich Pignia. Das Dorf gehört wie das gegenüber liegende Clugin seit 2009 zur Gemeinde Andeer. Von der Zufahrtsstraße am unteren Dorfrand zweigt links eine Feld- und Waldstraße ab, über die wir Richtung Süden wandern, auf der Höhe von Andeer zweigt ein Fußweg rechts ab, der zum Mineralbad Andeer und zum Hotel Fravi am nördlichen Dorfeingang führt.

Dorfpartie in Andeer.

Ortsporträt Andeer

Über lange Zeit war Zillis mit Rathaus, Richtstätte, Markt und Sust der Hauptort des Schams. Erst im 19. Jahrhundert übernahm Andeer die Zentrumsfunktion. Es ist heute mit gut 900 Einwohnerinnen und Einwohner eine der größeren Gemeinden der Region Viamala.

Andeer ist am Wasser gebaut, anders als alle anderen Dörfer des Tales, die in sicherer Höhe über dem Hauptwasser stehen. Das hatte den Vorteil, dass viele Gewerbebetriebe am Wasser direkt am Dorfrand betrieben werden konnten; es gab etliche Sägen und Mühlen, Färberei, Gerberei, Knochenmühle, Walke. Es hatte aber auch den Nachteil, dass Hochwasser gewaltige Schäden anrichten konnten, zum Beispiel das katastrophale Hochwasser von 1834. Der Andeerer Pfarrer Julius Lutta beschreibt anschaulich die landschaftsverändernde Kraft des Wassers: »Der Rhein, der früher in zwei Arme geteilt, eine schöne Insel mit Gärten und Wiesen am oberen Ende des Dorfes bildete, schwoll durch die von allen Bergen und Höhen herunterstürzenden Gewässer und Rüfen zu einer ungeheuren, sich nur noch fortwälzenden Masse, die jene Insel samt allen nahe liegenden Gebäulichkeiten, wie Säge, Mühle und Gerberei wegschwemmte, ebenso die alte Rheinbrücke.«

Der Historiker Jürg Simonett beschreibt das Schams anhand der »Schamser Hauptelemente: Wasser und

Das Sgrafitto-Haus Chasa Padrun im Zentrum von Andeer.

Stein«. Und beide Elemente konzentrieren sich vor allem in Andeer. Denn auf Andeerer Gemeindegebiet stehen das Kraftwerk Bärenburg und das Mineralbad, wo das Wasser ganz anders genutzt wird; hier wird in drei Granitsteinbrüchen der bekannte grünliche Andeerer Granit gewonnen, und hier steht das Haus Rosales mit dem Blashochofen, wo in der Zeit des Bergbaus bei über 1000 Grad das Erz verhüttet wurde: »Stein birgt Metall« (Simonett).

In Andeer sind auch zwei der drei geplanten Schamser Gewerbezonen angesiedelt; in der einen bei Pignia Bogn – wo das Mineralwasser genutzt wurde, bevor es nach Andeer umgeleitet wurde – hat sich inzwischen eine Reihe von Gewerbebetrieben angesiedelt. Andeer ist also wirtschaftlich recht diversifiziert.

Es gibt im Dorf natürlich auch etliche Restaurants und Hotels, das bekannteste ist das traditionsreiche Fravi am nördlichen Dorfeingang. Aber bald ebenso bekannt dürfte die Sennerei Andeer sein, welche die silofreie Biomilch von fünf Bauern aus Andeer und Pignia verarbeitet und exzellenten Käse produziert. Man findet Andeerer Käse in vielen Käsereien und Bioläden in der ganzen Schweiz. Sie heißen Andeerer Bergkäse, Andeerer Rustico, Sinfonie, Traum, Viamala, Säumer, Schmuggler, Cremant und vieles mehr. Das Schamser Element Stein kommt auch hier zu Ehren, denn es gibt den Andeerer Granit, auf den man getrost gefahrlos beißen darf; diesen Käse, der mindestens fünfzehn Monate reifen muss, wird allerdings nur in der Sennerei Andeer verkauft.

Auch die Fleischverarbeitung ist in Andeer beheimatet, einerseits mit der genossenschaftlich betriebenen kleinen Schlachterei Metzga Viamala; Genossenschafter sind Bauern, Bäuerinnen, Gemeinden und Private. Zudem steht an der Veia Filistinra die Metzga Nova. Beide Metzgereien verarbeiten ausschließlich Fleisch aus der Region.

Wichtig für Andeer ist das Mineralbad, das pro Jahr von 90 000 bis 100 000 Einheimischen und Feriengästen besucht wird und einen jährlichen Umsatz von gut 1,5 Mio. Franken erzielt. Die Patienten der Reha-Klinik in der Tgea Sulegl (Sonnenhaus) erholen sich hier von Operationen am Bewegungsapparat.

Information
Dorfführungen mit Erwin Dirnberger Mai–Oktober, siehe viamala.ch/de/dorffuehrungen

Milchanlieferung in der Andeerer Sennerei.

Vom Saumpfad zur Autobahn

Im »Viamala-Brief« von 1473 verpflichten sich die Nachbarschaften Thusis, Cazis und Masein, »die richstras und den weg enzwüschend Thusis und Schams, so man nempt Fyamala zuo howen, uff zuo richten und ze machen, damit ein jeder fromm man [...] sicher und frye wandren hin jn und har uß ungefarlichen.« Und da es sich um eine Reichsstraße, also eine wichtige Durchgangsstraße handelte, vermeldet der Brief auch die Übereinkunft mit den anderen Talschaften an der Unteren Straße, das Unternehmen mit Arbeitsleistungen und finanziellen Mitteln zu unterstützen. Das waren Schams, Rheinwald, »Cleffertal« (Val San Giacomo) und Misox. Die Untere Straße verband Chur mit Chiavenna (Cleven) über den Splügen- und mit Bellinzona (Bellenz) über den San-Bernardino-Pass.

Natürlich wurden diese Nord-Süd-Übergänge nicht erst mit dem Ausbau der »richstras« in der Viamala genutzt. Ausgrabungsfunde belegen die Nutzung der beiden Pässe bereits in urgeschichtlicher Zeit, sowieso in der Römerzeit und dann in der Zeit des mittelalterlichen deutschen Reiches. Mit dem Aufkommen der Städte in Italien wurde der Warentransport über die Pässe bedeutsam. Das Nadelöhr Viamala, das auf wechselnden Routen be- oder umgangen wurde, blieb aber das große Hindernis und brachte die Untere Straße ins Hintertreffen gegenüber den konkurrierenden Alpenübergängen im Westen und Osten. Der wichtigste Konkurrent auf Bündner Gebiet war die Obere Straße, die vom Churer Bischof kontrolliert wurde und auf dessen Geheiß bereits 1387 in großen Teilen zur Fahrstraße für kleinere Wagen ausgebaut worden war. Doch

Säumerkarawanen in der Cardinellschlucht am Splügenpass (Südrampe): Hunderte von Lasttieren waren auf der Unteren Straße im Einsatz.

Frachtbrief eines Speditionshauses in Chiavenna von 1757, gemäß dem sich der Säumer Giò C. Castelmaur verpflichtet, innert fünf Tagen einen Ballen Baumwolle unbeschädigt nach Chur zu bringen; die Destination steht auf der Rückseite des Formulars.

mit dem Ausbau der Viamala änderten sich die Verhältnisse rasch, und die Untere Straße, vor allem über den Splügenpass, wurde zeitweise zu einer der wichtigsten Nord-Süd-Verbindungen für den Warentransport über die Alpen.

Nebst dem Ausbau der Straße – die natürlich weiterhin eher ein Weg war, keineswegs durchgehend mit Pferdefuhrwerken befahrbar – wurde auch die Organisation des Transportwesens vorangetrieben. Die ganze Untere Straße war in sechs Porten eingeteilt: die Port Imboden (mit Rhäzüns und Cazis), Thusis/Masein, Schams, Rheinwald, Misox (San-Bernardino-Route) und Val San Giacomo (Splügenroute). Diese Porten (von ital. portare, tragen) waren genossenschaftlich organisiert, und jede war für den Transport auf ihrem Gebiet zuständig, und zwar als ausschließliche Transportberechtigte. Die Porten besaßen das Transportmonopol in ihrem Bereich und alle Porten zusammen für die gesamte Strecke.

Im Gegenzug mussten sich alle an das gemeinsam beschlossene, mit der Zeit immer ausgeklügeltere Regelwerk bezüglich Frachtpreisen, maximalen Lademengen, Fristeinhaltung, Umgang mit der Kaufmannsware, Wegunterhalt, Futterbeschaffung für die Saumtiere und so weiter halten. Es gab auch ein eigenes Schiedsgericht, bestehend aus je einem Vertreter jeder Port, das Streitigkeiten zu schlichten hatte oder regelwidriges Verhalten ahndete. Sogar eine Art Haftpflichtversicherung wurde eingeführt, um Kaufleute für Waren, die irgendwie auf dem Transport zu Schaden gekommen waren, zu entschädigen.

Die einzelnen Portengenossen (auch Rodfuhrleute genannt) hatten das Recht, Fracht zugeteilt zu erhalten, also am Geschäft partizipieren zu können. Allerdings war das nicht ganz so demokratisch, wie es aussieht, denn das Recht, der Genossenschaft beizutreten, beschränkte sich auf die Alteingesessenen der Region, Zugezogene waren also vom Fuhrmannsgewerbe ausgeschlossen. Außerdem mussten Genossen eigene Wiesen besitzen, um zu verhindern, dass Futter für die Saumtiere zugekauft werden musste.

In den Walserdörfern im Rheinwald hatte der Warentransit einen großen Einfluss auf die Siedlungsstruktur, in dem die ursprünglichen Streusiedlungen sich im Lauf der Zeit in Straßendörfer verwandelten, weil das für die Säumer sehr viel praktischer war. Und auf eine weitere Auswirkung macht der aus Hinterrhein stammende Volkskundler Christian Lorez aufmerksam: »Schon sehr früh [Mitte des 17. Jahrhunderts] gehen die eigentlichen Hauszeichen [Besitz-Symbole] in Initialen über. Nicht zuletzt wird daran wieder der Passverkehr schuld sein, der die Leute früh zum Schreiben erzog.«

Fast drei Jahrhunderte lang funktionierte dieses System der Säumerbauern ziemlich gut. Die Porten bestimmten alles in Fragen des Transports, und ihre Macht wurde weder von den Behörden des Freistaats der Drei Bünde noch vom Kaufmanns- und Speditorenstand ernsthaft in Frage gestellt. Viele in den Tälern hatten dank der Säumerei ein gutes Auskommen, abgesehen von den Zeiten, in denen wegen Kriegen oder Naturkatastrophen der Warenverkehr schrumpfte.

Der Chronist Nicolin Sererhard, der 1711 beim Pfarrer von Hinterrhein, seinem Vetter, zu Besuch weilte, berichtet in seiner *Einfalten Delineation*: »Beym hindern Rhein ist die Saumfahrt der meisten Männer tägliche Übung, wie auch vieler anderen Rheinwaldnern, daher hat der Pfarrer am hindern Rhein die mehrere Jahres Zeit kaum sechs bis acht Männer in seinem *auditorio*. Die übrigen sind auf den Straßen.«

Wende und Beschleunigung

Die Dinge änderten sich in der zweiten Hälfte des 18. Jahrhunderts, und vor allem nachdem ab 1772 eine durchgehend befahrbare Straße über den Brenner führte. Ideen für solche Straßen kamen auch in Graubünden auf. Dass sich mit einer solchen Straße das Monopol der Porten nicht würde halten können, liegt auf der Hand. Schon seit einiger Zeit waren die Stracksäumer

Haus Camastral, Splügen: Das Gebäude lag an der alten Passstraße. Es war das Haus des Sustmeisters (auch »Teiler« genannt), der die Umverteilung der Waren für den Weitertransport auf andere Säumer organisierte. Im diesem Haus wurden die bepackten Zugtiere abgeladen und eingestallt, die Waren gelagert und die Säumer untergebracht.

zugelassen – Fuhrleute, die unabhängig von der Genossenschaft waren und nicht einheimisch sein mussten, sie transportierten stracks (direkt), ohne die herkömmlichen Säumereinrichtungen (Susten usw.) benutzen zu dürfen und ohne die Waren mehrfach umzuladen, während die Porten auf der ganzen Strecke fünf- bis sechsmal alles auf neue Tiere umladen mussten. Die Strackfuhren, wenn es zunächst auch wenige waren, ritzten also bereits das Monopol und liefen der Idee der Portenorganisation klar zuwider.

In den Kriegsjahren 1798 bis 1800 gingen wohl mehr Soldaten als Kaufmannswaren über die Bündner Pässe. Graubünden hatte in diesen Jahren andere Sorgen, verlor seine Untertanenländer und seine Unabhängigkeit als Freistaat; 1803 wurde es auf Diktat Napoleons ein Kanton der Eidgenossenschaft. Aber danach stieg der Druck gegen die Porten vor allem seitens des Kaufmanns- und des Spediteurstandes in Chur. Die Dinge sollten jetzt beschleunigt werden punkto Straßenqualität, punkto Transporteffizienz und punkto Liberalisierung des Transportwesens.

Mit einem einzigen Tunnel kam die Kommerzialstraße in der Viamala aus; er steht beim sogenannten Verlorenen Loch und ist etwa 100 Meter lang. Bis in die 1950er-Jahre ging der ganze Verkehr (inklusive Postauto) hier durch.

All das brachten die Kommerzial- oder Kunststraßen. Die befahrbaren Straßen über den San-Bernardino- und über den Splügenpass wurden zeitgleich erbaut, nämlich zwischen 1818 und 1823. In wenigen Jahren hat man also zwei gewaltige Bauwerke realisiert, mit unzähligen Brücken, Stützmauern, Lawinengalerien, stellenweise musste die Straße aus dem Felsen herausgehauen werden.

Schwierigkeiten gab es bei beiden Straßen zuhauf zu überwinden, doch das weit größere Projekt war die Bernhardinstraße, die die ganze Strecke von Chur bis Bellinzona (120 km) umfasste, mit den beiden Schluchten Viamala und Rofla sowie der eigentlichen Passstraße als besondere Herausforderungen. Die Splügenstraße wurde sozusagen ab Splügen bis nach Chiavenna (40 km) drangehängt.

Auf etlichen Abschnitten musste die Straße im Verlauf der Zeit wegen Lawinen- oder Hochwassergefahr verlegt werden, oder sie versank in einem Stausee oder wurde von neueren Straßen überbaut. Doch über weite Strecken verläuft die heutige Kantonsstraße auf dem Trassee der Straße von 1823.

Man nannte sie Kunststraßen, und tatsächlich waren sie kunstvoll angelegt und mussten hohen Ansprüchen genügen. Die Erfahrungen waren noch sehr gering; bis dahin gab es nur zwei Kunststraßen über die Alpen, nämlich über den Brenner und über den Simplon, letztere auf Anweisung Napoleons als Militärstraße gebaut.

Die Bernhardinstraße musste durchgehend sechs Meter breit sein, eine möglichst gleichmäßige Steigung aufweisen, lawinen- und überschwemmungssicher sein; sie musste mit Abflussrinnen versehen sein, um sie gegen Regen- und Schmelzwasser resistenter zu machen, und Geländer sollten streckenweise die Sicherheit der Reisenden gewährleisten. Zu dem Zweck waren unzählige große und kleinere Bauten notwendig, Brücken, Galerien, Flussdämme, Stützmauern der Serpentinen, Schutzmauern gegen Hangrutsche, Befestigung von morastigem Boden und so weiter – die Straßen mussten Qualitäten aufweisen, wie man sie bis anhin in den Alpen nicht gekannt hatte, auch nicht bei den legendären Römerstraßen. »Die eigentlichen Kunststraßen«, schreibt der Historiker Rageth Domenig, »sind darum geradezu eine Erfindung des XIX. Jahrhunderts. Sie haben in technischer Hinsicht den Eisenbahnbau vorbereitet.«

Das Erstaunliche ist, dass dieses ganze, für damalige Verhältnisse gigantische Bauwerk nach nur drei Baujahren benutzbar und nach fünf Jahren, nämlich 1823, ganz vollendet war. Mit der Gesamtleitung als Generalunternehmer war der Tessiner Bauunternehmer und Staatsrat Giulio Pocobelli betraut, ihm zur Seite stand unter anderen der Bündner Ingenieur Richard La Nicca, der mehrere heute noch benutzte Brücken in Eigenregie konzipierte. Bei der Splügenstraße war es der italienische Ingenieur Carlo Donegani, auch »Ingegnere capo di prima classe« genannt, der die Straße konzipierte und die Bauarbeiten leitete – derselbe Donegani, der

Die Marmorbrücke an der Splügenpassstraße ermöglichte die neue Straßenführung an der Nordrampe des Passes, die nach dem Hochwasser von 1834 nötig wurde. Das Material stammt aus einem Marmorsteinbruch ganz in der Nähe. Im Hintergrund das Teurihorn.

Vom Saumpfad zur Autobahn

Ein Meisterwerk des Brückenbauers Christian Menn an der Südrampe des San-Bernardino-Passes: Die Zwillingsbrücken Nanin (hinten) und Cascella der A13, die der Verringerung der Steigung dienen. Sie sind praktisch identisch, sodass man für beide nacheinander dasselbe Lehrgerüst verwenden konnte.

wenige Jahre später auch für die noch spektakulärere Passstraße über das Stilfser Joch verantwortlich zeichnete.

Die neuen Straßen waren eine große Sehenswürdigkeit. Reiseschriftsteller, Wissenschaftler und Künstler bereisten sie und berichteten zumeist begeistert über Straßen und Land und Leute. Das berühmteste Werk, *Die neuen Strassen durch den Kanton Graubündten* von Johann Jakob Meyer (Bilder) und Johann Gottfried Ebel (Texte), das zwei Jahre nach Fertigstellung der Straßen entstand, zeigt paradiesische Reisebedingungen in Bild und Text und dürfte zu den Anfängen des Tourismus in den Regionen der Unteren Straße nicht unwesentlich beigetragen haben.

Der Warentransport lief weiter, nur jetzt bequemer, es wurde weiterhin gesäumt, doch die Porten mit ihren strengen Reglementen gerieten immer mehr unter Druck. Die »freye Concurrenz«, das neue Allheilmittel der Wirtschaftspolitik, wurde von immer mehr Akteuren schmerzlichst vermisst; eine neue »Transitordnung« drängte sich in ihren Augen auf.

Im August 1834, nur elf Jahre nach ihrer Fertigstellung, wurde die Untere Straße durch ein katastrophales Hochwasser an vielen Stellen vollständig zerstört, die Straße rutschte »auf halb- und ganzstündigen Strecken« ab, und zahlreiche Brücken wurden weggerissen. Die Straße blieb wochenlang unpassierbar. Manche Passagen waren nicht reparierbar, und man

Eine Augenweide ist die A13 zumeist nicht, und in den Haupttälern oft sehr dominant. Blick von Pignia nach Andeer.

musste Korrekturen der Straßenführung vornehmen, so etwa am südlichen Ausgang der Viamala, wo die altehrwürdige Pùnt da Tgiern, etwa 500 Meter südlich der heutigen Raniabrücke, zwar stehen blieb, aber die Straße auf der linken Schluchtseite wurde weggerissen, sodass die Brücke unbrauchbar wurde und langsam verfiel. Die Raniabrücke, die sie ersetzte und über die heute die Kantonsstraße verläuft, wurde 1836 von Richard La Nicca gebaut – in der damals üblichen Bauweise, in der kürzesten Linie grad über das Tobel, was oft dazu führte, dass die Straße an den Brückenenden eine 90-Grad-Kurve aufwies.

Ein Jahr nach dem verheerenden Hochwasser hatte sich die neue Transitordnung durchgesetzt, und die Porten, die sich viele Jahre heftig dagegen gewehrt hatten – einmal sogar mit einem Streik, während dem sich die untransportierten Waren an einigen Orten zu Bergen türmten –, mussten ihren Widerstand aufgeben. Sie passten nicht mehr in die Zeit.

Noch schneller in den Süden

Der Transport über die Pässe wurde nun zunehmend das Geschäft eigentlicher Transportunternehmungen, die ihren Sitz zumeist in den Zentren hatten, vor allem in Chur und Thusis. Das Transportvolumen nahm allmählich zu und erreichte in den 1850er- und 1860er-Jahren den Höhepunkt mit Mengen um die 200 000 Zentner (à 50 Kilogramm). Auch der Reiseverkehr nahm zu; noch 1880 fuhren fast 20 000 Reisende über den Splügenpass, mehr als über jeden anderen Schweizer Pass. Es gab ab den 1820er-Jahren regelmäßige Pferdepostkurse über beide Pässe der Unteren Straße.

Einige der ehemaligen Rodfuhrleute in der Region wurden jetzt Angestellte der Transportunternehmen und der Post. Allerdings gab es im 19. Jahrhundert wegen Kriegen und Katastrophen und auch wegen zunehmender Konkurrenz (Anfang der 1830er-Jahre hatte auch der Gotthard seine Fahrstraße) große Schwankungen im Transportaufkommen, sodass die Arbeit eher prekär war. Jedenfalls begann die Abwanderung vor allem aus Schams und Rheinwald bereits in der Mitte des Jahrhunderts; sie beschleunigte sich dann nach dem Totalzusammenbruch des Transitverkehrs über die Bündner Pässe mit der Eröffnung des Gotthard-Eisenbahntunnels im Jahr 1882.

Als 1866 der Politiker und Publizist Peter Conradin von Planta seinen vielzitierten Satz »Die Geschichte Graubündens ist in ihrem Kern und Wesen eine Geschichte seiner Pässe« formulierte, neigte sich diese Geschichte gerade dem Ende zu. Aus dem Transitland wurde das »Land dahinten«, eine äußere Ecke der Schweiz, und, wie viele am Gotthardtrauma leidende Bündner empfanden, eine vernachlässigte Ecke. Später fand dann der Ecke-Begriff sozusagen selbstironische Verwendung in der Tourismuswerbung für die »Ferienecke der Schweiz«.

Die Forderungen nach einer zweiten Nord-Süd-Bahnverbindung, die »Ostalpenbahn« über den Splügenpass, die Bündner Politiker noch jahrzehntelang in Bundesbern erhoben, verhallten ungehört. Zwar nahm die Rhätische Bahn (RhB) nur wenige Jahre nach der Gotthardbahn ihren Betrieb auf, und das Streckennetz vergrößerte sich innert kurzer Zeit. Aber die RhB war von Anfang an eine Zubringerbahn für die touristischen Destinationen und keine Transitbahn. Ideen von Verbindungen über den Malojapass nach Chiavenna oder durch Viamala, Schams, Rheinwald nach Bellinzona mit einem Scheiteltunnel am San-Bernardino-Pass blieben eher Träumereien. Transit war nun wirklich Geschichte.

Bis dann in den frühen 1930er-Jahren – wenige Jahre nachdem das in Graubünden herrschende Autofahrverbot aufgehoben worden war (1925) – die Idee eines Straßentunnels durch den San Bernardino aufkam. Es dauerte noch ein paar Jahrzehnte, bis dieser gebaut wurde, aber in den Fünf-

Die Bauten rund um Hinterrhein in einer Flugaufnahme von 1982: A13, Nordportal des Straßentunnels, Passstraße und Panzerschießplatz (oben rechts).

zigerjahren, als der Siegeszug des Automobils absehbar war und das schweizerische Nationalstraßennetz geplant wurde, war die N13, die vom Bodensee über Sargans, Chur und dann auf der ganzen Strecke der ehemaligen Unteren Straße bis nach Bellinzona führt, mit von der Partie. Und in den Sechzigerjahren wurde die Schnellstraße gebaut. Ein paar Jahre lang war die N13 (heute A13) die einzige Straßenschnellverbindung durch die Schweizer Alpen. Als dann ab 1980 die großen Auto- und Lastwagenströme durch den Gotthard-Straßentunnel rauschten, wurde der San Bernardino zum »kleinen Bruder des Gotthard«; er führt vor allem dann die ganz großen Autolawinen, wenn der Gotthard gesperrt oder überlastet ist. Dann wird regelmäßig geraten, auf die A13 auszuweichen.

Route 9: Andeer–Roflaschlucht–Sufers–Splügen

Von Felsgalerien, Eislöchern und Verteidigungslinien

Wieder geht es durch eine Schlucht hinauf ins nächsthöher gelegene Tal: Rheinwald. Große Kraftwerkbauten am Weg sind nicht zu übersehen, auch nicht die A13; nur in der Roflaschlucht verschont sie uns und verschwindet immer wieder im Tunnel. Aber die Etappe bietet auch eine ganze Reihe besonderer Sehens- und Merkwürdigkeiten der Natur und der Baukunst – und sie verbindet das stattlichste Schamser mit dem stattlichsten Rheinwalder Dorf.

Wanderzeiten

Andeer–Roflaschlucht	1 h 15
Roflaschlucht–Sufers	2 h 45
Sufers–Splügen	1 h
Totale Wanderzeit	**5 h**
Höhendifferenz	↗ 950 m, ↘ 450 m
Distanz	14 km

Charakter
Auch in der zweiten Schlucht ein häufiges Auf und Ab, oft entlang der Kantonsstraße. T2.

Beste Jahreszeit
Mai bis Oktober/November.

Vom Postplatz in Andeer (982 m) geht es durch die verwinkelten Gassen südwärts; wir folgen der ViaSpluga und bis zur Roflaschlucht auch dem Walserweg Graubünden. Bald schon führt der Weg an den Anlagen des Granitwerks Battaglia vorbei, eine der beiden Firmen, die in der Umgebung von Andeer seit vielen Jahrzehnten den berühmten grünen Andeerer Granit abbauen; Heuet vor der Splügner Burg.

Die Welt in Andeerer Granit gemeißelt.

ein Steinbruch ist rechter Hand etwas abseits des Weges. Zahlreiche Granitprodukte kann man auf dem Gelände anschauen: Tische, Bänke, Pflanzentöpfe, Brunnentröge und sogar eine in Granit gemeißelte Weltkarte (die wohlweislich auf Landesgrenzen verzichtet).

Weitere Steinbrüche befinden sich abseits unseres Weges, so Crap da Sal, etwas südlich des Weilers Bärenburg, der dank einer 2019 genehmigten Revision der Andeerer Ortsplanung künftig stark erweitert werden kann und Granitvorräte für bis zu achtzig Jahre birgt, sowie der Steinbruch des Granitwerks Toscano in Parsagna, am Eingang in die Val Ferrera.

Der Weg führt nun auf einer Feldstraße durch Wiesen bis an den Waldrand, wo ein Fußweg rechts abzweigt und hinaufführt auf den Hügel Arsiert, vorbei an teils großen Schalensteinen und hinab zum Kraftwerk Bärenburg.

Eine Bärenburg gab es etwas abseits des Weges tatsächlich einmal; sie wurde zuletzt als Zwingburg der Grafen von Werdenberg-Sargans genutzt. Von deren Herrschaft hatten die Schamser in der Mitte des 15. Jahrhunderts die Nase voll; mit

Hilfe von Verbündeten, unter anderem aus dem Rheinwald und vom Heinzenberg, vertrieben sie die Herren und schleiften ihre Burg so gründlich und nachhaltig, dass heute nur noch wenige Mauerreste zu sehen sind.

Nach der Kraftwerkzentrale entfernen wir uns vom Lai da Seara, besser bekannt als Stausee Bärenburg (eigentlich ein großes Ausgleichbecken), und steigen links durch den Wald circa 150 Meter hinan bis Punteglias Sura (1212 m), wo wir den Weg rechts nehmen und die 150 Höhenmeter sogleich wieder verlieren; am südlichen Ende des Bärenburg-Sees stoßen wir wieder auf die Kantonsstraße und erreichen das Gasthaus Rofflaschlucht (1100 m). Dieses Wegstück ist etwas umständlich und dient dazu, ein paar Hundert Meter auf der Kantonsstraße zu vermeiden. Künftig wird die Wegführung hier anders sein, die neue Fußgängerbrücke über den Stausee macht es möglich. Die Brücke wurde 2019 montiert, wird aber noch eine Weile nutzlos bleiben, da der Weg zur Brücke – er wird wie viele andere Wegstücke auf dieser Etappe auf einem Stahlgitterrost neben der Straße verlaufen – noch nicht existiert: zuerst muss die Straße saniert werden.

Der dramatische Zusammenfluss von Hinterrhein und Averser Rhein in der Rofla, wie Johann Jakob Meyer ihn in den frühen 1820er-Jahren gesehen hat.

Unbedingt einen Besuch wert ist das Gasthaus Rofflaschlucht (welches »Rofla« noch mit zwei f schreibt). Nicht nur wegen der bodenständigen Küche, sondern vor allem wegen der Felsengalerie, die durch das Restaurant hindurch und in die Schlucht hinein und sogar hinter den Roffla-Wasserfall führt; man erlebt

Der Rheinfall in der Rofla von der Felsgalerie aus.

den Wasserfall vom Fels aus, über den er herunterstürzt. Ein Vorfahr des heutigen Gasthausbetreibers hat diese spektakuläre Galerie in siebenjähriger Knochenarbeit aus dem Fels gehauen und gesprengt.

Das Haus widerspiegelt sozusagen die Geschichte der Region: Gebaut als Raststätte für den Transitverkehr; nach dem Zusammenbruch des Transits wanderte die Familie, wie viele Schamser, in die USA aus. Dort sahen sie an den Niagarafällen, dass man mit so einem Naturschauspiel Geld verdienen kann, kehrten zurück und verwandelten die ehemalige Transitraststätte in eine Touristengaststätte.

Der Weg führt nun steil durch ein Waldstück bergan, überquert die Kantonsstraße und verwandelt sich dann unmittelbar unterhalb der A13, die hier durch eine Galerie braust, in eine Wendelteppe; diese ist interessanterweise in eine Art Halfpipe aus Blech eingebaut, und wenn wir nun hinaufsteigen aufs Galeriedach der Schnellstraße, hören wir diese zwar deutlich,

Viele Wässerchen plätschern von den Talseiten herab.

sehen sie aber nicht. Oben verzweigen sich die beiden Weitwanderwege; während der Walserweg nach links Richtung Val Ferrera führt, gehen wir rechts bis ans andere Ende der Galerie, wo es auf konventionellem Fußweg durch den Wald aufwärts geht. Dort, wo der Weg sich wieder senkt, verschwindet die A13 im Roflatunnel, und wir erreichen die Kantonsstraße, die ab jetzt eine ganze Weile unsere Begleiterin bleibt. Der Weg verläuft nun weiterhin in ständigem Auf und Ab mal unterhalb der Stützmauer der Straße, mal auf einem direkt an der Straße befestigten Stahlgitterrost, mal ganz unten, direkt am rauschenden Hinterrhein.

Das Tal ist hier, oberhalb der eigentlichen Roflaschlucht, schmal und tief, doch obschon die Sonne sich rar macht, ist der schmale Streifen zwischen Straße und Rhein erstaunlich pflanzenreich, denn was sich keineswegs rar macht, ist das Wasser, nicht nur das des (gezähmten) Flusses, sondern auch die straßenseitig überall herabsickernden Wässerchen, die auch man-

Infanteriebunker (rechts) mit separatem Beobachtungsbunker; die beiden »Scheunen« sind unterirdisch verbunden.

cherorts morastige Stellen bilden. Eine ganz angenehme Wanderung, vor allem im Hochsommer, wenn es andernorts eher zu heiß ist zum Wandern. Der Verkehr auf der Kantonsstraße ist zumeist mäßig, und, wenn nicht gerade die ganz großen Töffkarawanen unterwegs sind, lärmmäßig sehr erträglich. Oben, wo das Tal sich etwas weitet, überqueren wir den Rhein auf einer Hängebrücke.

Jetzt ist auch die A13 nicht mehr im Tunnel, der Verkehr braust an der rechten Talseite an der ehemaligen Sufner Schmelzi (wo einst Eisen verhüttet wurde) vorbei und quert kurz vor der Staumauer des Sufner Sees über die kühn angelegte Crestawaldbrücke auf die andere Talseite. Es war 1958 die erste der zahlreichen A13-Brücken, die Christian Menn entworfen hat, ja seine erste Brücke überhaupt. Derzeit wird sie totalsaniert, die Straßenstücke vor und nach der Brücke werden

»Alles stinkt nach Petrol« – Aktivdienst im Rheinwald

Das Becken unterhalb der Suferser Staumauer war im Zweiten Weltkrieg militärisches Sperrgebiet; die Reisenden waren angehalten, zügig zu passieren und auf keinen Fall zu fotografieren. Alles streng geheim! Die Festung Crestawald war, verglichen mit den großen Reduit-Festungen, eher klein. Und doch war sie das Kernstück der zahlreichen Sperren, die hier das Eindringen feindlicher Truppen vom Süden her verhindern beziehungsweise verlangsamen sollten.

Die Sperren bestanden hauptsächlich aus Infanteriebunkern und Felskavernen, bestückt mit Maschinengewehren, die sich über das ganze Rheinwald verteilten, vom Lai da Vons über Steila, Safierberg bis zum Valserberg, aber auch auf der anderen Talseite und in Dorfnähe, etwa bei Sufers und Splügen, gab es Bunker, teils mit Panzerabwehrkanonen ausgestattet. Die Artilleriefestung Crestawald sollte mit ihren beiden 10,5-cm-Kanonen (die von soldatesken Spaßvögeln auf die Namen Silvia und Lucretia getauft wurden) die Infanteristen unterstützen; im Visier hatten sie die Passstraßen Splügen und San Bernardino.

Die Festung war allerdings erst 1941 einsatzbereit. Der Bau hatte sich verzögert wegen des Kraftwerkprojekts im Rheinwald (siehe Thema Seite 244). Die Kraftwerker wollten sich durch zu viel Militärinfrastruktur ihre Pläne nicht durchkreuzen lassen.

Von seinem Aktivdienst 1943 bei Sufers berichtet Aktivdienstveteran Alois Crottogini: »Ich werde in das Infanteriewerk Geissrücken Ost abkommandiert. Eine kleine Felskaverne, mit Kampfstand, ausgerüstet mit einem Maschinengewehr, einem Schlaf- und Aufenthaltsraum, mit Strohpritsche, Kochgelegenheit, Tisch und Hocker. Gekocht wird auf einem Petrolkochherd, ein Petrolofen sorgt für Wärme,

Das heutige Festungsmuseum Crestawald.

für Licht sorgen Petrollampen. Das WC ist eine mit Torfmull gefüllte Kiste. Mit einem von Hand getriebenen Ventilator wird Frischluft in die Unterkunft und den Kampfstand befördert. Es musste ununterbrochen gekurbelt werden am Ventilator, wollte man einen einigermaßen erträglichen Aufenthalt in der Felskaverne herstellen. Alles stinkt nach Petrol. Alles ist feucht, die Wolldecken, das Stroh, die Kleider. Die Suppe schmeckt nach Petrol, das Brot, der Zwieback, der Emmentalerkäse, die Ovomaltine. Bis zum Eintreffen der Werkbesatzung drehe ich stundenlang die Kurbel am Ventilator und trällere das Schlagerlied ›Abends in der Taverne sehn ich mich nach dir‹. – Die Artillerie-Festung Crestawald mit den umliegenden Bunkern und Kavernen hat nie den Ernstfall erleben müssen. Gekämpft wurde hier nie. Die Festungen sind heute bereits Militärgeschichte, historische Bauten, Zeitzeugen, ein Stück Bündner Geschichte. Crestawald soll als Touristenattraktion erhalten bleiben. Sei es als Mahnmal, als Warnung, über den Unsinn eines Krieges.«

Sufers mit seinem Stausee. Dieser kostete die Sufner Bauern rund 30 Hektar Wiesland. Doch der Humus der guten Böden im Staubecken wurde abgetragen und auf magerere Böden verteilt.

erweitert. Die Bauarbeiten dauern noch bis 2023. Derweil wird der Verkehr Richtung Süden auf einer provisorischen Brücke auf die Kantonsstraße umgelenkt und verläuft in dieser Zeit sehr nahe an unserem Wanderweg. Dieser führt nun zum Festungsmuseum Crestawald, dann durch einen lichten Wald aufwärts, schließlich auf einer Feldstraße durch Wiesen nach Sufers (1427 m); links unten der zweitgrößte Stausee der Kraftwerke Hinterrhein.

Sufers ist zwar das erste Dorf der Talschaft Rheinwald (der Begriff stammt nicht vom Wald, sondern von »vallis reni«, deshalb sagt man »das Rheinwald«), gehört aber nicht zur gleichnamigen Gemeinde. Bei der Fusion wollte Sufers nicht mitmachen, da die 127-Seelen-Gemeinde dank der reichlich anfallenden Wasserzinsen finanziell gut ausgestattet ist und sich einen sehr tiefen Steuerfuß leisten kann. Also fusionierten nur die andern drei Gemeinden Splügen (mit Medels), Nufenen und Hinterrhein; sie bilden seit Anfang 2019 die Gemeinde Rheinwald.

Von Sufers geht es weiter talaufwärts, wir verlassen das Dorf nach der Überquerung des Steilerbachs. Nun verläuft der Weg teils durch Wiesen, am Waldrand oder durch lichten Wald sanft ansteigend bis zur Burg ohne Namen. Von ihr ist noch wesentlich mehr zu sehen als von der Bärenburg in Schams, obwohl sie – nach der einen Geschichtsversion – mit jener das Schicksal teilte und ebenfalls während des Schamserkrieges um 1450 unbrauchbar gemacht wurde. Die Herren, die damals vertrieben wurden, die Werdenberger, hatten auch über Rheinwald geherrscht. Nach einer anderen Version hatte die Burg schon viel früher, nämlich zu Beginn des 14. Jahrhunderts jede Bedeutung verloren und verfiel ganz von alleine.

Nun führt der Weg wieder leicht abwärts nach Splügen (1458 m). Von weitem schon sichtbar: die überdimensionierte Kirche, die hoch über dem Dorf thront und an der der Weg nun vorbeiführt.

Splügen Richtung Westen mit Guggernüll und Einshorn.

Ortsporträt Splügen

1995 wurde das alte Passdorf Splügen für sein »vorbildlich erhaltenes Ortsbild« mit dem Wakkerpreis des Schweizerischen Heimatschutzes ausgezeichnet. Fünfzig Jahre nachdem das Dorf aus Gründen der Elektrizitätsgewinnung beinahe von der Landkarte getilgt worden wäre.

Wenn wir heute durch das Dorf laufen und die Dichte an historisch wertvollen und schönen Bauten bewundern, ist es schwer nachvollziehbar, dass man damals dessen Zerstörung mancherorts doch als geringes notwendiges Opfer für den Fortschritt in Kauf genommen hätte (siehe Seite 180).

Splügen ist der Hauptort des Tals und der Gemeinde Rheinwald. Hier sind die Schule, die Gemeindeverwaltung, hier gibt es etliche Einkaufsmöglichkeiten: Volg, die Spezialitäten-Metzg, Bäckerei, Sennerei, Sportgeschäft. Hier stehen die meisten Hotels des Tales. Darunter die beiden altehrwürdigen: das imposante Bodenhaus, 1820 zum Gasthaus umgebaut, und die sehr alte ehemalige Säumerherberge Weiss Kreuz (Mitglied von Swiss Historic Hotels). Die Bergbahnen Splügen-Tambo erschließen seit Anfang der 1960er-Jahre das Skigebiet an der rechten Talseite Richtung Splügenpass.

Den touristischen Aufschwung (in Maßen) verdankt Splügen eindeutig der A13; hier scheint wintertouristisch besser und nachhaltiger aufgegangen zu sein, was man sich auch in San Bernardino erhofft hatte (siehe Seite 287). Die Gäste kommen vorwiegend aus dem Süden, Tessin und Italien. Splügen hatte einst über 500 Einwohnerinnen und Einwohner. Heute sind es rund 380.

Auch früher war Splügen der Verkehrsknotenpunkt, in dem die Reisenden und Transporteure von beiden Pässen sich trafen. Der aus einer Splügener Speditionsfirma stammende, um 1900 geborene Zeitzeuge Christian Hössli-Mutti erinnerte sich 1987

Das Hotel Bodenhaus in der zweiten Hälfte des 19. Jahrhunderts.

Dorfpartie und Stutzbach mit Hotel Weiss Kreuz, Schorschhaus (mit Heimatmuseum), Haus Camastral und dem mächtigen Haus Albertini/von Schorsch am oberen Dorfrand.

in einer Radiosendung an große Rossställe, die für über 160 Fuhr- und Saumpferde Platz boten, und an sechs Postillione, die er noch persönlich gekannt hatte.

Natürlich machten hier auch illustre Gäste Station, etwa Albert Einstein, Michail Bakunin, William Turner, der dem Dorf 1843 ein Aquarell widmete. Friedrich Nietzsche war ganz begeistert, als er 1872 hier eintraf. Er war schon entzückt über die Kutschenfahrt durch Viamala- und Roflaschlucht, die er hoch auf dem Kutscherbock absolvieren durfte, »die schönste Postfahrt, die ich je erlebt habe«. Er lobt vor allem die »herrlichen Chausseen«, auf denen er stundenlang wandert, Richtung Hinterrhein und auf die Splügenpasshöhe, »ohne dass ich auf den Weg Acht zu geben habe«. Und den Ort lobt er, weil er jetzt »einen Winkel« weiß, »wo ich, mich kräftigend und in frischer Thätigkeit, aber ohne jede Gesellschaft leben kann. Die Menschen sind Einem hier wie Schattenbilder.«

Alles super, weil mans leicht ignorieren kann. Auch eine Art, Splügen zu loben!

Die reformierte barocke Kirche übrigens, erbaut 1687–1689, war ursprünglich für eine größere Kirchgemeinde gedacht, daher ist sie so groß geworden. Erbauer war Peter Zaurr, der wenige Jahre später auch die Alte Landbrugg in Hinterrhein baute, die fast ein wenig zum Wahrzeichen für das ganze Rheinwald geworden ist.

Information
Dorfführungen mit Sabina Simmen-Wanner, Juli/August, siehe viamala.ch/de/dorffuehrungen

Route 10: Splügen–Medels–Hinterrhein

Wasser, Wälder, Wiesen, Wildenten

Wäre in der Mitte des letzten Jahrhunderts der große Rheinwald-Stausee realisiert worden, könnten wir diese Wanderung nicht machen. Mit Ausnahme einer kurzen Passage bei Medels wären wir bis fast nach Hinterrhein unter Wasser. Heute jedoch wandern wir durch Bioland, teils im Wald, den größten Teil dem Hinterrhein entlang, der hier noch sein ganzes Wasser fließen lassen darf.

Wanderzeiten	
Splügen–Medels	0 h 45
Medels–Nufenen	1 h 15
Nufenen–Hinterrhein	1 h
Totale Wanderzeit	**3 h**
Höhendifferenz	↗ 350 m, ↘ 200 m
Distanz	11 km

Charakter
Einfache Talwanderung auf guten Wegen durch Wald, Wiesen, Allmend, oft in Begleitung der A13 und des Hinterrheins (der oft die Straße übertönt). T1.

Beste Jahreszeit
Mai bis Oktober (auch ganzjährig, bei Schnee als Winterwanderweg präpariert)

Von der Postautohaltestelle in Splügen (1458 m) biegen wir nach wenigen Metern auf der Kantonsstraße taleinwärts rechts ab. Hinter dem Schulhaus, wo die Kinder des ganzen Tales unterrichtet werden, zweigt der Wanderweg links ab. Der Weg führt durch eine kleine Allmend, dann leicht ansteigend in den Wald unter dem Fluegrind. Wir überqueren die Fahrstraße, welche

Herbstweide bei Nufenen.

die höher gelegenen Wiesen der linken Talseite erschließt, und laufen auf angenehm weichem Waldpfad. Bis Medels wechseln sich lichter Wald und Allmendweiden ab (Achtung: im Herbst auch Mutterkuhherden).

Stellen wir uns vor, der große Rheinwaldstausee wäre realisiert worden, wären wir auf tiefstem Seegrund in Splügen gestartet und irgendwo auf diesem Weg aus dem Wasser aufgetaucht, spätestens etwa 10 Minuten vor Erreichen des Dorfes Medels (1559 m). Zum Dorf selber müssen wir ein paar Meter hinuntersteigen, und das hätte auch schon gereicht, um wieder in den See einzutauchen. Von Medels wäre die untere Dorfhälfte ersäuft worden, und die obere wäre wahrscheinlich zu nah am Ufer gestanden.

Der Wanderweg führt durch eine Allmend zwischen Splügen und Medels.

Das schmucke Kirchlein, das man von der A13 aus sehen kann, steht hier übrigens nicht im eigentlichen Dorf, sondern unterhalb. Es steht heute unter kantonalem Denkmalschutz, wäre aber mit den umstehenden Häusern und Ställen auch in den Fluten verschwunden. Die Kraftwerker hatten versprochen, ein gleiches weiter oben, weit über dem Dorf, zu bauen.

Medels war früher eine der fünf Gemeinden im Rheinwald, fusionierte aber 2006 mit Splügen. Seit dem 1. Januar 2019 gehört das Dorf zusammen mit den Dörfern Nufenen, Hinterrhein und Splügen zur neu gegründeten Gemeinde Rheinwald.

Von Medels gehen wir die Dorfzufahrtsstraße hinunter

Die reformierte Kirche in Medels. Bereits 1530 wurden die Gemeinden des Rheinwalds reformiert.

bis auf die Höhe des Kirchleins, dort biegen wir in die Straße rechts ein und nehmen gleich bei der nächsten Verzweigung die Straße links, die zum Rhein hinunterführt. Ennet der Brücke landen wir am Rande einer schönen, großen und ebenen Wiese, wie es sie in diesem Tal nur selten gibt, die Nidelböda. Danach geht es lange, eigentlich bis Hinterrhein, dem Rhein entlang, auf dessen rechter Seite – allerdings auch nie weit weg von der A13, die man aber oft nicht sieht und auch nicht immer hört, vor allem wenn der Rhein etwa im Frühling und Frühsommer viel Wasser führt und sein Rauschen das andere Rauschen übertönt.

Die Schotterstraße (im Winter Langlaufloipe) führt nun durch dichten Wald zu Enisch Boda, wo ein großes Schild auf die Renaturierung des Rheins hinweist, die hier »als ökologische Ersatzpflicht für den Bau eines Kleinwasserkraftwerks der Gemeinde Nufenen« realisiert wurde. Genau genommen, war es nicht der Bau, sondern die Sanierung und Erweiterung eines sehr alten Kleinkraftwerks am Prascherbach in Nufenen, und als zweite »ökologische Ersatzpflicht« musste Nufenen der dauerhaften Unterschutzstellung des Buznertälli mit dem

Függschtobel zustimmen – von unserem Standpunkt aus gleich gegenüber auf der linken Talseite –, was auch geschah.

Die Renaturierung des Rheins, die bisher auf einem relativ kleinen Abschnitt bei Enisch Boda realisiert ist, soll in den kommenden Jahren weiter flussabwärts fortgeführt werden – ebenfalls als Kompensation für das neue Kleinwasserkraftwerk Hüscherabach in Splügen. Das ergäbe dann eine ansehnliche renaturierte Flusslandschaft und neuen Lebensraum für zahlreiche Tiere und Pflanzen. Allerdings reden wir immer nur von der rechten Flussseite, die Befestigung der linken Seite – zum Schutz der A13 – ist natürlich tabu.

Weiter geht es durch mal dichteren, mal lichteren Wald zum Schöna Boda, wo jährlich um Mitte Juli das Open-Air Rhein-

Open-Air Rheinwald

2018 hätten im Rheinwald zwei 25-Jahr-Jubiläen gefeiert werden können, die unterschiedlicher kaum sein könnten: 25 Jahre Biolandwirtschaft Rheinwald (siehe Seite 272) und 25 Jahre Open-Air Rheinwald. Beiden gemeinsam war, dass sie das Jubiläum nicht an die große Glocke hängten. Typisch walserische Zurückhaltung?

Jedes Jahr um Mitte Juli findet im Nufner Schwarzwald unten am Rhein das Open-Air statt, ein Musikanlass, der von Familien, Jugendlichen und Erwachsenen aus ferneren Gegenden, aber auch aus dem Tal sehr geschätzt wird: »Ein friedliches Konzertwochenende unter dem Sternenhimmel in den Bündner Bergen«, wie die Veranstalter schreiben.

Es ist ein »Klein-Aber-Fein-Festival« und will das auch bleiben. Es gehört in die Kategorie der »Bunt gemischten Festivals« mit Pop, Reggae, Rock, Irish Folk Rock und so weiter. Platz hat es gerade mal für 1500 Besucherinnen und Besucher. In den letzten Jahren hat sich die Besucherzahl bei circa 1000 eingependelt. Für das Jubeljahr hat man auf spektakuläre Events verzichtet und ein ganz normales Programm durchgezogen. Eine Neuerung im Folgejahr 2019 war einzig der Bierkiosk, dank dem die Besucher, die ab dem improvisierten Parkplatz bei Nufenen per Shuttlebus zum Festivalgelände chauffiert werden, alle ihre Getränke nicht mehr anschleppen müssen. Praktisch, unspektakulär, besucherfreundlich.

Das Open-Air Rheinwald gibt es seit bald dreißig Jahren.

Nufenen, vom Wanderweg aus gesehen.

wald stattfindet (siehe Kasten), wir queren die Brücke über den Areuabach, der aus dem Val Curciusa kommt und hier als kräftiger, stolzer Bergbach in den Rhein mündet. Es ist sehr zu hoffen, dass das so bleibt. Es ist der größte Nebenfluss des Hinterrheins im Rheinwald und einer der wenigen Bergbäche in der Schweiz, die noch unverbaut von der Quelle bis zur Mündung frei fließen dürfen. Doch das Val Curciusa steht immer noch nicht unter Schutz (mehr dazu in Route 19).

Wenige Hundert Meter weiter gelangen wir zur Sommerresidenz von Wildentenfamilien, die im Frühsommer hierherkommen und im Herbst wieder in den Süden fliegen: ein großes natürliches Biotop, das hier inmitten von landwirtschaftlich genutzten Wiesen seinen Platz hat. Rechter Hand thront auf einer etwas erhöhten Geländestufe das schöne Dorf Nufenen (1569 m) mit seinen eindrücklichen alten und neuen Wohn- und Landwirtschaftspalästen. Auf dieser Wanderung lassen wir das Dorf aber auf der anderen Talseite liegen und wandern weiter auf einem Fußpfad, der nur noch von Wandernden und Ziegen benutzt wird. Bald sind wir denn auch in der Bööschi, im Reich der Nufner Geißen, die hier im Sommer unbeaufsichtigt den

Der fallende Kapellbach vor Hinterrhein.

ganzen Tag verbringen und es sich trotz des »bösen« Flurnamens gut gehen lassen.

Wir befinden uns jetzt auf dem »Rheinquellweg«, den Viamala Tourismus von Hinterrhein bis nach Sufers eingerichtet hat, mit unterschiedlichen Themenschwerpunkten (Wasser, Transit und Landwirtschaft). Der Abschnitt mit Themenschwerpunkt Wasser, auf dem wir uns hier befinden, ist nicht besonders überzeugend, weil er zu viel vom Wasser im Allgemeinen und zu wenig vom Wasser in der Region erzählt.

Zu einem eindrücklichen Wasserphänomen gelangen wir jetzt gleich, zum Kapellbach, der von der Alp Cadriola herunterkommt und hier die letzten Höhenmeter im freien Fall nimmt. Der Wasserfall bietet bei warmem Wetter willkommene Abkühlung. Oben auf der Alp weiden immer noch Schafe, wie schon vor Jahrhunderten oder zu den Zeiten, als der junge Umweltaktivist Bruno Manser sie dort oben hütete.

Über Wiesen gelangt man nun zu einer Brücke über den Rhein und hinauf ins Dorf Hinterrhein (1621 m).

Kleinwasserkraftwerke

Das Großkraftwerk (siehe Seite 180) haben die Rheinwalder dank ihrem großen Engagement und Widerstand – und auch dank solidarischer Hilfe aus dem Unterland – verhindern können. Wasserkraftwerke gab es im Tal aber schon lange. In Splügen, Nufenen und Hinterrhein wurden in den 1920er- beziehungsweise 1930er-Jahren gemeindeeigene Kleinkraftwerke installiert. Das Kleinkraftwerk Hinterrhein befindet sich unterhalb des Dorfes und musste im Zuge der Straßensanierung beim Dorf verlegt werden. Seit 2012 liefert zudem das neue Flusskleinkraftwerk Nüland Strom für die Gemeinde, »das höchstgelegene Rhein-Kraftwerk«. Es nutzt eine Schwelle im Rhein, die beim Bau der N13 in den 1960er-Jahren entstanden war. Mit dem Kraftwerk musste als Umweltkompensation auch ein Fischpass eingerichtet werden, der es den Fischen jetzt wieder ermöglicht, die Schwelle zu überwinden.

Das komplett renovierte Nufner Werk am Prascherbach ging 2010 ans Netz, ausgestattet mit neuen Maschinen (die immer noch im alten Gebäude von 1928 Platz haben); die Stromproduktion wurde dank zusätzlichen Wasserfassungen auf 1,5 Mio. kWh pro Jahr (ungefähr der Strombedarf des Dorfes) verfünffacht. Als ökologische Gegenleistung wurde das Függschtobel zwischen Nufenen und Medels unter Schutz gestellt. Zudem bezahlte die Gemeinde Nufenen einen Beitrag an die Kosten der Rhein-Renaturierung auf Enisch Boden zwischen Nufenen und Medels.

Seit 2012 läuft auch in Splügen beim Tambobach ein Kraftwerk, das aber anders als die Werke von Hinterrhein und Nufenen nicht von der Gemeinde allein betrieben wird, sondern in Partnerschaft mit dem Mehrheitsaktionär Alpiq. Gleiches gilt auch für das neue Werk Hüscherabach beim A13-Anschluss Splügen, das ein altes Werk ersetzt und neu 6,1 Mio. kWh Strom produziert.

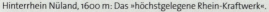
Hinterrhein Nüland, 1600 m: Das »höchstgelegene Rhein-Kraftwerk«.

Ortsporträt Hinterrhein

Hinterrhein ist der höchstgelegene, hinterste Ort im Rheinwald und das erste Dorf am noch jungen Hinterrhein, aber abgelegen ist Hinterrhein nicht. Das Dorf war in früheren Zeiten ein wichtiger Etappenort auf der Nord-Süd-Transitroute, zeitweilig sogar in drei Richtungen: über den San-Bernardino-Pass nach Süden, über den Valserberg nach Norden in die Surselva und auf der Hauptroute nach Splügen–Thusis–Chur.

Nein, abgelegen war dieses kleine Dorf in einem hochgelegenen Bergtal nie. Heute rauscht die A13 am Dorf vorbei, seit Kurzem etwas abgesenkt, sodass die Lärmimmission für die rund sechzig Bewohnerinnen und Bewohner etwas erträglicher wird. Diese Lösung mit einem abgesenkten Damm unterhalb des Dorfes statt wie bisher auf einer Brücke auf Dorfhöhe ist übrigens nicht an den Planungstischen des Bundesamts für Straßen (ASTRA) gefunden worden, sondern in der Gemeinde Hinterrhein, der es mit größeren Anstrengungen gelang, ihre Idee dem ASTRA schmackhaft zu machen.

Einen guten Kilometer taleinwärts treffen wir auf eine ganze Betonlandschaft mit dem Straßengewirr beim Nordportal des Tunnels; A13, Kantonsstraße, Ausfahrten, Parkplätze und so weiter. Und gleich dahinter der Panzerschießplatz der Schweizer Armee, die den größten Teil der Schwemmebene, durch die einst der Rhein sich in vielen wechselnden Rinnen seine

Hinterrhein mit dem Rothus (rechts), früher mit Gasthaus, Pferdeställen für Säumerei und Postdienst. Heute B & B. Unten: Bachhus-Stuba und -Chäller.

Hinterrhein mit Passstraße, im Hintergrund Zapportgletscher und Rheinquellhorn. Aufnahme um 1960 (vgl. Luftaufnahme S. 157, gut zwanzig Jahre später).

Bahnen suchte, überbaut, planiert, befestigt hat.

Um das Dorf herum also viel moderne Bau- und Fahrtechnik, alles in allem keine Augenweide. Das Dorf selbst aber mit seinem schönen Platz in der Mitte ist ein Ruhepol und erzählt mit seinen Susten und stattlichen alten Häusern Geschichte und Geschichten. Nicht mehr sicht-, nur noch hörbar, nämlich an der Sprache der Hinterrheiner ist die Geschichte der ursprünglichen Besiedlung des Ortes: Hinterrhein war die erste Walsersiedlung in Graubünden. In den 1270er-Jahren siedelten sich Leute aus dem italienischen Pomatt hier an. Sie waren als Neusiedler angeworben worden vom Freiherrn von Sax-Misox, der seine Herrschaft nach Norden ausdehnen wollte, und sicherlich auch zur Sicherung des Passes, vielleicht auch schon als Warentransporteure, also Säumer. In einem Erblehensvertrag von 1286 werden alle 23 Familienväter genannt, meist mit Herkunftsort. Die unter Denkmalschutz stehende reformierte Dorfkirche, früher »Sancti Petri de Reno« ist noch etwas älter als die Siedlung; sie war schon 1219 Eigentum der Herren von Sax-Misox.

Information
Dorfführungen Juni–September, siehe viamala.ch/de/dorffuehrungen

Ortsporträt

Das ganze Tal ein Stausee

Das im Stausee versunkene Splügen in einer Darstellung von Sonja Burger.

Im Mai 1942 legte das Konsortium Kraftwerke Hinterrhein unter Leitung der Firma Motor Columbus den Gemeinden Splügen, Medels und Nufenen die »Konzessionsofferte« für einen riesigen Stausee vor, der das Tal nachhaltig verändert und faktisch unbewohnbar gemacht hätte. Der Stausee sollte einen Inhalt von 280 Millionen Kubikmeter haben, die Staumauer bei der Burgruine Splügen war 700 Meter lang und 115 Meter hoch projektiert. Zusammen mit dem wesentlich kleineren Stausee in Sufers hätten in drei Zentralen in Sufers, Andeer und Sils 1,1 Mia. KWh Strom produziert werden sollen, deutlich mehr als die Hälfte davon im Winter.

Der Rheinwaldsee hätte das Dorf Splügen vollständig, Medels und Nufenen zum Teil überflutet. Alle drei Gemeinden zusammen hätten rund 500 Hektar Kulturland verloren. 400 (Schätzung der Rheinwalder) beziehungsweise 150 (Schätzung des Kraftwerkkonsortiums) Talbewohner wären zur Abwanderung gezwungen worden.

Die Rheinwalder waren dagegen. Bereits zwei Monate nach Eintreffen der »Konzessionsofferte« wurde in den drei Gemeinden abgestimmt, die

Stimmbeteiligung lag bei 93 Prozent, das Nein-Lager verbuchte bei geheimer Abstimmung 100 Prozent für sich, ein Ja-Lager existierte nicht.

Das Konsortium gab sich damit nicht geschlagen. In Graubünden sind die Gemeinden Konzessionsgeber, aber der Kanton hat die Aufsichtspflicht und kann die Entscheide der Gemeinden anfechten. Also gelangte das Konsortium an den Kleinen Rat (Regierungsrat) des Kantons Graubünden. Gleichzeitig wurde eine gewaltige Propagandamaschine in Bewegung gesetzt, um das Projekt wenigstens außerhalb des Rheinwalds populärer zu machen. Denn in der ganzen Schweiz gab es nicht nur Kritik an dem Projekt, sondern eine eigentliche Solidarisierung mit der Rheinwalder Bevölkerung.

Das mag auch damit zu tun gehabt haben, dass drei Jahre zuvor an der Landesausstellung in Zürich (Landi 39) zu »Heimatverbundenheit« mobilisiert worden war und manch einer sich gesagt haben dürfte, dass man schwerlich »heimatverbunden« ein bevölkertes Tal dieses Landes ersäufen kann. Es kam auch nicht überall gut an, dass ausgerechnet der Pressechef der Landi, Hans Rudolf Schmid, eine Propagandaschrift mit dem zynischen Titel »Kampf um Rheinwald« zugunsten des Kraftwerks schrieb.

Gewiss, die Kraftwerke hätten sich nicht lumpen lassen. Für die Splügner wäre ein »Neusplügen« gebaut worden, an der Schattenseite des Tales in einer Waldlichtung, was ein Betroffener so kommentierte: »Und was sollen wir dort tun? Tannennadeln fressen?« Aber auch daran hatten die Projektanten gedacht: Es sollte ein Fonds von 6,5 Mio. Franken eingerichtet werden, der vom Kanton verwaltet worden wäre und aus dessen Zinsen jährlich Heu für die Splügner Bauern gekauft worden wäre.

Außerdem wurde den Berglern beschieden, sie müssten halt ihre höher gelegenen Wiesen, die vom See nicht betroffen

»Neusplügen« gemäß den Vorstellungen von Armin Meili, 1944; er war wohl ein Fan des Engadinerhauses. Direkt an der Staumauer war auch schon ein Ausflugsrestaurant vorgesehen, mit Blick von der Terrasse auf den schönen See.

Rheinwald mit Rheinwaldsee, im Vordergrund das kaum betroffene Dorf Hinterrhein. Fotomontage von 1942.

seien, besser düngen, dann könnten sie einen Teil der Ertragsausfälle ausgleichen. Jedenfalls fanden sie das »Opfer« der Rheinwalder gering, verglichen mit dem Notstand der schweizerischen Industrie, die gerade in Kriegszeiten mehr Strom brauche: »Wenn Rheinwalder umziehen, erhalten alle Schweizer mehr Licht, Kraft, Wärme und Arbeit«, war einer der Slogans. Vergebens. Die Bündner Regierung musste 1944 den negativen Entscheid der Gemeinden nolens volens absegnen.

Doch damit war das Projekt immer noch nicht vom Tisch. Das Konsortium rekurrierte an den Bundesrat und forderte diesen auf, von seinen Vollmachten in Kriegszeiten Gebrauch zu machen und den Stausee auf diese Weise durchzusetzen. Der Bundesrat brauchte Zeit. Der Krieg ging zu Ende, und danach brauchte der Bundesrat noch anderthalb Jahre, um herauszufinden, ob er von seinen Kriegsvollmachten nicht doch noch Gebrauch machen könnte. Weitere Monate der Ungewissheit für die Bevölkerung des Rheinwalds, die nicht wusste, ob es für sie im Tal noch eine Zukunft gab oder ob alles vorbei war. Erst Ende 1946 kam dann der definitive Bescheid aus Bern: das Rheinwald-Kraftwerk war vom Tisch.

Verwirklicht werden konnte in den 1950er-Jahren nur der kleinere Teil des Rheinwald-Projekts, nämlich der Stausee bei Sufers mit einem Nutzinhalt von 16 Mio. Kubikmeter. Gleichzeitig entstand der große Stausee in der Valle di Lei – er ist das eigentliche Ersatzprojekt für den Rheinwaldstausee (siehe Seite 244).

Das Walserschiff

1984 wurde in Splügen ein Freilichtspiel uraufgeführt, das mehrere für das Tal wichtige Themen ins Zentrum rückte. Es spielt in den 1940er-Jahren, als das drohende Rheinwald-Großkraftwerk die Existenz des Tales konkret bedrohte. Es wird aber auch in die Geschichte zurückgegriffen, die Besiedlung durch die Walser im 13. Jahrhundert, die Säumerei, der Transitverkehr, und es werden Gegenwartsthemen wie die Abwanderung aufgegriffen. Der Text beruht auf einer früheren Arbeit von Silja Walter, der Schriftstellerin und Nonne aus dem Kloster Fahr, zur Geschichte des Tales. Mit ihr zusammen und mit dem Regisseur Gian Gianotti haben die kulturengagierten Lehrer Kurt Wanner, Andrea Caviezel und Reto Attenhofer in Splügen – auch unter Einbezug von Schülerinnen und Schülern – den Text weiterentwickelt und um aktuelle Aspekte ergänzt. Die Rheinwalder Schriftstellerin Erika Hössli übersetzte den Text ins Walserdeutsche.

Es ist eine Arche-Noah-Geschichte: Christian, die männliche Hauptfigur, gespielt von dem jungen Schauspieler Andrea Zogg, gilt im Dorf als Spinner; er baut eine Arche, mit der er die Rheinwalder vor der großen Sintflut retten will. »Stausee – Sintflut. Das ergab gleich eine spontane Parallele. Beides ist Untergang. […] Damit war auch die Arche gegeben, Noah und das Überleben.« So Silja Walter, die den Stoff »ins Zentrum der Heilsgeschichte« rücken wollte.

Dass dieses Freilichtspiel dann ein so großes Kulturereignis werden konnte, von dem manche noch heute begeistert erzählen, ist aber wohl vor allem darauf zurückzuführen, dass das ganze Tal mitmachte. Außer der Hauptfigur waren alles Laiendarsteller, fünfzig an der Zahl, und weitere hundert haben hinter den Kulissen mitgeholfen, alle aus einem Tal, das insgesamt kaum 700 Einwohner zählt. Die ganze Aufführung auf dem Splügner Dorfplatz begleitete der Chor der Weiber, die die große Wäsche machen, die Buuchi, und das Geschehen kommentieren.

Große Wäsche, die Buuchi, im Freilichtspiel *Walserschiff* von 1984. Rechts sitzend der Schauspieler Andrea Zogg.

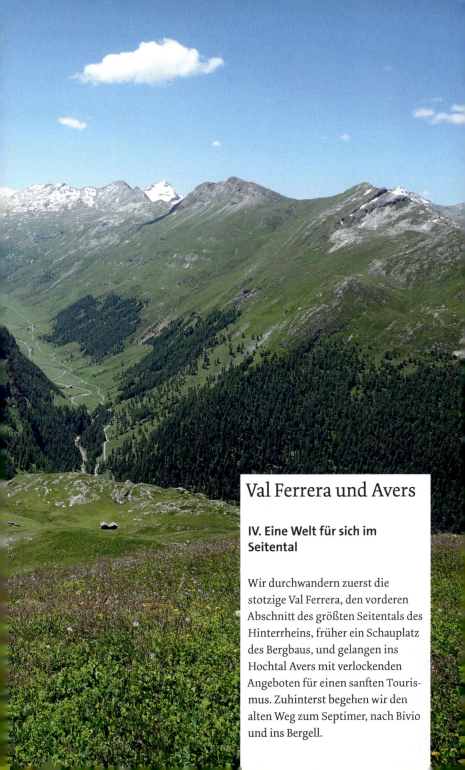

Val Ferrera und Avers

IV. Eine Welt für sich im Seitental

Wir durchwandern zuerst die stotzige Val Ferrera, den vorderen Abschnitt des größten Seitentals des Hinterrheins, früher ein Schauplatz des Bergbaus, und gelangen ins Hochtal Avers mit verlockenden Angeboten für einen sanften Tourismus. Zuhinterst begehen wir den alten Weg zum Septimer, nach Bivio und ins Bergell.

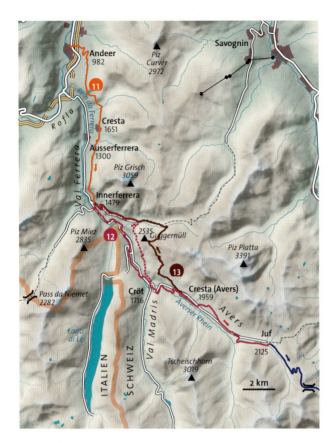

↑ Blick vom Rossboda hinab auf die Alp Platta und hinüber in die Val Madris.

Route 11 Andeer–Bagnusch–Cresta–Innerferrera 5 h 30

Route 12 Innerferrera–Cröt–Cresta–Juf 5 h 30

Variante
Von Innerferrera auf der rechten, nördlichen Talseite hangaufwärts und hoch über dem Talboden über Bleis–Starlera–Tascheal–Il Plan–Anzuatsch–Macsur nach Cröt und von dort auf der Hauptroute weiter nach Cresta. Knapp 2 Stunden länger.

Route 13 Avers Cresta–Guggernüll–Innerferrera 5 h

Route 14 Juf–Forcellina–Septimerpass–Bivio oder Casaccia 4 h 30 bis Bivio (5 h bis Casaccia)

Variante
Vom Pass da Sett/Septimerpass über den Pass Lunghin nach Pila und Maloja, 2 h 30.

Besonderes

Bergbaumuseum Innerferrera: erzminen-hinterrhein.ch.

Alte Aversstraße: Wandern auf historischen Pfaden und Wegen, Route 575, www.aast.ch.

Einkehren/Übernachten

Andeer: Siehe Kapitel III (Viamala, Schams und Rheinwald)
Innerferrera: Gasthaus Alpenrose, alpenrose-ferrera.ch
Cröt: Walser Stuba, walserstuba-avers.ch
Pürt: Gasthaus Pürterhof, Tel. 081 667 11 13
Juppa: Hotel Bergalga, bergalga.ch
Juf: Pension Edelweiss, pension-edelweiss.ch
Avers Cresta: Hotel Capetta, hotelcapetta.ch
Bivio: Hotel Post, hotelpost-bivio.ch
Vicosoprano: Albergo PizCam, pizcam.com; Hotel Corona, hotelcorona.ch

Maloja: Ein halbes Dutzend Hotels und Pensionen, eine Jugendherberge und das Ferien- und Bildungshaus Salecina, salecina.ch

Einkaufen direkt ab Hof

Cröt: Bruno Loi, Bioprodukte, brunoloi.ch
Cresta: Andy Heinz, Bioprodukte, andyheinz.ch, Volg
Pürt: BG Höllrigl, Bioprodukte, 7447.ch

Karten

1255 Splügenpass, 1256 Bivio, 1276 Val Bregaglia

Literatur und Quellen

Boesch/Holtz 2011, Denzler 2013, Graf 2021, Historische Verkehrswege im Kanton Graubünden 2007, Hugentobler 2001, Maissen 2014, Mani 1961, Schuler 2020, Simonett 2016, Stäbler 1981, Stoffel J.R. 2019, Stoffel J. 2018, Weber 1987.

Route 11: Andeer–Bagnusch–Cresta–Innerferrera

Waldwandern

Eine angenehme Tour durch Wald und Wiese, mit wenigen steilen Auf- und Abstiegen, vorbei an versteckten Maiensäßen und der pittoresken Kirche von Cresta: Wer auf diesem Weg vom Schams in die Val Ferrera wandert, findet viel Natur und Erholung.

Wanderzeiten

Andeer–Cresta	3 h 30
Cresta–Innerferrera	2 h
Totale Wanderzeit	**5 h 30**
Höhendifferenz	↗ 1300 m, ↘ 800 m
Distanz	14 km

Charakter
Wenig anspruchsvolle Wanderung durch Wald und Wiese. T2.

Beste Jahreszeit
Juni bis Oktober

Der Ausgangspunkt dieser Wanderung liegt im beschaulichen Dorf Andeer mit seinem Ortsbild von nationaler Bedeutung. Vom 1982 eröffneten Mineralbad aus machen wir uns auf den Weg, zunächst über die Hauptstraße und anschließend durch das Quartier Tgavugl in östlicher Richtung. Je nach Jahreszeit wechseln wir bald in den Schatten. Wir unterqueren die A13 und steigen auf einem Fußweg die Wiese hoch. Noch ist die Steigung gemächlich, der Weg vielbegangen und entsprechend ausgetreten, und schon verschwinden wir im Wald.

Wir schreiten weiter unter Föhren und Laubbäumen, den Boden bedeckt Moos und Farn, den Weg säumt eine Trockenmauer. Ein kurzer Abschnitt führt über die Forststraße, doch

Über schön befestigte Wege geht es immer tiefer in den Wald.

bald gehen wir direkt in die Flanke des Piz La Tschera, der auch der Namensgeber dieses Waldstückes ist. Auf der Höhe von circa 1200 Metern hat der direkte Anstieg ein Ende, das Gelände wird steiler und der Weg legt sich quer zum Hang in Richtung Süden. Bei Punkt 1262 biegen wir auf die Forststraße nach links ein. Nach fünf großen Kehren finden wir uns in der Richtung wieder, aus der vielleicht schon bald einmal die Sonne lacht.

Der Weg führt ab Punkt 1424 wieder auf schönere Pfade, die mit großen Blöcken befestigt sind. Wir durchqueren Ablagerungen eines Bergsturzes, der etliche Brocken des lokalen Andeerer Quarzits ins Tal befördert haben muss, bevor sich der Wald das Gebiet zurückeroberte. Hier wie auch später begegnen wir ausgedehnten Moosdecken, die einen geradezu zum Verweilen einladen.

Doch noch sind wir nicht allzu weit gekommen. In steter Steigung bewegen wir uns bald wieder auf einer Forststraße Richtung Bagnusch, das wir bei Punkt 1729 erreichen. Von hier geht der Blick zum ersten Mal in die Val Ferrera hinein, also in

Bei Bagnusch Sura geht der Blick über die Val Ferrera.

den unteren Teil der Talschaft, die vor allem unter dem Namen Avers bekannt ist und im oberen Teil auch so heißt. Hier wechseln wieder auf einen Wanderweg, treffen auf eine kleine Ansammlung Maiensäßhütten und rasten ein wenig bei Bagnusch Sura.

Auf und ab führt der Wanderweg nun, eine kleine Stufe überwindend und schließlich hinab ins Tobel der Aua da Viadurs. Prächtig stürzt hier das Wasser über große Blöcke. Auf ebener Höhe durchqueren wir den Gold la Hetta, wie der Wald im hiesigen Idiom Sutsilvan heißt, zu Deutsch Hüttenwald. Sein Ende markiert ein kurzer Zick-Zack-Abstieg zum nächsten Bach, der Aua Granda. Dieser fließt ungleich sanfter als die Aua da Viadurs über abgeschliffenes, von Moosen und Algen bewachsenes Gestein, nur das metallene Brücklein ist arg lieblos gewählt. Dafür kann es jedoch wenig: Immer im Frühling und Herbst wird es montiert respektive demontiert, da es sonst durch Lawinen und Rüfen verschüttet würde.

Eine Brücke führt über die Aua Granda.

Nun folgt ein Wegstück, das an eine verwunschene Waldwelt erinnert, in der hinter jedem Baumstamm ein Wesen hervorgucken könnte. Moose, Farne, Gräser säumen den Weg über flach gelegtes Bergsturzmaterial, vorbei an einem Hasenasyl. Aber bald schon treten wir aus dem Wald und erreichen zunächst die Häusergruppe Bungieras, dann Cresta. Diese kleine Siedlung, die auf eine eisenzeitliche Siedlung zurückgehen dürfte, liegt auf einem Plateau auf 1650 Metern und ist bis heute nicht elektrifiziert.

Das Kirchlein von Cresta, das erste Gotteshaus des Tales.

Sehenswert ist die Kirche, die um 1200 gebaut wurde, das erste Gotteshaus des Tales. Im Innern ist sie eher schmucklos, doch ihre Lage und ihr mächtiger, unverputzter Turm sind durchaus malerisch. 1997 wurde sie letztmals restauriert, wobei mehrere Eingriffe aus dem frühen 20. Jahrhundert rückgängig gemacht wurden. Dieses Cresta ist nicht zu verwechseln mit dem im Avers liegenden, ebenfalls Cresta genannten Weiler (siehe Route 12) – der Name der beiden Orte stammt noch von den romanischen Siedlern in der Region und bedeutet Felsen oder Hügel, ist also eine Ortsbeschreibung.

Von Cresta aus könnte man auf der wenig ansprechenden Naturstraße nach Ausserferrera hinabsteigen. Auch wäre die Alp Sut Fuina (1873 m) von hier aus erreichbar, wo Reste einer Erzabbaustätte und zweier Schmelzöfen zu sehen sind. Wir wählen aber den Weg weiter nach Innerferrera und kommen ebenfalls auf unsere Kosten. Dazu verlassen wir die Forststraße bei Tgeas bei Punkt 1570 und überqueren zunächst eine Weide und an deren unterstem Punkt die Aua da Mulegn, ein beschauliches Bächlein. Bei unserer Wanderung liegt eine größere Aus-

Blick von der Alp Samada Sut zurück nach Cresta.

Ein magischer Ort für Boulderer

Am Ragn da Ferrera liegen zwischen Lärchen und Fichten teils stockwerkgroße Steinblöcke – ein Traum für Boulderer. Bei dieser Unterart des Kletterns werden nur wenige Meter in Angriff genommen, zur Sicherung liegt lediglich eine Schaumstoffmatratze am Boden. Bereits 1996 entdeckten einige Boulderer dieses Gebiet, seit 2004 ist es offiziell als Boulderzone in der Ortsplanung markiert.

Das Klettergebiet liegt mitten im Gebiet Paré da Miezgi am Ragn da Ferrera und misst ca. 250 Meter in der Breite und 500 Meter in der Länge. Je nach Block sind verschiedene Schwierigkeitsgrade zu finden, die meisten sind für eher ambitionierte Boulderer geeignet. In den letzten zehn Jahren hat sich der Magic Wood einen Namen in der internationalen, ja weltumspannenden Boulder-Gemeinde gemacht. An schönen Tagen säumen zahlreiche Autos respektive Busse die Parkplätze rund um das Gebiet.

Mit den Boulderern kam auch das wilde Campieren, woraufhin die Gemeinde reagierte und die Bewilligung für einen Campingbetrieb erteilte. Wer nicht auf dem Übernachtungsplatz campieren möchte, hat die Möglichkeit, im Gasthaus Edelweiss in Ausserferrera mit dazugehörigem Touristenhaus Generoso oder im Gasthaus Alpenrose in Innerferrera zu nächtigen. Im Edelweiss kann auch die für das Bouldern benötigte Ausrüstung gemietet werden.

Gasthaus Edelweiss: valferrera.com

Route 11: Andeer–Bagnusch–Cresta–Innerferrera

Ein alter Knappenweg führt hinunter nach Innerferrera.

forstaktion gerade erst kurz zurück, weshalb der Wald hier arg verwundet aussieht.

Auf der anderen Seite treffen wir wieder auf eine Naturstraße, aber diese Abwechslung nehmen wir gerne hin. Leicht steigt es nun stetig hoch nach Lavenzug, was sich von Lawinenzug ableitet, ein Hinweis auf die auch hier siedelnden Walser. Gleich tauchen wir wieder in den Wald, wo die Forststraße in eine Alpstraße übergeht, die sichtlich weniger befahren ist, wohl weil sie deutlich steiler ist. An großen Steinblöcken vorbei schlängelt sich der Weg hoch zur Alp Samada Sut (1735 m), wo abgeschliffene Felsen die Wiesen säumen. Ein schöner Blick zurück nach Cresta tut sich auf, bevor wir das Alpgebäude passieren und der Weg wieder schmaler wird.

Nun wechseln sich Alpweiden und Wald ab, bis wir die Flur Ställi erreichen, wo gleich auf der gegenüberliegenden Talseite der Eingang zum Wasserschloss der Kraftwerkanlage zu sehen ist sowie die Seilbahn, die zu ihm führt. Nicht viel weiter, und wir finden eindrückliche Zeugnisse eines Wirtschaftszweigs, der ehemals prägend war für Ferrera und Schams. Kurz nach einer Biegung weist eine Wegmarke ein Stück weit den Hang hinauf, wo wir die Grube eines Eisenerzwerks finden. Hier baute man eine 20 Meter lange und 2,5 Meter starke Sideritlinse mit einem bis zu sieben Meter tiefen Schlitz ab. Die Sohle des Abbaus ist zwar verschüttet und mit Wasser gefüllt, doch erahnt man die menschlichen Mühen, mit denen hier um 1820 Schwerstarbeit geleistet wurde. Neben dem Abbau erkennen

Zurück im Tal, zurück im Wald von Ferrera.

wir zudem die Ruinen eines Gerätehauses und einer Röstfeuergrube.

Nun erfolgt der Abstieg in Richtung Innerferrera, und der ist teilweise spektakulär. Er führt über einen noch intakten gemauerten Wegabschnitt und an turmhohen Felsbändern vorbei. Es empfiehlt sich, die Rechtskehre nicht zu verpassen, die in einen kurzen steilen Abschnitt führt. Durch ein kurzes Waldstück geht es hinab nach Innerferrera, wo uns viele Gartenzwerge begrüßen.

Hingewiesen sei auf den erst kürzlich eröffneten Waldweg Innerferrera, der vom Dorf hinunter zur Sägerei und über die neu erstellte Holzbrücke auf die andere Talseite und von dort auf der alten Aversersstraße taleinwärts führt, bis man über eine neu erstellte Hängebrücke zurück in Richtung Innerferrera gelangt.

Holz für die Eisenschmelze

Die Überreste der Schmelze Ausserferrera.

Val Ferrera und Val Schons gehören in der Geschichte des Bergbaus im Kanton Graubünden zu den wichtigsten Schauplätzen. Mehr als zwei Dutzend Eisenerzgebiete wurden allein um den Piz Grisch zwischen Ausser- und Innerferrera exploriert. Das hatte auch Folgen für den Wald: Die Verhüttung führte zu einem hohen Energiebedarf, weshalb weite Teile des Waldes abgeholzt wurden.

Ferrera stammt vom lateinischen Wort Ferrum (Eisen). Der romanische Name für Innerferrera ist Calantgil und entstand vermutlich aus dem lateinischen Wort Cuniculus, was sinngemäß Erzgrube bedeutet. Die älteste urkundlich eindeutige Erwähnung des Bergbaus im Hinterrheingebiet stammt aus dem Jahre 1605. Zunächst schien der Abbau, unter anderem auch von Silber, noch geordnet abgelaufen zu sein. In Taspegn jedoch, oberhalb von Zillis gelegen, deuten die eher unkoordiniert vorgetriebenen Abbrüche auf das Gegenteil hin. Erst im 19. Jahrhundert fand sich mit den

Gebrüdern Venini eine Gesellschaft, die gleich die Konzession für alle vorhandenen Abbaugebiete erwarb. Schon bald aber verloren die Unternehmer wegen steigender Kosten das Interesse. Vermutlich auch deswegen, weil im gesamten Ferreratal kaum noch ein Baum stand. Die Gesellschaft musste bereits 1815 Wald oberhalb Zillis kaufen und das Holz ins Ferreratal transportieren lassen.

Mit der Konzession für den Bergbau erhielt man nämlich auch Anspruch auf den Holzschlag, und Holz wurde viel benötigt. Es wurde gleich an den Rodungsplätzen in Kohle umgewandelt, um höhere Temperaturen zu erreichen und damit es leichter zu transportieren war. Die Kohle wurde nicht nur zur Verhüttung der Erze in den Schmelzen von Inner- und Ausserferrera benötigt, sondern auch zur Gewinnung von Kalk. Dieser war nötig, um den in den lokalen Erzen reichlich vorhandenen sauren Quarz durch Zugabe von basischem Kalk zu neutralisieren. Dieser Kalk musste an Ort gebrannt werden, und die Kalköfen verbrauchten ihrerseits beachtliche Mengen an Holz.

Der Raubbau an der Natur hatte selbstredend wirtschaftliche Vorteile für das Tal. Bis zu 150 Bergknappen hielten sich zeitweise hier auf, die einheimische Bevölkerung profitierte durch die Beschäftigung im Wald oder in den Köhlereien. Nachdem die letzten Versuche für einen gewinnbringenden Abbau aufgegeben wurden, erholte sich auch der Wald wieder. Heute dient er vor allem als Schutzwald für Verkehrsinfrastruktur und Gebäude. Zu rund 70 Prozent besteht er aus Fichten, den Rest machen vor allem Lärchen aus, einige wenige Arven sind ebenfalls zu finden. Die Gemeinde Ferrera verfügt insgesamt über eine Waldfläche von 968 Hektar und betreibt seit 1946 eine eigene Sägerei, die auch Produkte wie Holzbänke und -tröge herstellt.

Früher bis zu sieben Meter tief, heute mit Wasser gefüllt: Sideritabbaustelle in Innerferrera.

Weitere Informationen zum Bergbau
bergbau-graubuenden.ch

Holz für die Eisenschmelze

Route 12: Innerferrera–Campsut–Cröt–Cresta–Juf

Aus der Val Ferrera ins Hochtal Avers

Das Ferreratal und das Hochtal Avers bekamen mit der 1895 eröffneten Kunststraße nach langem Bittstellen endlich eine für Kutschen befahrbare Verbindung mit der Unteren Straße Chur–Bellinzona. Wir wandern auf den restaurierten Abschnitten der historischen alten Averserstraße und auf neu erstellten Wegen über oder unterhalb der heutigen Kantonsstraße.

Wanderzeiten

Innerferrera–Cröt	2 h 45
Cröt–Cresta	1 h
Cresta–Juppa	1 h
Juppa–Juf	0 h 45
Totale Wanderzeit	**5 h 30**
Höhendifferenz	↗1200 m, ↘500 m
Distanz	19 km

Charakter
Wanderung in einer abwechslungsreichen Landschaft durch Schluchten, über Brücken, durch Wald- und Wiesenpartien, zu einem großen Teil auf dem restaurierten und bequem zu gehenden Trassee der alten Averserstraße. Auf einigen Abschnitten ist der durchgängig markierte Weg schmal, im Obertal, zwischen Cresta und Juf führt die Route teilweise über die neue Straße. T2.

Unser Startpunkt ist Innerferrera, romanisch Calantgil, früher eine autonome Gemeinde – seit 2008 mit Ausserferra zu Ferrera fusioniert. Wir verlassen den Ort auf der alten Dorfstraße beim ehemaligen Schweizerischen Nebenzollamt Innerferrera am südlichen Dorfausgang, gehen unter der Umfahrungsstraße

Die alte Averserstraße mit neuen Steinsäulen.

Tunnel Mut d'Avers ob Innerferrera.

durch und überqueren den Ragn da Ferrera auf der Punt la Resgia, einer im Jahr 1998 erstellten 45 Meter lange Holz-Beton-Verbundbrücke, welche die vormalige Eisenfachwerkbrücke ersetzte. So gelangen wir direkt auf die mit Route 757 signalisierte alte Averserstraße.

Auf ihr gehen wir sicher durch das felsige Gelände unter dem Mut d'Avers. Die Strecke wird von niedrigen, meist etwas schräg stehenden Wehr- und zaunhohen Granitgeländersäulen gesäumt, weist schöne Natursteinmauern auf und führt durch einen grob in den Fels gehauenen Tunnel. Kurz nach diesem wird die alte Straße durch die Hauptstraße überlagert und wir benutzen ein neu angelegtes Wegstück durch lichten Wald mit einer reichen Flora, queren den Bach, der aus der Val digl Uors in den Ragn da Ferrera fließt. Beim nächsten Tunneleingang der Hauptstraße wandern wir wieder auf dem alten Trassee. Nun folgt einer der eindrücklichsten Abschnitte der alten Averserstraße. In der Tiefe rauscht der Fluss, unser Weg wird durch Steinsäulen begrenzt, die mit Holzbalken verbunden sind. Auf der Gegenseite mündet die steile Val Starlera-Schlucht mit einem Wasserfall ins Haupttal. An dieser Stelle befindet sich auch eine – für uns unzugängliche – subthermale Mineralquelle.

Kurz darauf, am Ende der Wegbiegung, gelangen wir zur restaurierten Steinbogenbrücke über den Reno di Lei, über die, heute kaum zu glauben, bis 1960 noch das Postauto fuhr. Die

Brückenmitte bildet den Übergang von der Gemeinde Ferrera zu Avers, und wir sind gleichzeitig an einem Grenzpunkt zu Italien. Hier lohnt sich ein kurzes Innehalten, um gleich zwei eindrückliche Brückenwerke zu betrachten: Die vor einigen Jahren restaurierte alte Natursteinbrücke und darüber die moderne elegant geschwungene Betonbrücke. Nach der restaurierten historischen Brücke folgt der Valle-di-Lei-Stutz, eine steile Wegpartie, die mit einer hohen Stützmauer gesichert ist und durch Tombini, aus Natursteinen erstellten Durchlässen, entwässert wird.

Am oberen Ende des Stutzes steigen wir über eine Metalltreppe zur Hauptstraße, die hier wieder für eine längere Strecke das alte Trassee überlagert. Wir überqueren die Straße, überwinden eine zweite Metalltreppe und Steinstufen in den Wald und folgen dann einem schmalen neu erstellten Pfad. Nach einer Viertelstunde kreuzen wir die Zufahrt zum Stausee Valle di Lei und gelangen zu einem Picknickplatz. Von dort geht es weiter in flachem Gelände über eine Weide (Achtung: Hier grast zuweilen eine Mutterkuhherde) westlich an Campsut vorbei.

Natursteinbrücke über den Reno di Lei.

Wir bleiben auf der linken Flussseite, steigen über eine Steintreppe hoch, gehen am Steilhang über dem Averser Rhein durch ein Stück des Furggawalds bis zum Finstarastäg. Eine Steintreppe auf diesem Abschnitt wurde 2020 überschüttet, sie sollte im Sommer 2021 wieder instand gestellt werden. Dort überqueren wir den Fluss und erreichen über einen schmalen Pfad parallel zur Straße den Weiler Cröt.

Nach einem kurzen Stück auf der Straße, die am ehemaligen Schulhaus vorbei ins Val Madris führt, steigen wir nun vom unteren Teil des Avers ins Obertal, eine gute Stunde lang ganz auf dem historischen Trassee. Zuerst geht es in Schlaufen den mit Lärchen durchsetzten Wiesenhang hoch zur Lezibrücke.

Die historischen Lawinenverbauungen am Lezi

Die alte Zufahrtstraße von Cröt ins Averser Obertal war im Winter stark lawinengefährdet. Um den Zugang offenzuhalten und die Gefahr zu bannen, wollte die Gemeinde Avers Lawinenverbauungen zum Schutz der Straße erstellen.

Ab 1906 erfolgte über dem Leziwold (»Wold« bedeutet im Averser Dialekt Wald) der Bau von sogenannten Ebenhöch-Schutzbauten. Das sind kleine Geländeterrassen, die je nach Steilheit des Hangs unterschiedlich hoch sind. Sie sind durchwegs in Trockenmauertechnik gebaut, manchmal als gerade Linien parallel zum Hang, manchmal bogenförmig dem Gelände angepasst. Die Arbeiter aus Italien, die die Mauern erstellten, brachen die Steine aus den Felsrippen der Umgebung. Die Bau-

Diese überqueren wir nicht, aber es lohnt sich, kurz innezuhalten, von der 85 Meter hohen Brücke in den Abgrund zu blicken, zurückzukommen und das von Christian Menn entworfene, 1959 gebaute Wunderwerk nochmals zu bestaunen.

Danach setzen wir unseren Weg auf der linken Talseite durch den unteren Teil des Leziwalds fort. Bald erreichen wir die Crester Steinbogenbrücke über den Averser Rhein. Die historische Straße steigt nun in Schlaufen durch die Furra und mündet 100 Meter weiter oben in die Kantonsstraße. Wir überqueren sie, folgen noch ein Stück weit der alten Wegführung und wechseln kurz auf die Teerstraße, um Cresta, den Hauptort der Gemeinde Avers, zu erreichen.

weise mit rohen Steinen ohne Mörtel oder Zement ermöglichte eine gute Wasserdurchlässigkeit, was den Wasserdruck bei starkem Regen und das Sprengen des Mauerwerks durch Eis verminderte.

Trotz der durchdachten Bauweise kam es in extremen Wintern immer wieder zu Verheerungen. 1936 wurden die Bauwerke ergänzt und instand gestellt. Im Lauf der Zeit destabilisierten Niederschläge, Wasserläufe, Schnee, Frost, Eis und Tauwetter die Mauern wieder.

Der Verein Alte Averserstraße ließ die lädierten Lawinenverbauungen reparieren. Nun halten die Mauern im Gebiet Lezi über der alten Straße als Zeugen der lokalen Baugeschichte wieder für Jahrzehnte.

Um das eindrückliche Bauwerk zu besichtigen, wählen wir am besten die Aufstiegsroute von Pürt durch den Capettawald über die Capettaalpa Richtung Punkt 2323. Auf dem Weg dahin können wir eine große Pflanzenvielfalt bewundern. Oskar Hugentobler, Forstingenieur, Promotor der Restaurierung der alten Averserstraße und der Lawinenverbauungen, führte uns. Er ist auch ein großer Pflanzenkenner und zeigte uns beim Aufstieg die große Vielfalt. Auf kleinsten Flächen sind Arten zu beobachten wie Wacholder, Heidelbeeren, Preiselbeeren, Krähenbeere, Kreuzdorn, Lungenkraut, Wintergrün und Alpenakelei. Die Arven wachsen bis auf eine Höhe von 2350 Meter und bilden eine Futterbasis für die Birkhühner, die die Arvenknospen lieben. Auf der Krete zwischen den Tälern Avers und Madris stehen wir am oberen Ende der Verbauungen und können nun zwischen den treppenartig angelegten Mauerterrassen in den Leziwold zur Forststraße absteigen, auf die wir etwa auf einer Höhe von 1900 Metern treffen.

Wenn wir der Straße in Richtung Lezibrücke folgen, kommen wir nahe am Galgaboda vorbei. Ein Gedenkstein erinnert daran, dass hier der Averser Scharfrichter um die Mitte des 17. Jahrhunderts über ein Dutzend verfolgte, gefolterte und vom lokalen Gericht wegen Hexerei zum Tod verurteilte Frauen und mindestens einen Hexenmeister hinrichtete. Das Gerichtsgebäude neben der Kirche von Cresta existiert nicht mehr, aber die Hexenprozessakten sind im Gemeindearchiv von Avers erhalten geblieben – und die Protokolle bildeten die Grundlage der gegenwärtigen Kulturplattform hexperimente.

Strudelloch, Kalk, im Averser Rhein zwischen Campsut und Cröt.

Crester Rheinbrücke der alten Averserstraße von 1895 über den Averser Rhein.

Auf dem Chilchaweg wandern wir an der abseits des Dorfes auf einer kleinen Terrasse gelegenen Talkirche mit dem ummauerten Friedhof vorbei taleinwärts beinahe zum Averser Rhein hinunter und bei Malegga wieder aufwärts nach Pürt. Von dort steigt ein Wanderweg zur Wasserfassung (2000 m), quert das Bachbett und setzt sich auf der gleichen Höhe fort zur Fassung des Chloschbachs, dann oberhalb der Häuser von Am Bach, wo das Genossenschaftshotel Bergalga liegt, zum Hof Bim Hus, von wo aus die direkte Route auf der Hauptstraße bis Juppa, zum Podestatenhaus und weiter bis Juf (2125 m) führt.

Mit einem kleinen, empfehlenswerten Umweg ist es möglich, einen Fußweg über Loretzhaus (Loretschhuus) zu be-

Avers Cresta mit Wissbergen von der Capettaalpa aus.

nützen und allenfalls den lehrreichen Murmeltierpfad ins Bergalgatal zu gehen. Zwischen Vorderbergalga und Gallushaus führt der letzte Wegabschnitt dieser Etappe auf der linken Seite des Jufer Rheins ans Tagesziel.

Im Obertal zwischen Cresta und Juf fallen nebst verschiedenen alten Walserhöfen und verstreuten Heuställen auch neue Stallscheuen mit großem Volumen auf. Die Wiesen sind im letzten Jahrzehnt arrondiert, viele kleine Parzellen durch die Gesamtmelioration zusammengelegt und durch Güterstraßen erschlossen worden. »Für eine zeitgemäße Bewirtschaftung ist die Verbesserung des Wegnetzes zweifellos wichtig. Als Besucher kann man sich des ersten Eindrucks jedoch nicht erwehren, dass hier etwas mit der großen Kelle angerichtet wird«, schreibt Lukas Denzler in der schweizerischen Bauzeitung *TEC21* im Jahr 2013. Die sogenannt zeitgemäße Bewirtschaftung mit dem 2012 begonnenen Bau von 32 neuen, breiten Flurstraßen, die im Perimeter der Gemeinde Avers eine Gesamtlänge von 17 Kilometern aufweisen, bringt auch unerfreuliche Nebenwirkungen mit sich: Aus Mager- und Trockenwiesen mit reichhaltiger Flora, die früher zum Teil nur alle zwei Jahre gemäht wurden, werden

hexperimente, eine Kulturplattform in Avers

Anknüpfend an die historische Tatsache, dass Mitte des 17. Jahrunderts in Avers Hexenprozesse stattgefunden hatten und über zwölf Frauen und mindestens ein Mann beschuldigt, verhört, gefoltert und hingerichtet wurden, begann 2009 Ina Boesch, Kulturwissenschaftlerin und Publizistin, zusammen mit Corinne Holtz, Musikerin und Publizistin, die Kulturplattform »hexperimente – die bühne im Avers« zu entwickeln. Im ursprünglich erhaltenen Walserhof Bim nüwa Huus, der hoch über dem Aversrrhein am Weg zur Alp Platta liegt, veranstalteten und kuratierten die beiden Frauen original-originelle Theateraufführungen, Musikereignisse, literarische Lesungen und Vorträge.

Im Hintergrund standen immer das Ziel der »zeitgenössischen künstlerischen Transformation von historischem Material«, die regionale Verankerung und ein Bezug zu globalen Themen. Bis 2016 hatten die Initiantinnen dafür um die zehn Werkaufträge vergeben. Für Sommer 2017 und das Folgejahr war »aus und ein – Ausstellung zur Migration« auf dem Programm. Das passte in hohem Maß zur Philosophie und Zielsetzung der Kulturplattform. Menschen, die ins Tal kamen, wieder weggingen oder blieben, und Menschen die weggingen, wegblieben oder zurückkehrten, kamen zu Wort. Hintergründe und Selbst- und Fremdwahrnehmungen kamen zur Darstellung, beschreibend, reflektierend und gestalterisch inszeniert.

Nach dem großen Erfolg von »aus und ein« gibt es eine Zwangspause. Hauptgrund dafür ist der Straßenbau am Veranstaltungsort Underplatta vorbei auf Oberplatta, die Alp. Ina Boesch will 2022 die Kulturarbeit Bim nüwa Huus fortsetzen.

Information
hexperimente.ch.

Gedenkstein bei der ehemaligen Richtstätte Galgaboda im Leziwald.

Die Averser Talkirche südlich von Cresta mit dem Turm aus dem späten 18. Jahrhundert. Die vier Glocken sollen im Winter mit Schlitten von Bivio her über den Stallerberg transportiert worden sein.

ertragreiche Fettwiesen, und die Artenvielfalt nimmt rapide ab, seit es leicht geworden ist, große Mengen von Mist und Gülle auszubringen.

Die Bergwiesen in Avers und ihre »reichhaltige und üppige Flora« hatten Ende des 19. und anfangs des 20. Jahrhunderts herausragende Botanikfachleute angezogen. Zu ihnen gehörten der Churer Kantonsschullehrer Gottfried Ludwig Theobald (1810–1869), Verfasser der *Naturbilder aus den Rätischen Alpen* und der ETH-Botanikprofessor Carl Joseph Schröter. Schröter (1855–1935, Hauptwerk: *Das Pflanzenleben der Alpen*, Zürich 1926), kam »mit seinen Studenten manchen Sommer nach Avers«, schreibt Johann Rudolf Stoffel in seiner Monografie *Das Hochtal Avers* von 1938, und weiter: »Herr Schröter ist im ganzen Tal eine bekannte Persönlichkeit, er brachte immer frohes Leben nach Cresta, wo er gewöhnlich acht bis zehn Tage verweilte. Täglich wurden Exkursionen ausgeführt und oft mit Gipfelbesteigungen verbunden. Zu seinem Buch, der berühmten Taschenflora [genauer Titel: *Alpenflora*] wird der Blumenreichtum von Avers auch etwas beigetragen haben.« Zum Glück gibt es in Avers immer noch die nicht leicht zugänglichen steilen Wiesen, Rippen und Grasschultern mit reicher Blumenpracht.

Route 12: Innerferrera–Campsut–Cröt–Cresta–Juf

Wiederhergestellt: Die alte Averserstraße

Trassee der alten Averserstraße vor der Wiederherstellung.

»Kunstvolle Brücken und Mauern aus Naturstein, Geländer aus Natursteinsäulen sowie traditionelle Lawinenverbauungen machen sie zu einem schützenswerten Kulturgut«, heißt es im Inventar der historischen Verkehrswege der Schweiz zur Kunststraße ins Avers. Im 1899 erschienenen Reisetaschenbuch von Iwan von Tschudi ist die damals neue Straße exakt beschrieben.

Die Bewohnerinnen und Bewohner des Ferrera- und des Averstals hatten im 19. Jahrhundert lange auf die Verbindung an das kantonale Straßennetz und damit zur Verkehrsachse Untere Straße (siehe Seite 148) warten müssen. Von 1890 bis 1895 erfolgte dann der Bau der Kunststraße von der Roflaschlucht durch die Val Ferrera bis nach Cresta im Hochtal Avers. 1899/1900 wurde sie bis nach Juf verlängert. Das Bauwerk – ein Denkmal italienischer Straßenbaukunst – diente dem Verkehr bis in die frühen 1960er-Jahre.

1965 war die neue Kantonsstraße, deren Ausführung 1957 begonnen hatte, fertiggestellt. Der Ausbau der Straße wurde vor allem wegen der Bauprojekte der Kraftwerke Hinterrhein realisiert, was breite und belastbare Transportwege erforderte. Zwischen Rofla und Innerferrera und nach dem Valle-di-Lei-Stutz überlagert die heutige Kantonsstraße das Trassee der alten Averserstraße zu einem großen Teil. Südlich von Innerferrera bis zum Zusammentreffen der Val Starlera und der Valle di Lei mit dem Haupttal ist die historische Straße weitgehend erhalten geblieben.

Ein Juwel auf diesem Straßenabschnitt ist die Natursteinbrücke Punt di Val di Lei über den Reno di Lei, direkt an der Landesgrenze zu Italien, die mit alten in den Fels gemeißelten Grenzzeichen markiert ist: Der Buchstabe S steht für Schams, italienisch Sassam, P steht für Piuro, Plurs, das zwischen 1512 und 1797 mit einem kurzen Unterbruch zum Herrschaftsgebiet Graubündens gehörte und Sitz des Bündner Podestà (des Statthalters) war.

Pfeiler der Starlera-Brücke vor der Rekonstruktion.

Etwas unterhalb der Brücke mündet der Reno di Lei in den Averser Rhein, der ab hier talabwärts Ragn da Ferrera heißt. Weitere wertvolle, nicht von der neuen Straßenführung überdeckte Abschnitte der alten Straße führen von Cröt über die sogenannten Kehrlenen zur Lezihöhe und zum Leziwald auf der linken Seite des Averser Rheins, um dann über eine Natursteinbogenbrücke auf die andere Flussseite zu wechseln. Von dort führt die alte Straße mit Steigungen bis zu 20 Prozent in Kehren durch den Steilhang Uf der Furra, Richtung Cresta. Sie ist teilweise aus Felsrippen gehauen und führte über Kehren über zwei weitere Natursteinbogenbrücken. Die Wegstrecke ist mit Brüstungsmauern aus rohen Steinen befestigt. Sorgfältig restaurierte Durchlässe, sogenannte Tombini, sorgen dafür, dass das Wasser vom Trassee wegfließt und es nicht unterspült.

Jahre nach Inbetriebnahme der Kantonsstraße im Jahr 1960 war die alte Straße ins Avers wenig beachtet worden. Erosion, Überwachsungen, größere und kleinere Rüfen deckten sie an manchen Stellen zu, sie begann zu zerfallen. Materialschüttungen waren anlässlich des Baus der neuen Talstraße auf das alte Trassee gelangt.

Altes Steinmaterial, bereit für den Wiedereinbau. Die rekonstruierte Starlerabrücke.

Der Kanton hatte die Instandhaltung aufgegeben und die aufgelassenen Straßenabschnitte den Gemeinden überlassen. Oskar Hugentobler, bis 2004 Kreisforstingenieur in Andeer, zu dessen Arbeitsgebiet auch das Avers gehörte, hatte zwar bereits um 1970 mit ersten Sicherungsarbeiten an der Straße begonnen, aber eine integrale Wiederherstellung war damals nicht möglich. Im April 2000 gründeten Oskar Hugentobler, der damalige Averser Gemeindepräsident Bruno Loi und der frühere Bauunternehmer Valentin Luzi, beide aus Cröt, den Verein Alte Averserstraße (aASt). Sie nahmen sich vor, die inzwischen ins Inventar der historischen Verkehrswege der Schweiz (IVS) als Schutzobjekt von nationaler Bedeutung aufgenommene alte Averserstraße soweit wie möglich wiederherzustellen, zu sichern und zu erhalten.

Valle-di-Lei-Stutz mit alten Wehrsteinen. Dahinter die Straßenbrücke von 1960.

Sie erstellten ein Sanierungskonzept und sorgten für die nötigen Finanzen. Die Mitglieder des Vereins haben die Sanierungsarbeiten mit Frondiensten und in Zusammenarbeit mit Bauunternehmen ausgeführt und bis 2020 weitgehend abgeschlossen. Dank der finanziellen Unterstützung durch die Abteilung Langsamverkehr des Astra, die Denkmalpflege Graubünden und den Fonds Landschaft Schweiz, die Stiftung Landschaftsschutz Schweiz und weitere Geldgeber konnten die umfangreichen Sicherungs- und Instandstellungsmaßnahmen durchgeführt werden.

Schwierige Passagen sind nun saniert und wieder begehbar. Auf Abschnitten, wo die Kantonsstraße die alte Strecke überlagert, sind einzelne Wegabschnitte neu erstellt oder als Stahlroststege an den Straßenmauern angebracht worden. Es sind aber auch laufend Unterhaltsarbeiten nötig: Besonders gefährdete Stellen müssen gesichert, abgerutschte Stützmauern wieder aufgebaut, alte Steinsäulen wieder gerichtet oder erneuert und Verbindungsbalken eingesetzt werden. Die geologischen Verhältnisse im Tal sind herausfordernd, die Abhänge dauernd in Bewegung. Die alte Erschließungsstraße ins Avers ist nun in Kombination mit einigen neu erstellten Wegstücken ein durchgehender Wanderweg von der Roflaschlucht bis nach Juf.

Ortsporträt Juf

Weiter als bis Juf geht es nicht, zumindest für jene, die mit dem Auto unterwegs sind. Der Weiler liegt auf 2126 Metern und gilt damit als weit herum höchstgelegene Dauersiedlung – jedenfalls der Schweiz, europaweit gibt es noch andere Orte, die diese Eigenschaft für sich in Anspruch nehmen. Rund dreißig Menschen leben hier in einem guten Dutzend Häuser, von denen mehrere auch Ferienwohnungen enthalten. Mit dem Gasthaus Alpenrose ist ein Hotel vorhanden, das mit seinen historischen Zimmern wirbt. Etwas außerhalb des Dorfes ist erst jüngst ein zeitgemäßer neuer Stall entstanden, dessen Dimensionen das Dorfbild jedoch beeinträchtigen. Die Dächer der Jufer Häuser sind natürlich mit Schieferplatten belegt.

Juf selbst liegt im Talboden. Die vereinzelt am Hang liegenden Häuser sind auf der Hangseite mit Lawinenwehren versehen. Ins Dorf hinein fließt der sogenannte Müllibach, der darauf hindeutet, dass hier einmal eine Mühle stand. Nur wenige Meter oberhalb von Juf entspringt zudem eine Mineralquelle, die vermutlich eisenhaltig ist. Früher hatte hier das Schaf eine größere Bedeutung als heute, wurde doch etwa auch dessen Wolle gesponnen und bis nach Sils in die Wolldeckenfabrik geliefert. Aber auch der Mist fand Verwendung, nicht nur als Dünger, sondern als gepresste Briketts zum Heizen. Die daraus geschichteten Stapel sind heute noch da und dort zu sehen.

Juf scheint heute zuhinterst im Avers

Das bäuerlich geprägte Juf in den 1920er-Jahren. Seit 1893 steht im Dorfteil Unterjuf auf 2116 Metern die Pension Edelweiss.

zu liegen, aber ehedem war es der erste Ort, den man als Reisender betrat. Lange nämlich waren die Pässe Stallerberg nach Bivio und Forcellina Richtung Septimerpass und Bergell die wichtigsten Zugänge zum Tal, über welche die Avner Waren säumten. So war Juf vermutlich auch der erste Ort, an dem die einwandernden Walser – und vor ihnen die Romanen – siedelten. Viele romanische Flurnamen wurden von den Deutsch sprechenden Neusiedlern übernommen.

Route 13: Avers Cresta–Guggernüll–Innerferrera

Steil hoch und steil runter

Auf Bauern- und Bergbaupfaden führt uns diese Route vom Avers in die Val Ferrera, vorbei an Gädemli und ausgewaschenen Felsen. Dabei gehen wir über eine der höchstgelegenen Milchkuhalpen und finden betörende Ausblicke in die abzweigenden Seitentäler.

Wanderzeiten

Avers Cresta–Guggernüll	2 h 30
Guggernüll–Starlera	1 h 45
Starlera–Innerferrra	0 h 45
Totale Wanderzeit	**5 h**
Höhendifferenz	↗ 750 m, ↘ 1250 m
Distanz	13 km

Charakter
Aussichtsreiche, zu Beginn steile Tour mit längerem Schlussabschnitt auf Forststraßen. T2.

Beste Jahreszeit
Juni bis Oktober

Wir starten vom Averser Hauptort Cresta. Das sich entlang der Talstraße hinziehende Dorf besitzt gerade oberhalb der Straße einige schützenswerte Bauten. Kurz nach der Eröffnung der Kunststraße 1895 nach Andeer wurden hier die ersten Hotels des Tals gebaut, das Kurhaus und das Hotel Heinz. Während ersteres 1994 ein Raub der Flammen wurde und erst 2007 an gleicher Stelle das Hotel Capetta entstand, ist letzteres heute Standort des Dorfladens. Bekannt ist zudem die reformierte Kirche aus dem ausgehenden 13. Jahrhundert, die prominent etwas unterhalb des Dorfes liegt.

Beim Aufstieg zur Alp Platta entfaltet sich langsam das Panorama über dem Avers.

Wir aber gehen in die andere Richtung und machen uns talauswärts auf den Weg, zunächst noch der Hauptstraße entlang. Beim Gasolbach nehmen wir die alte, unter Schutz stehende Brücke und stechen auf ihrer anderen Seite in die Wiese. Gemächlich steigend, geht es nun die Flanke entlang immer höher, und mit jedem Schritt weitet sich der Blick über die Landschaft und die über das ganze Tal verstreuten Weiler und Berggädemli (Heuschober) der Gemeinde Avers.

Bald kreuzen wir die mit Betonfahrspuren ausgebaute Meliorationsstraße, eine von vielen, die in den letzten Jahren erstellt wurden, um den Averser Bauern den Zugang zu ihren hochgelegenen Wiesen zu erleichtern. Schön sind sie nicht. Glücklicherweise aber dürfen wir dem Wanderweg weiter folgen, überqueren den nächsten Bach und bald auch die Grüen Schluocht, wo es linker Hand recht steil ins Tal hinuntergeht und rechter Hand schroffe Felsen drohen.

Blick ins Avers (links) und Val Madris.

Wir steigen weiter aufwärts und passieren unter uns den auf circa 2000 Metern liegenden Weiler Platta mit seinen liebevoll benannten Höfen wie Bim nüwa Hus oder Bi ds Schmidisch Gädemli. Die ehemalige Siedlung Platta, die seit dem Hochmittelalter dauerhaft bewohnt war, besteht heute aus Maiensäßen respektive Ferienhäusern. Verteilt sind die einzelnen Höfe auf mehrere Terrassen, woher auch der Name Platta kommen dürfte. Dieser stammt noch von den ersten Siedlern, die romanischer Sprache waren, und wurde von den auf sie folgenden Walsern übernommen.

Im Gufer erreichen wir die Alpstraße und bald danach schon die stattliche Alp Platta. Die Alp mit einer Gesamtfläche von 240 Hektaren liegt auf einer Höhe zwischen 2000 und 2600 Metern und dürfte zu den höchstgelegenen Alpen gehören, auf denen noch Milchkühe gesömmert werden. Gesömmert werden jeweils rund vierzig Milchkühe und an die hundert Stück Jung-

Auf dem Guggernüll begegnen wir eigentümlichen Sedimentformationen.

vieh, die Produkte werden vor Ort oder im »Mutterbetrieb« Neugut in Landquart, einem der größten Landwirtschaftsbetriebe im Kanton, angeboten.

Zwischen den Alpgebäuden führt uns der Weg nun direkt in den Hang hinein; nach dem Zaun laufen wir zunächst entlang des Guferbachs. Auf fast 2100 Metern überqueren wir den Bach und haben eine breite, steile Weide vor uns, wo wir nach den Markierungen Ausschau halten müssen; nicht immer sind sie einfach zu finden. Keinesfalls wollen wir die nochmalige Kehre verpassen, die uns unter dem Felsband zum Rossboda auf 2410 Metern bringt. Hier ist der Ausblick ins Avers und in die Val Madris ein Genuss, ja wir meinen gar die Oberfläche des Stausees Valle di Lei zu erkennen. Ein Steinmännli und ein baufälliges Berggädemli blicken mit uns in die Ferne.

Weiter geht es nun von der Flur Plattner Bärga nach den Plattner Alpa hin, wo wir bei Punkt 2532 wieder neue Ausblicke vorfinden. Wer sich ein wenig vorwagt, kann auch den Weiler Campsut ganz unten im Talboden erkennen.

Die Alp Starlera und der Wasserfall des Pischarotta.

Nun beginnt der gemütlichste Teil der Wanderung, liegt der steile Aufstieg doch hinter uns. Auf gleicher Höhe geht es in Richtung Guggernüll, und wir denken daran, dass die Avner einst viel stärker mit dem Oberhalbstein verbunden waren und die Bauern von Platta ihre Waren und Zinsen über diesen Weg ins Surses gebracht haben müssen.

Etwas über einen Kilometer wandern wir nun gemächlich zum Guggernüll (2535 m), dem höchsten Punkt unserer Wanderung. Hier entdecken wir bizarre Sedimentformationen aus dem lokalen Schiefer. Vom Guggernüll, dessen Name so viel bedeutet wie Dachstübchen respektive Bergkopf, schauen wir nicht nur hinab in die Val Ferrera und zurück in die Val Madris, sondern auch in die Val Starlera und zu den kantigen Köpfen von Piz Cagniel und Piz Forbesch. Hinter dem Schwarzseehorn und dem Schiahorn erahnen wir den Lago di Lei.

Knapp 500 Höhenmeter geht es nun hinunter zur Alp Starlera, durch Alpweiden und erste einzelne Baumgruppen. Die Alp, deren Name sich auf einjähriges Rind zurückführen lässt, gehört seit 1928 der Gemeinde Rhäzüns

Die Staumauer in der Valle di Lei, von Starlera aus gesehen.

und beherbergt Mutterkühe und Schafe. Wir überqueren den Starlerabach und erreichen bald das Alpgebäude.

Rechts ins Tal hinein würde nun ein Weg über die Fuorcla Starlera in Richtung Oberhalbstein oder über die Tälifurgga zurück nach Cresta führen. Wir aber wählen die talauswärtige Richtung und freuen uns nach dem doch recht stotzigen Abstieg über das nur leichte Gefälle, das uns unter den Felsen von Mandra und Mut, über den Bach Pischarotta und an seinem eindrücklichen Wasserfall vorbeiführt. Der Alpweg ist teilweise schmal und bucklig, und wir spüren ein wenig Mitleid mit den trächtigen Kühen und dem Jungvieh, das für den Alpgang hier passieren muss.

Bei Tascheal (1763 m) gelangen wir auf die Naturstraße, die uns nun wieder höherbringt, bis wir bei einem Geländekopf einen guten Blick hinüber respektive zurück auf den Guggernüll haben. Ein letztes Mal zurückgeschaut, und schon stehen wir in der Maiensäßsiedlung Starlera. Hübsch gepützelt sind hier Gartenwege und Rasen, man sieht, die gute Erreichbarkeit der Maiensäße über die breite Forststraße bringt ihre Bewohner regelmäßig in die Häuser.

Ganz in der Nähe, oben im Paré Granda, liegen die Reste eines Eisen-Mangan-Vorkommens. Noch zum Beginn des 20. Jahrhunderts wurde von hier aus das Erz mit einer 1800 Meter langen Seilbahn nach Innerferrera geführt. Insgesamt bauten die Bergarbeiter 145 Tonnen Manganerz ab. Es darf angenommen werden, dass Starlera auch Bergknappen beheimatete, die in den Stollen ihrer schweren Arbeit nachgingen.

In Starlera füllen wir die Wasserflasche und nehmen die letzten Kilometer in Richtung Ziel unter die Füße. Während der Weg selbst wenig Abwechslung bietet, so öffnet sich doch endlich der Blick hinüber in die Valle di Lei und zur gigantischen Staumauer, eine waagerechte Linie inmitten der steilen Berg- und Waldkanten.

Ein Stückchen nach der Flur Bleis beginnt die Straße in Kehren sich zum Talgrund hin zu bewegen. Im Wald geht es hinunter, bis wir Innerferrera erreichen.

Unser Ziel: Das Dörflein Innerferrera.

Ein stetes Ein und Aus

Migration ist eine Konstante in der Geschichte des Hochtals Avers. Steinzeitliche Funde belegen, dass es schon früh zumindest als Durchgangstal benutzt worden war. Die ersten Siedler jedoch waren Romanen, die wohl schon im 10. Jahrhundert dauerhaft im unteren Talabschnitt (Campsut, Campsur, Cröt und Platta) ansässig waren, während das obere Tal eher als Alpgebiet diente, obschon auch hier zwei frühmittelalterliche Gräber gefunden wurden. Zu Beginn des Hochmittelalters begann die Einwanderung von Walsern, wahrscheinlich stammten diese ursprünglich aus dem italienischen Pomatt (Val Formazza). Sie brachten es schon bald zu stattlichem Besitz, wie eine Urkunde von 1292 ausweist. Demnach wurden ihnen nämlich über 600 Stück Vieh gestohlen, was doch auf eine bereits längere Anwesenheit hinweist.

Johann Rudolf Stoffel geht davon aus, dass die Besiedelung nicht vom Schams her, sondern über die Pässe Stallerberg und Septimer/Forcellina erfolgte, da der talauswärtige Weg lange Zeit sehr beschwerlich war. Wie dem auch sei: Die Walser übernehmen zwar die romanischen Ortsnamen, prägen jedoch seither Sprache und Kultur.

Anders als an vielen anderen Bündner Orten begaben sich die Avner nur selten als Reisläufer in die Dienste fremder Mächte. Umgekehrt gelangten immer wieder Schafhirten und Mäder ins Tal, die saisonal hier arbeiteten und lebten. Bis ins Hochmittelalter nahm die Bevölkerung vermutlich stetig zu. Die ersten genauen Zahlen sind ab 1655 zu finden, damals zählte das Tal fast 500 Einwohner. Von da an ging es stetig abwärts, 1803 waren es noch 370, ein Jahrhundert später trotz der nun vorhandenen neuen Straße ins Schams rund 200.

Waren im 19. Jahrhundert gerade Auswanderungen nach Europa und Übersee auch in diesem Tal zu beobachten – erwähnt sei etwa ein Lorenz Stoffel, der sich in Turku, Finnland als Zuckerbäcker betätigte –, so war es im 20. Jahrhundert wieder umgekehrt, wenn auch nur temporär. Mit dem Bau der Kraftwerkanlagen 1957–1963 gelangten bis zu 1600 vor allem italienische Bauarbeiter ins Avers/Val Ferrera, einige von ihnen blieben und gründeten eine Familie.

Im Sommer halfen italienische Saisonarbeiterinnen und -arbeiter beim Heuen in Avers. Foto von 1893.

Bekannt ist etwa die Familie Loi, deren Vorfahren väterlicherseits aus Sardinien stammen, während mütterlicherseits ein zunächst nach Kalifornien ausgewanderter Rückkehrer 1928 den Grundstein für die heutigen Betriebe der Familie legte. Heute gehört Bruno Loi als Großrat, Ferienwohnungsvermieter, Landwirt und Inhaber eines Transportunternehmens zu den einflussreichsten Bewohnern des Tales.

Die aus der Stromproduktion resultierenden Einnahmen der Gemeinde scheinen der Abwanderung Einhalt geboten zu haben. Jüngst hat sich die Einwohnerzahl bei rund 180 Menschen stabilisiert.

Dass Migration bis zur heutigen Zeit ein Thema ist, behandelt die 2021 erschienene Studie *Migration in den Alpen* von Flurina Graf, die unter anderem auch die Migration im Avers berücksichtigt (siehe auch hexperimente Seite 206). So stammt der Großteil der heutigen ausländischen Wohnbevölkerung aus Portugal und kam vor allem wegen familiärer Verbindungen und der Aussicht auf Arbeit ins Tal. Die lokalen Bau- und Steinbruchfirmen sind die Hauptarbeitgeber für ausländische Arbeitskräfte.

Route 14: Juf–Forcellina–Septimerpass–Bivio oder Casaccia

Forcellina und Septimer – alte Wege aus dem Avers

Wir wandern auf alten Wegen über Weiden der Jufer Alpa zum Übergang, der uns am Pass da Sett auf die einst wichtige Nord-Süd-Verbindung, die Obere Straße, führt. Nach Bivio gehts gemütlich durch das Hochtal Tgavretga. Der steile Abstieg in die Val Maroz ist zu einem großen Teil mit groben Steinen gepflästert und ein Musterbeispiel für befestigte historische Saumwege.

Wanderzeiten

Juf–Forcellina	2 h
Forcellina–Pass da Sett/Septimerpass	0 h 45
Pass da Sett–Bivio	1 h 45
Pass da Sett–Casaccia	2 h
Totale Wanderzeit	**4 h 30 bis Bivio**
	5 h bis Casaccia
Höhendifferenz	↗ 650 m, ↘ 1000 m bis Bivio
	(1300 m bis Casaccia)
Distanz	nach Bivio 14 km, nach Casaccia ca. 13,8 km

Charakter
Im ersten und letzten Abschnitt einfache Wanderung auf Alpweiden und Wiesen. Auf Höhen über 2300 Meter schmaler und abschnittweise steiler Bergweg, gut markiert und ohne besondere Schwierigkeiten. T2+.

Beste Jahreszeit
Ende Juni bis Mitte Oktober

Der wiederhergestellte Septimer-Passweg auf der Südseite in Richtung Maroz.

Herbstweide bei Juf.

Dem Lai da Sett entgegen. Im Hintergrund das Passgebiet Lunghin.

Vor dem Bau der Averserstraße Ende des 19. Jahrhunderts, als der lange Weg durchs enge Tal in den Norden mühsam war, nutzten die Leute des Averser Obertals oft die Route über die Forcellina, das Furggelti, zum Septimerpass, dem Pass da Sett, von wo sie über die sogenannte Obere Straße ins Bergell oder nach Bivio weiterziehen konnten. Genau diese Wanderung werden wir hier erkunden.

Von der Postautohaltestelle in Juf können wir uns eine Viertelstunde entlang des jungen Juferrheins am Alpagada vorbei unter den Plangga bis zu Punkt 2183 angenehm warmlaufen.

Aufstieg zur Forcellina mit Aussicht bis zum Tödi im Nordwesten.

Dann beginnt der Weg während ersten 500 Metern langsam zu steigen und geht dann im Zickzack hoch zu Punkt 2566, wo sich der Pfad verzweigt. Nach Norden ginge es zur Fuorcla la Valletta und am Ende durch die Valletta da Beiva nach Bivio. Wir aber nehmen den Weg nach Süden, zuerst ansteigend über ein Felsband, dann auf grasdurchsetztem Schutt auf etwa gleicher Höhe 700 Meter weiter zum Schlussaufstieg an einem kleinen Bergsee über Geröll vorbei zur Forcellina-Passhöhe (2671 m).

Bei heiterem Wetter eröffnet sich hier der Blick auf die höchsten Engadiner Berge. So war es auch, als der Wanderbuch-

Forcellina, früher ein Übergang bei jedem Wetter

Johann Rudolf Stoffel berichtet in seinem Buch *Das Hochtal Avers* über viele Opfer, die das Furggelti im Winter gefordert hatte – der Übergang wurde ganzjährig offen gehalten –, aber auch über gefährliche Witterungsumschläge im Herbst. Davon war unter anderen Caspar Jäger, Bauer aus Juf, mit zweien seiner Kinder betroffen. Jäger war einer der letzten, der jedes Jahr anfangs Herbst mit eigenen und zugekauften Kühen nach Mailand ging, um sie dort »wenn möglich mit Profit« zu verkaufen.

Gemäss Stoffel machte sich »Patschi«, wie Caspar Jäger im Tal genannt wurde, im September 1883 mit der Herde und begleitet von seinem Sohn Christian und seiner kleinen Tochter Aggeli auf den Weg. Die drei gelangten am ersten Tag über die Forcellina und den Septimerweg bis nach Casaccia. »Am zweiten Tag zogen sie zu Fuss bis Chiavenna, am dritten mit dem Schiff über den Comersee und am vierten per Bahn nach Mailand. Gut vierzehn Tage dauerte es, bis alle Kühe verkauft waren.«

Für den Rückweg wollten sie von Chiavenna wieder zu Fuss auf dem gleichen Weg nach Juf. Sie übernachteten in Casaccia und gelangten am Morgen bei düsterem Wetter bis zur Abzweigung des Forcellinaweges. »Dann brach der Sturm und der Schneefall los, mit einer Heftigkeit, wie es eben nur in dieser Höhe stürmen kann.« Die Jägers wagten es trotzdem, den Weitermarsch übers Furggelti aufzunehmen, und gerieten im Schneesturm in arge Not. Nicht zuletzt dank dem Knecht Rudolf Buchli, der ihnen in der Dunkelheit von Juf aus entgegenkam, erreichten sie zu später Stunde unversehrt das Zuhause.

Herbsttag auf Forcellina mit Blick auf die Bernina.

Spuren am Septimerpass nach Norden.

schreiber an einem herrlichen Oktobertag den Pass überquerte. Der auf beiden Seiten des Übergangs liegende Schnee zeigte, dass es auch andere Witterungsverhältnisse geben kann. Das war nicht selten der Fall, als der Übergang zum Septimerpass für Avers noch eine wichtige Route für den Viehhandel nach Italien und zur Versorgung mit Gütern aus dem Süden war und ganzjährig begangen wurde. Es gab immer wieder Unglücksfälle wegen Schneestürmen, Lawinenniedergängen oder infolge Orientierungsverlust bei Nebel. Auch wenn der Weg gut markiert ist, empfiehlt es sich, für diese Route nebelfreie Tage zu wählen. Der Abstieg vom Pass führt nicht sehr steil südlich des Leg Curegia zwischen Felsrippen zu Punkt 2565.

Kurz vor dem Leg da Sett (2390 m) verzweigt sich der Pfad. Linker Hand führt er über die leicht abfallenden Weiden der Alp da Sett auf den breiten Passweg in Richtung Alp Tgavretga und nach der Talstufe von La Motta lange fast horizontal weiter nach Norden durch die Val Tgavretga an den früher ganzjährig, heute noch saisonal bewohnten Höfen Motta, Fumia, Capitani, Prevostign, Nagrign und Motalla vorbei nach Bivio. Die Ortsbezeichnung Bivio ist italienisch und heißt auf Deutsch Scheideweg. Dort trennen sich die Julier- und Septimerpassrouten.

Der Hof Nagrin in der Val Tgavretga ob Bivio.

Bivio wurde vom Bergell her besiedelt. Noch anfangs des 20. Jahrhunderts gab es eine Zuwanderung von dort und das Italienische war lange die Mehrheitssprache in Bivio. Seit 2016 ist Bivio Teil der Gemeinde Surses.

Der andere Pfad vom Leg da Sett bringt uns zur Septimerpasshöhe (2310 m). In die Val Bregaglia hinunterzugehen, ist besonders dann empfehlenswert, wenn dort das Wetter schöner ist als auf der Alpennordseite, vor allem aber lohnt es sich wegen des einst kunstvoll errichteten und 2012 aufwendig restaurierten Wegs, der im Inventar der historischen Verkehrswege IVS als GR 29 mit nationaler Bedeutung verzeichnet ist. Wir sind jetzt auf der berühmten historischen Nord-Süd-Verbindung, dem Sentiero storico dal Settimo.

Der Septimerpass war nebst dem Julier einer der beiden wichtigen Alpenübergänge in der römischen Provinz Rätia. Es scheint allerdings, dass die Römer einen bereits bestehenden Weg aus keltischer Zeit nutzten und allenfalls verbesserten. Nachdem die Römer um das Jahr 400 u.Z. die Herrschaft in Rätien aufgegeben hatten, wurde der Septimer in gewisser

Weise wieder zu einem einfachen Pfad für den regionalen Verkehr deklassiert. Eine vorübergehende Aufwertung erfuhr die Obere Straße, wie die Transitroute über Septimer und Julier genannt wurde, von der ersten Jahrtausendwende bis zum Ausbau der Viamala-Straße um 1473.

Knapp einen Kilometer südlich der Passhöhe beginnt das Filetstück, ein grob gepflästerter Saumweg, der in engen Kehren durch den steilen Cranch da Sett in die Val Maroz führt, wo die junge Maira fließt, bevor sie bei der Wasserfassung unterhalb der Alp Maroz Dora ins Stollennetz der Bergeller Kraftwerke geleitet wird und nur noch etwas Restwasser ins Haupttal fließt, um sich südlich von Casaccia (1458 m) mit dem übrig gebliebenen Wasser aus der Val Forno, dem Fluss Ologna, zu vereinigen.

Wie einst – bei einem Anlass zur Restaurierung der historischen Septimerstraße: Ankunft des Säumers und der Säumerin mit ihren Lasttieren in Bivio.

Franz Hohler und das Avers

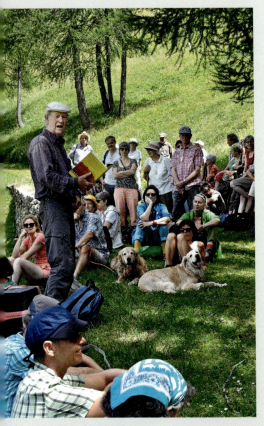

Franz Hohler 2013 bei einer »Spazierlesung« im Avers.

Ein Rückzugs-, ja ein Kraftort sei es ihm geworden, sagt Franz Hohler über das Avers. Seit den 1980er-Jahren verbringt er dort regelmäßig einige Sommerwochen, in einem Haus, das mittlerweile Familienbesitz geworden ist. Gern geht er auch im Spätherbst hin, wenn so gar nichts los ist im Tal, und arbeitet in der Avner Abgeschiedenheit. »Hier habe ich schon Etliches geschrieben«, sagt der 1943 geborene Schriftsteller, bevor er die Aussicht aus seinem Zürcher Arbeitszimmer beschreibt, quasi das Kontrastprogramm: Da streben die Hochhäuser und Bürotürme in die Höhe, dort die Weissberge mit ihren senkrechten Felsen, »eine ganz andere Schweiz eben, als die, die ich in der Stadt sehe«.

In all den Jahren ist Hohler auch heimisch geworden im Avers. Er erzählt von seinem Nachbarn, der die steilsten Stellen der Wiesen noch immer mit der Sense mäht und überhaupt eine Landwirtschaft betreibt, die zum Teil noch Handarbeit ist. Die Notwendigkeit für die neuen Meliorationsstraßen sei für ihn als »romantischen Unterländer« nicht unbedingt einleuchtend gewesen, »aber ich muss ja auch nicht hier leben und arbeiten«.

Im Vergleich zu anderen Regionen habe das Avers vieles richtig gemacht in den letzten Jahrzehnten. Als in den 1960er-Jahren ein großes Resort-Projekt auf dem Tisch lag, das einen Komplex mit 10 000 Betten und 20 Skiliften plante, habe man sich glücklicherweise dagegen entschieden.

Die nun vorhandene touristische Infrastruktur – eine Handvoll Hotels, zwei Skilifte, Langlaufloipen, im Sommer ein Murmeltierlehrpfad – sei sicherlich nicht zu vergleichen mit anderen Orten in Graubünden. »Und gerade das zieht eine spezielle Klientel an, der das vollauf genügt«, sagt Hohler.

Er ist angetan vom sanften Tourismus, von der Landwirtschaft, die echt ist und nicht bloße Kulisse für Ferienfotos. Seit jeher ist Hohler ein ausgesprochener Fußgänger, und im Avers gibt es wohl kaum einen Pfad oder Gipfel, den er nicht begangen hat. Er zählt sie alle auf: Tscheischhorn, Gletscherhorn, Grauhörner, Piz Surparé, Piz Platta, beschrieben hat er die Landschaft auch, etwa in den Büchern *Spaziergänge* oder *52 Wanderungen*. »Hier oben kann man stundenlang wandern, ohne auf jemanden zu treffen«, sagt er, und das wünscht er sich auch für die Zukunft des Avers: Dass es so bleibt, wie es ist. Oder mit den Niklaus von Flüe zugeschriebenen Worten: »Machet den Zun nit zuo wyt!«

Franz Hohler engagierte sich in den 1980er-Jahren gegen das geplante Pumpspeicherwerk der Kraftwerke Hinterrhein im Val Madris, gegen das es – wie gegen ein ähnliches Projekt der Misoxer Kraftwerke in der Val Curciusa (siehe Seite 300) – von einheimischer und Unterländer Seite großen Widerstand gab. An einem der Widerstandsfeste im Madrischertal trug Hohler seine »Geisterbeschwörig« vor (»vorzutragen zum Schwingen eines Schwirrholzes«):

Ihr guete Geister uf allnen Alpe!
Lönd ech vo den Ingenieure nid lo vertschalpe!
Ihr guete Geister vom Val Madris!
Gänd eue Bode nid eifach priis!
Und wenn d Herre chömed ins Val Curciusa
jaget sen eifach zum Talboden usa!

Literatur
Hohler 2013, Hohler 2016.

Vom Avers nach Italien und ins Rheinwald

V. Im Grenz- und Passland

Drei Abstecher nach Italien und zurück. Auf dem Weg durch die Valle di Lei und die Gegend um Montespluga werden wir mit ganz unterschiedlichen Eingriffen in die wilde Landschaft konfrontiert: mit Staudamm- und Stollenbauten, einer historischen Galerie und der Infrastruktur für den Wintertourismus.

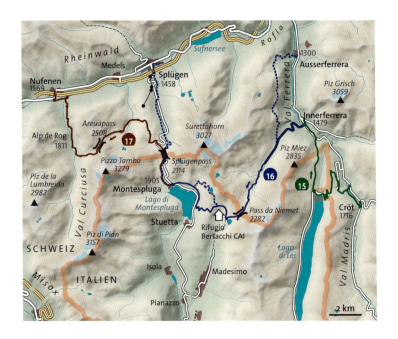

Route 15 Cröt–Furgga–Lago di Lei–Alpe Motta–Val digl Uors–Innerferrera 5 h 30

Variante

Von Campsut ein kurzes Stück auf der alten Averserstraße, dann im Zickzack hinauf in Richtung Macsuter Alpa und weiter auf den Pfadspuren zur Furgga (wie Route von Cröt).

Route 16 Innerferrera–Pass da Niemet–Montespluga 5 h 45

Varianten

1. Von Ausserferrera zur Alp Nursera und über Plan digl Bov zur Alp Niemet, zusätzlich 2 h 30.
2. Nach der Bertacchi-Hütte im Hang unter dem Piz Spadolazzo via Lai Ner und Alpi di Suretta nach Montespluga, zusätzlich 1 h.
3. Von Montespluga auf der ViaSpluga nach Splügen. ↗300 m, ↘700 m, 2 h 45.

Route 17 Montespluga–Splügenpass–Areuapass–Nufenen 6 h 45

Varianten

Ausgangspunkt bei der Bushaltestelle Berghaus Splügenpass (1 h weniger); Rückweg statt nach Nufenen dem Talweg entlang nach Splügen (plus 1 h).

Besonderes
Staumauer Valle di Lei (geführte Begehung möglich, viamala.ch)
Galerie am Splügenpass
Tambo-Alp (Alpkäse), Alp de Rog (Produkte vor Ort erhältlich)

Einkehren/Übernachten
Innerferrera: Gasthaus Alpenrose, alpenrose-ferrera.ch
Cröt: Walser Stuba, walserstuba-avers.ch
Stausee Valle di Lei: Baita del Capriolo, Tel. 081 667 11 36
Rifugio Bertacchi CAI, Tel. 0039 334 776 96 83, rifugiobertacchi@caivallespluga.it
Montespluga: Albergo Posta, albergopostaspluga.it; Hotel Vittoria, Tel. 0039 0343 54250
Splügenpass: Berghaus Splügenpass, von Anfang Juni bis Mitte Oktober Freitagnachmittag bis Sonntagabend geöffnet, Tel. 081 664 12 19, berghaus-spluegenpass.ch
Splügen: Berghaus Splügenpass, berghaus-spluegenpass.ch
Nufenen: Gasthaus Restaurant Rheinwald, Tel. 081 664 13 90; B & B Isla, ferienhaus-isla.ch; B & B Schloss, ferienimschloss.ch

Einkaufen
Montespluga: Enoteca da Fausto im Albergo Posta, Prodotti Tipici, italienische Delikatessen
Nufenen: Hofladen im Schloss, Volg

Karten
1254 Hinterrhein, 1255 Splügenpass

Literatur
Die Kraftwerkanlagen Hinterrhein-Valle di Lei 1963, Gredig 2006, Lorez 1943, Mani 1958, Riedi 2009, Stoffel 2019, Werthemann 1973.

↑ Beim Abstieg vom Passo da Niemet.

Route 15: Cröt–Furgga–Lago di Lei–Alpe Motta–Val digl Uors–Innerferrera

Natur und Technik im Grenzgebiet

Wanderung vom unteren Avers zum Stausee Valle di Lei, dem Ersatz für das nicht realisierte Rheinwalder Projekt, der die Gemeinde Ferrera reich gemacht hat. Wir wandern kurz in Italien, wo wir uns bestens verpflegen können, um dann über den früheren Schmugglerpfad Val digl Uors – Tal des Bären – wieder über die Grenze zur Averserstraße abzusteigen.

Wanderzeiten

Cröt–Furgga	2 h
Furgga–Lago di Lei (Staumauer)	0 h 40
Lago di Lei–Val digl Uors Postautohalt	2 h
Val digl Uors–Innerferrera	0 h 50
Totale Wanderzeit	**5 h 30**
Höhendifferenz	↗ 650 m, ↘ 850 m
Distanz	14 km

Charakter
Bergwanderung auf Waldwegen und schmalen Pfaden im Alpgebiet mit Aussicht Richtung Valle di Lei und Avers. T 2.

Von Cröt aus gibt es zwei Möglichkeiten, um zum Weg durch den Furggawold zu gelangen. Entweder verlassen wir Cröt talabwärts und überqueren den Averser Rhein beim Finstarastäg, gehen auf der anderen Seite wieder etwas talaufwärts, bis ein Weg nach rechts in den Furggawold abzweigt. Zu dieser Stelle gelangen wir auch, wenn wir von Cröt aus zum Anfang der Val Madris gehen, nach dem Überqueren des Madrischer Rheins nach rechts auf einem Feldweg ein Stück talabwärts halten. Ein Waldweg führt uns dann langsam ansteigend zur Schneise, durch die der Weg von Campsut hinaufkommt. Auf dem vereinten Pfad geht es im Zickzack und steil hinauf zum Punkt 1958.

Grenze Schweiz–Italien in der Val digl Uors.

An dieser Stelle kann zur Stausee-Zugangsstraße beim Tunneleingang gequert werden.

Wir zielen jedoch weiter aufwärts auf den Pfadspuren durch den Kraut- und Strauchhang zur Furgga, italienisch Passo del Scengio (2167 m), der bis zum Gebietsabtausch im Zusammenhang mit dem Kraftwerkbau zum italienischen Staatsgebiet gehörte. Südöstlich der Passhöhe sind noch immer große Narben im Fels zu sehen, es sind die Abbaustellen von Gestein, das als Rohmaterial für den Bau der Staumauer verwendet wurde.

Die damals erbaute Straße führt von dort über die Furgga in Kehren zur Staumauer hinunter und zum Ausgang des Straßentunnels mit der Zollstelle. Wir traversieren die Krone der 690 Meter langen und 138 Meter hohen Bogenmauer. Im Blickfeld haben wir auf der einen Seite den je nach Verhältnissen unterschiedlich hohen Seewasserspiegel, dahinter den Pizzo Stella mit dem Gletscher, der den See speist.

Die Wandernden fragen sich vielleicht, ob die Valle di Lei, auf deutsch das Seetal, so heißt, weil das Tal unter Wasser gesetzt wurde. Dem ist nicht so. Der Name soll, so der Averser Chronist Johann Rudolf Stoffel, von den Bergseen auf den

Aufstieg zur Furgga/Passo del Scengio.

Die Bogenstaumauer des Lago di Lei, 138 Meter hoch, Kronenlänge: 690 Meter.

Pässen Angeloga und Passo di Lei hergeleitet sein, die früher von der Valle San Giacomo und auch von Avero, dem möglichen Namensgeber für Avers, als Zugang zu den Alpen dienten. Bevor diese im Wasser versenkt wurden, lagen die vielen Hütten »im grünen Talgrund wie hingelegte Spielkarten«, heißt es bei Stoffel. Auf der Nordseite des Mauerbogens blicken wir zum ausgetrockneten Bett des Reno di Lei.

Nach dem Überschreiten der Mauer sind wir in Italien, auf dem Gemeindegebiet von Piuro, und bald auf der Alpe del Crot mit der Baita del Capriolo, der Hütte, wo viele wegen des guten und günstigen italienischen Essens einkehren. Es empfiehlt sich, in der Baita zum Abendessen zu bleiben und dort zu übernachten. Ein Fahrweg führt von der Alpe del Crot dem Hang entlang zur Alpe Motta und weiter auf schmalem Pfad, einer früheren Schmugglerroute, durch eine Landschaft mit hübschen Kleinstrukturen, zur Grenzmarkierung Italien–Schweiz. Von hier gehts durch die botanisch äußerst vielfältige, steile Val digl Uors im Zickzack zur Averser Straße. Hier können wir auf das Postauto warten, das uns zurück nach Cröt bringt, oder in einer knappen Stunde auf der alten Averserstraße talauswärts nach Innerferrera wandern.

Italienische Alpen und die Baita del Capriolo

Wo seit 1962 das Wasser des Stausees den größten Teil der Valle di Lei überflutet, lagen vor dem Bau dieses Kernstücks der Kraftwerke Hinterrhein um die zehn Alpen, die von Italien her über den Passo di Lei (2661 m) von Piuro (446 m) im untersten Bergell via Savogno oder über den Passo di Angeloga (2386 m) aus der Valle Spluga/Val San Giacomo bestoßen wurden. Das im Einzugsgebiet des Hinterrheins liegende Gebiet war im 15. Jahrhundert von den Grafen von Werdenberg-Sargans an die Bergeller Gemeinde Plurs, die zur Herrschaft Veltlin gehörte, verkauft und 1797 mit dem Verlust des Veltlins politisch von der Schweiz losgelöst worden.

Die Valle di Lei, die als Seitental des Ferreratals und damit politisch dem Schams zugehörig galt, wurde 1863 durch eine Vereinbarung zwischen der Schweiz und Italien offiziell dem italienischen Staatsgebiet zugeschlagen. Die Älplerfamilien aus der Valle San Giacomo und die von weiter südlich herkommenden Bergamasker Schafhirten konnten nun ihre Alpen im eigenen Land bestoßen.

Die nördlich des Sees übrig gebliebenen Alpen del Crot, Motta und Gualdo und die am Südende des Sees gelegenen Alpe Mottala und Pian del Nido sowie verschiedene Weiden über dem Westufer des Staubeckens – alle gehören territorial zur italienischen Gemeinde Piuro – werden weiterhin von Hirtinnen und Sennen aus der Provinz Sondrio bewirtschaftet.

Die Älpler ziehen allerdings nicht mehr mit dem Vieh über die früher benutzten Pässe, sondern fahren für die Sömmerung über den Splügenpass, dann durch das Ferreratal zum Stausee und von dort zu den Alphütten. Den schmackhaften Grauschimmelkäse, den sie hier herstellen, pflegen sie fürs erste in den Kellern auf der Alp und verkaufen ihn dann in der Region um Chiavenna.

Auch die in Piuro beheimatete Wirtefamilie del Curto, die das Rifugio Baita del Capriolo bewirtschaftet, lebt und arbeitet saisonal auf der Alpe del Crot. Ihre Küche mit Veltliner Spezialitäten ist weiterum bekannt und lockt im Sommer und Herbst eine große Zahl von Gästen an, die mehrheitlich mit dem Auto bis zum Stausee, manchmal auch mit oder ohne Bewilligung über die Mauerkrone zur Baita fahren oder dorthin spazieren.

Der Talgrund der Valle di Lei, wo einst Alpweiden waren, anlässlich des entleerten Stauseebeckens im November 2012.

Zwei Arten von Mauern. Die Weidegrenze der Alpe Motta und die Staumauer.

Kraftwerke Hinterrhein: viele Bauten – ein System

In der ganzen Hinterrhein-Region, in den Haupt- und Nebentälern, begegnen wir immer wieder Kraftwerksbauten: Stauseen, Ausgleichsbecken, Wasserfassungen, Kraftwerkszentralen. Sie liegen oft sehr weit auseinander, und man mag sich etwa im Val Madris fragen, warum da ein Ausgleichsbecken steht und warum der Madrischer Rhein sein Wasser nicht in seinem eigenen Bett zu Tale tragen darf, sondern irgendwohin abgeleitet wird, obschon doch weit und breit kein Kraftwerk zu sehen ist. Oder weshalb der Ual da Niemet abgezapft wird, obwohl sein Wasser doch sowieso schnurstracks ins Ausgleichsbecken Ferrera fließt.

Nun, ins Ausgleichsbecken Madris fließen noch andere Averser Bäche, und von dort geht es unsichtbar in einem Überleitungsstollen unter der Cima di Pian-Vacca hindurch in den großen Stausee in der Valle di Lei. Der Niemet-Bach wiederum wird von einem Druckstollen aufgenommen, der vom Lago di Lei hinabführt in die Zentrale Ferrera, und hilft dort, die Turbinen anzutreiben.

Alles, was man auf den Wanderungen oberhalb von Sils i.D. an Kraftwerkbauten sieht, ist Teil eines zusammenhängenden Wassersystems, nämlich der dreistufigen Kraftwerkgruppe der Kraftwerke Hinterrhein (KHR), der größten in Graubünden und einer der größten in der Schweiz. Das Gebiet, in dem sie ihr Wasser zusammensammelt, entspricht ungefähr der Fläche des Kantons Glarus. Es wird in den drei Zentralen in Ferrera, Bärenburg und Sils turbiniert. Die Stauseen (Lago di Lei und Sufers), Ausgleichsbecken und Zentralen sind durch ein weitverzweigtes Stollensystem verbunden, das zusammengezählt fast 60 Kilometer umfasst. Diese Stollen haben einen Durchmesser von 4,3 bis 5,6 Meter, es sind also eigentliche Tunnel.

Dabei funktioniert der Druckstollen Ferrera–Sufersser See je nach Bedarf in beiden Richtungen. Über die Pumpen in der Kavernenzentrale Ferrera kann Wasser aus dem Sufersser See, das in der Regel in der tiefer gelegenen Zentrale Bärenburg turbiniert wird, auch in den 500 Meter

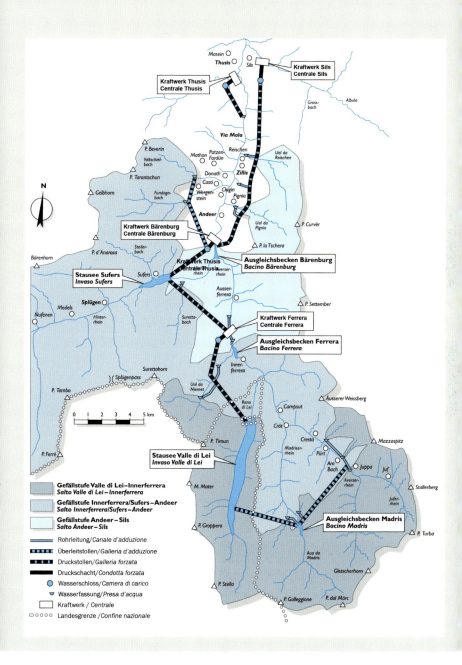

Kraftwerke Hinterrhein: viele Bauten – ein System

Endstation der 15 Kilometer langen Seilbahn, die von der Val San Giacomo über einen Pass zur Baustelle führte.

höher gelegenen Lago di Lei (1930 m) hochgepumpt werden, es wird dann nacheinander in allen drei Zentralen genutzt.

Nicht direkt ans System angeschlossen ist einzig das kleine Kraftwerk in Thusis am nördlichen Ausgang der Viamala, in dem das Dotierwasser (Restwasser) aus der Schlucht genutzt wird.

1946 kam das definitive Aus für das Projekt eines Dreistufen-Kraftwerks am Hinterrhein, dessen Kernstück der große Rheinwaldstausee gewesen wäre. Die Rheinwalder hatten nach vier Jahren Widerstand über die Kraftwerker gesiegt, obschon diese keinen Aufwand scheuten, die Bevölkerung doch noch umzustimmen (siehe Seite 180). Nun galt es für das Konsortium Kraftwerke Hinterrhein (KKH), ein neues Kernstück zu finden. Interessanterweise hatte man das schon ein paar Jahre früher gefunden: der Ingenieur Max Passer aus Thusis hatte von sich aus in der Valle di Lei Studien durchgeführt und war zum Schluss gekommen, dass dieses Tal ein valabler Ersatz fürs Rheinwald sein könnte. Aber die KKH-Verantwortlichen hatten kein Musikgehör, zum einen,

Fast 60 Kilometer Stollen mit teils bis zu 5 Metern Durchmesser umfasst das Hinterrhein-Kraftwerk-System.

weil sie in ihrer Propaganda so oft und so laut behauptet hatten, zum Rheinwald gebe es keine Alternative, dass sie wohl selbst daran glaubten, zum andern auch, weil sie die Komplexität scheuten, die eine grenzüberschreitende Partnerschaft mit sich bringen würde, denn die Valle di Lei, obschon Einzugsgebiet des Hinterrheins, gehört zu Italien.

Einfach wars dann auch nicht. Es brauchte einen Staatsvertrag und es brauchte eine Neugründung der Gesellschaft. Zu den bisherigen Partnern NOK (heute Axpo), ewz, Kanton Graubünden, Aare-Tessin (heute Alpiq), BKW und den Vorgängerwerken von Repower kam die italienische Edison S.p.A. mit einer Beteiligung von 20 Prozent dazu. 1956 wurde die Kraftwerke Hinterrhein AG gegründet.

Zwar mussten in der Valle di Lei keine Dörfer unter Wasser gesetzt werden, aber das Tal war gutes und reichlich genutztes Alpgebiet. Die Besitzer verlangten Realersatz, den man aber nicht fand. Schließlich wurden die Älpler dann doch mit Geld entschädigt. Zudem verlangte das Schweizer Militär, dass die Staumauer auf Schweizer Territorium stehen müsse, was einen Landabtausch mit Italien notwendig machte. Da es die Gemeinde Innerferrera war, die ein Stück Land abtreten konnte, gehört die Staumauer, obschon an die Gemeinde Avers angrenzend, heute als Exklave zur Gemeinde Ferrera.

1956 wurde mit den Arbeiten begonnen, sie dauerten sieben Jahre; 1963 nahm die Anlage ihren Betrieb auf. Die KHR fasst zusammen: »Gebaut und ausgerüstet wurden rund 37 Kilometer neue Straßen und Wege, 10 Seilbahnen, 13 Bachfassungen, fünf Staumauern, 59 Kilometer Stollen und Schächte, 3 Kraftwerke sowie fast 110 Kilometer Übertragungsleitungen. Auf dem Höhepunkt der Bauarbeiten (1959) waren auf den Baustellen 3390 Mann beschäftigt.«

Und fast alle waren Italiener, zumeist Norditaliener, insgesamt 7000 auf den damaligen Bündner Kraftwerkbaustellen im Bergell, in Safien, in der Surselva und am Hinterrhein. Beim Bau der Staumauer im Valle di Lei waren ausschließlich Italiener beschäftigt, denn diese Baustelle war insgesamt von Italien aus organisiert, auch die Ingenieure und Facharbeiter waren Italiener, und Baumaterial wurde zunächst von Campodolcino in der Val San Giacomo aus mit einer 15 Kilometer langen Materialseilbahn über den knapp 2400 Meter hohen Passo di Angeloga transportiert, wenigstens bis die Zugangsstraße zur Baustelle von Schweizer Seite aus fertiggestellt war. Auf den

Zahlen und Fakten

Gründung KHR: 1956
Bauzeit: 7 Jahre
Inbetriebnahme: 1963
Anzahl Arbeiter: durchschnittlich 3000
Baukosten: 620 Mio. Franken
Konzessionsdauer: bis 2042

Stauseen
Valle di Lei: Nutzinhalt 197 Mio. m³
Sufers: 16 Mio. m3
Bärenburg: 1 Mio. m³
Ferrera: 190 000 m³
Preda/Madris: 270 000 m³

Gesamterneuerung der Anlage: 2010 bis 2017, Kosten 300 Mio. Franken
Installierte Leistung: 650 MW
Produktion/Jahr: ca. 1500 GWh

Anteil an der Gesamtproduktion aus Wasserkraft
im Kanton Graubünden: ca. 20 Prozent
in der Schweiz: ca 4 Prozent

Kraftwerke Hinterrhein: khr.ch

Unsichtbar für Wandernde: die Kavernenzentrale Ferrera tief im Berginnern.

anderen Baustellen waren die Ingenieure, Facharbeiter, Büroangestellten vorwiegend Schweizer.

Überall in der Region entstanden größere und kleinere Barackendörfer mit Unterkünften – Viererzimmer für die Arbeiter, Zweier- und Einerzimmer für das Kader – Küchen und Kantinen. Letztere dienten auch als Kino, wenn Ernst Haas, der 1958 in Thusis ein Kino eröffnet hatte, seine transportablen Projektoren dort installierte. Laut Vertrag, den er mit dem Baustellenfürsorger Fritz Zjörien abgeschlossen hatte, musste er alle 14 Tage mit einem neuen Film erscheinen, was vollen Einsatz erforderte, denn es waren immerhin um die zwanzig Kantinen zu bespielen. Gezeigt wurden Filme wie *Ben Hur*, *Riso amaro*, *Don Camillo*, *La Vendetta* – vorwiegend italienische Streifen.

Pro Arbeitstag von 10 Stunden verdiente ein Arbeiter bei Baubeginn 28 Franken, bei Bauende immerhin 45 Franken. Davon musste er 6.70 beziehungsweise 7.90 für Kost und Logis abgeben. Als Grundlage für Löhne und andere Leistungen dienten die Gesamtarbeitsverträge, die sich nach dem Schweizerischen Landesmantelvertrag richteten. Arbeitskämpfe we-

Ausgleichsbecken und Zentrale Bärenburg: Die Schwergewichts-Staumauer ist zugleich Maschinenhaus und Fundament der Schaltanlage.

gen der Löhne gab es keine. Es kam einmal auf einer Baustelle zu einem Streik wegen schlechter Unterkünfte und schlechten Essens. Vielleicht teilweise auch einfach ungewohntes Essen? Mit Blut- und Leberwürsten musste man diesen Italienern jedenfalls nicht kommen. Heidi Husmann, die Frau eines Baustellenleiters in Avers Am Bach, die mit der ganzen Familie im dortigen Barackendorf lebte, schreibt in ihrem Bericht über diese Zeit, eines Tages sei der Koch mit einem Kessel voll solcher Würste in ihre Einfamilienbaracke gekommen, habe ihr den Kessel überreicht und gesagt: »Nessuno vuole mangiare queste luganighe« (Niemand will diese Würste essen).

Die Arbeit war nicht nur extrem belastend, physisch und psychisch, sondern auch sehr gefährlich. Obschon generell für alle Baustellen Sicherheitsvorschriften galten, gab es in den sieben Jahren 3000 schwere Unfälle, und 24 Arbeiter verunglückten tödlich. Für die Behandlung von Verunfallten gab es in Bärenburg ein Werkspital, in Innerferrera und Valle di Lei Krankenstationen, und schwere Fälle wurden ins Spital Thusis eingeliefert, dessen Erweiterungsbau kurz vor Beginn der Bauarbeiten die KHR mitfinanziert hatten.

Im Film *Un metro lungo cinque* von Ermanno Olmi hält ein älterer Arbeiter in der Kantine in der Valle di Lei eine an ein paar Kollegen gerichtete Abschiedsrede: »Bald ist es soweit. Wir werden gehen. Die Mauer wird bleiben. Die sie besuchen, werden nicht an das denken, was wir hier getan haben. Aber das macht nichts. Wir wissen es, das reicht.«

In den folgenden Jahrzehnten ist die Anlage ständig modernisiert worden, neue Maschinen, neue Turbinen, neue Pumpen sind installiert worden, zudem wurde die Anlage automatisiert, sodass sie nun vollständig von der Zentrale Sils aus gesteuert und kontrolliert werden kann. Auch aus Umweltschutzgründen waren laufend Anpassungen an neue Bestimmungen notwendig.

Neue Wasserfassungen sind aber nicht dazugekommen. Das Pumpspeicherwerk im Val Madris scheiterte und wurde 1998 definitiv aufgegeben; die betroffenen Teile des Tals stehen heute unter Schutz. »Potenzial hätte es noch«, sagt KHR-Direktor Guido Conrad im Gespräch. Man habe das vor Jahren systematisch geprüft und sei zum Schluss gekommen, vorerst keine neuen Konzessionsgesuche zu stellen. Zum einen sei das Potenzial »relativ bescheiden im Verhältnis zur Gesamtanlage« und zum anderen scheute man die Neuverhandlungen des ausgesprochen komplizierten Vertragswerkes, an dem die Gemeinden, der Kanton, der Bund und der italienische Staat beteiligt sind. Conrad meint aber, dass das im Hinblick auf die Neukonzessionierung »wieder aufs Tapet kommen könnte«, wenn die Verträge für die Zeit nach dem Heimfall 2042 sowieso erneuert werden müssen.

Also könnte es durchaus sein, dass in gut zehn Jahren (rechtzeitig vor der Neukonzessionierung) noch ein Angriff auf einige der wenigen verbliebenen frei fließenden Gewässer droht.

Route 16: Innerferrera–Alp Niemet–Pass da Niemet–Montespluga

Über die Landes- und Sprachgrenze nach Montespluga

Wir befinden uns auf einem Teilstück der Via Alpina. Auf dem Fahrsträßchen, auf dem nur landwirtschaftlicher Verkehr zugelassen ist, geht es bis zur Alp Niemet, auch Emet genannt. Nachher wird der Weg zum Pass schmal und etwas anstrengender. Abwärts über eine erste Talstufe zum schönen Lago di Emet und über eine zweite Stufe an die Splügenpassstraße.

Wanderzeit

Innerferrera–Alp Niemet	2 h
Alp Niemet–Niemet Passhöhe	1 h 30
Niemet Passhöhe–Montespluga	2 h 15
Totale Wanderzeit	**5 h 45**
Höhendifferenz	↗ 1100 m, ↘ 650 m
Distanz	15,5 km

Charakter

Abwechslungsreiche Wanderung zuerst auf Wald- und Alpsträßchen, dann auf markierten Pfaden über Alpweiden mit kurzen Abschnitten durch Schutthalden. T2 (die einzige etwas abschüssige Stelle ist mit Ketten gesichert).

In Innerferrera gehen wir wie auf Route 12 auf der alten Dorfstraße am ehemaligen Zollhaus vorbei, überqueren den Ragn da Ferrera über die moderne Punt la Resgia. Auf der dem Dorf gegenüberliegenden Talseite gelangen wir an der Gemeindesägerei vorbei auf den Forstweg im Gold dil Mut, der während den ersten zehn Minuten Marschweg betoniert und dann geschottert ist und in Serpentinen bis zur Waldgrenze führt.

Alp Sura in der Val Niemet.

Innerferrera, Ansicht von Süden.

Auf dem breiten Alpweg gehen wir sachte ansteigend in Richtung Alp Niemet.

»Damit die Alp Emet auch zukünftig ihren wilden Reiz unberührter Natur behält, ist die Niemetstraße mit einem Fahrverbot für Motorwagen, Motorrad und Motorfahrrad belegt«, so empfiehlt die Gemeinde Ferrera den Gästen das nach Südwesten verlaufende Seitental. Gleichwohl darf der Wanderbus hier hochfahren. Bei unserem Aufstieg, ohne Bus, begegneten wir auf den untersten Weiden einer neugierigen Pferdeherde.

Eine Tafel weist darauf hin, dass hier ein Murmeltierschongebiet ist. Die Alp mit dem langen Stall und den neueren Hütten nach der Brücke über den Ual Niemet ist seit 1907 im Besitz des Kantons Graubünden und Teil des Gutsbetriebs der Justizvollziehungsanstalt Realta. Der Kanton hatte die nötigen Mittel, um den Alpzugang für Pferdefuhrwerke fahrbar zu machen und eine Musteralp einzurichten. Auf einem Stalltor sind heute noch die eingekratzten Initialen eines Hirten und die Jahreszahl 1907 sichtbar.

Das Wasser des Ual da Niemet wird oberhalb der Alphütten für die Stromproduktion gefasst.

Taleinwärts, 500 Meter nach den Alphütten, kommen wir an der Wasserfassung des Ual da Niemet vorbei, oberhalb sprudelt der Bach, unterhalb ist sein Bett mehr oder weniger ausgetrocknet, das Wasser verschwindet im Stollen, der vom Stausee Valle di Lei in der Tiefe hier vorbei zur Kavernenzentrale Ferrera führt.

Der Alpweg wird jetzt zum schmalen Pfad und steigt in der steinigen und von Alpenrosenstauden durchsetzten Landschaft weiter an. Der Fels ist hier massiv und kompakt, so wie der Andeerer Granit. Wir kommen am Cuort Viglia, einer Alpwüstung mit einer eingestürzten, längst zerfallenen Hütte von einstigen Bergamasker Schäfern vorbei und erreichen bald die Alp Sura mit ihren hübschen Kleinstrukturen aus Tümpeln, Moorwiesen und kleinen mäandernden Wasserläufen. Ob Alp Sura verliert sich der Weg stellenweise, Markierungen zeigen in die Richtung des Übergangs.

Beim Pass da Niemet (2294 m) signalisieren ein Grenzstein und zerfallene Mauern militärischer Bauten, datiert mit Juni

Der Lago di Montespluga und das gleichnamige Dorf.

1915, die Landesgrenze. Beim Abstieg auf der italienischen Seite kommen wir bald an alten, trocken gemauerten Alphütten mit intakten Steindächern vorbei und auch an zwei kleinen Bauten mit verschlossenen eisernen Türen und Fenstern. Es ist nicht klar, ob dies Grenzwächterhäuschen oder Jagdhütten sind. Unter uns leuchtet der klare Lago di Emet, in dem sich das Rifugio Bertacchi spiegelt.

Die Hütte des italienischen Alpenclubs CAI ist benannt nach Giovanni Bertacchi (1869–1942), Dichter und Romanist, geboren in Chiavenna und während kurzer Zeit im Bergell im Exil lebend. 1938 trat er »aus Protest gegen die faschistische Politik« von seinem Lehrstuhl an der Universität von Padua zurück.

Später sehen wir an einem Haus in Montespluga eine Gedenktafel, die an den Poeten erinnert, der auch im Chiavenner Dialekt gedichtet hat. Etwa so:

> Restava lì de mèz a la corént
> sempar l istés fra tanto cambiamént,
> ma d'an in an un pòo püsee piegaa
> coma un salis in l'aqua d'un canaa.

(Ich blieb da, mitten im Strom, immer gleich bei all dem Wandel, doch von Jahr zu Jahr immer ein wenig gebeugter wie die Weide im Wasser eines Kanals.)

Unsere Route führt nach dem Rifugio auf einem mit Steinplatten ausgelegten Pfad weiter und ist nicht zu verfehlen. Es geht vorerst über eine kurze exponierte Stelle, die mit Ketten gesichert ist, wohl weil hier einmal jemand ausgerutscht und über den Steilhang abgestürzt ist, wie eine Inschrift vermuten lässt. Nach einigen Tritten queren wir eine arenaartige halbrunde Halde und gelangen auf die Piste, die zu einem Steinbruch führt, der von unten aussieht wie eine Festung. Hier, bei Punkt 2106, gehen wir entweder auf Wegspuren den Hang hinunter zu den Alpgebäuden Suretta am Montespluga-Stausee oder wir queren die Grashalden, um etwas weiter nördlich zu den Hütten bei Punkt 1923 zu gelangen. Auf einem Sträßchen an den Alpi di Suretta vorbei erreichen wir Montespluga, wo uns an der Bar des Albergo Posta ein richtig starker Espresso erwartet.

An der Passstraße in Montespluga.

Splügen-Passlandschaft.

Einst Grenztal für Bergamasker Hirten und Schmuggler

Die Val Niemet ist ein Grenztal. Während Jahrhunderten waren die dortigen Alpen, früher im Besitz von Leuten aus dem Schams, vom Heinzenberg und vom Kloster Cazis, an Bergamasker Hirtenfamilien verpachtet. Von Montespluga, aus der Valle San Giacomo, von Chiavenna, dem Veltlin und seinen Seitentälern her waren die Alpen an der Westflanke des Ferreratals, namentlich Niemet, Muttala, Plan dil Bov und Nursera leicht zugänglich. Die Pacht brachte den Eigentümern ansehnliche Zinsen.

Es waren in erster Linie Bergamasker, die vor allem Schafe, aber auch Ziegen, Rinder, Kühe und Pferde auf besagten Alpen sömmerten. Im Abschnitt »Clävner und Bergamasker in unseren Alpen« im *Schamser Heimatbuch* von 1958 schreibt Benedict Mani: »Die Bergamasker Schafe (Macolas) sind größer als die einheimische Rasse, haben gebogene Nasen, geben viel, aber gröbere Wolle; das Fleisch ist zähe und wenig schmackhaft. Die Schafe wurden gemolken. Da aber ein gutes Schaf kaum mehr als einen Deziliter Milch liefert, nahmen die welschen Schäfer noch Ziegen und Kühe, zum Teil aus Bünden an Zins. Aus der Milch wurden die kleinen schmackhaften Käse hergestellt. Eine Spezialität der Taschegns, wie man die Bergamasker bei uns nannte, bildete der feine Zieger [...] der in Bünden frisch, in Italien gesalzen zum Verkauf kam. Die Bergamasker

Schmuggler bei Soglio im Aufstieg von Süden. Bild aufgenommen anlässlich einer Botanikexkursion mit Professor Schröter 1898.

hatten eine besondere Gabe mit dem Vieh umzugehen, die Milch zu verarbeiten und auch das Fleisch der erfallenen Tiere zu dörren. Sie lebten fast nur von Polenta und Zieger, nützten jedes Weideplätzchen geschickt aus und zogen jeweils im Herbst mit einem reichen Ertrag heimzu.«

Die anderen Bewegungen über Grenzen dienten dem Schmuggel. Johann Rudolf Stoffel war Grenzwächter. Im Buch *Das Hochtal Avers* schreibt er unter anderem über eine seiner Begegnungen in der Val Niemet mit zwei Männern aus Madesimo. Bei der kleinen, heute verfallenen Schäferhütte Cuort Viglia etwas unterhalb der Alp Sura war er auf seinem Beobachtungsposten: »So konnte ich zwei Männer entdecken, die von der Passhöhe her den Abhang herunterkamen. Mein Glas ließ sie als Italiener erkennen. Hier neben dem großen Felsblock wollte ich sie erwarten. […] Dann stellte ich mich als schweizerischer Grenzwächter vor und befragte sie nach zollpflichtigen Waren. Beide leerten bereitwilligst ihre Rocktaschen. Sie hatten nichts anderes bei sich als je einen leeren Sack, einen Strick und etwas Proviant. Weiter fragte ich nach ihrer Reise und ob sie nach Innerferrera gehen, um Schmugglerware zu holen.«

Ja, das war die Absicht der beiden. Dem Grenzwächter mussten sie versichern, dass sie nur Ware aus der Schweiz nach Italien schmuggelten und niemals umgekehrt. Im Gegenzug versprach Stoffel, sie nicht bei der

Guardia di Finanza zu verraten. Er begegnete ihnen wieder, als sie schwer beladen aus Innerferrera zurückkamen, »jeder mit 35 Kilo Tabak und Zucker auf dem Rücken«.

Stoffel erzählt noch andere Schmugglergeschichten, unter anderem vom Bergamasker Hirten Antonio Carrara, der von der Alp Motta Butter durch die Val del Uors nach Innerferrera bringen und mit Tabak und Zucker zurückkehren wollte. Mit »Toni della Motta«, wie man Carrara in Innerferrera nannte, konnte der Grenzwächter vereinbaren, dass er später mit seinem Lastesel regelmäßig und legal Butter von der Valle di Lei über den Passo del Gualdo, deutsch Chummapass, der einen Kilometer nördlich der Furgga liegt, zum Zollamt Madris brachte. Warentransporte in großem Umfang aus dem Süden, vor allem Reis und Polenta – und wohl auch Schmuggelware –, gingen vor allem über den Madrisberg.

Mit dem Bau der Averserstraße endete dieser Süd-Nord-Verkehr. Der Ausfuhrschmuggel von der Schweiz nach Italien soll im frühen 20. Jahrhundert jedoch stark zugenommen haben, berichtet Stoffel, der zwischen 1895 und 1912 als Grenzwächter zuerst in Madris, dann in Campsut stationiert war.

Alte Trockensteinmauer auf der Alp Niemet. Ob sie bereits von Bergamasker Hirten erstellt wurde, um die Schafe zusammenzuhalten?

Route 17: Montespluga–Splügenpass–Areuapass–Nufenen

Zwei Länder, zwei Alpen, zwei Pässe

Von den historischen Wegen und Straßen am Splügenpass führt diese Route durch das Splügner Skigebiet zur Tamboalp, dann durch fast unberührte Bergwelten über den Areuapass in die ebenfalls noch wilde Val Curciusa, in die keine Straße führt.

Wanderzeiten	
Montespluga–Tamboalp	2 h 30
Tamboalp–Areuapass	1 h 30
Areuapass–Alp de Rog	1 h 30
Alp de Rog–Nufenen	1 h 15
Totale Wanderzeit	**6 h 45**
Höhendifferenz	↗ 1100 m, ↘ 1400 m
Distanz	17,5 km

Charakter
Entspanntes Wandern über Alpweiden mit schönen Ausblicken, teils steile Abstiege. T3.

Beste Jahreszeit
Juni bis September

Knapp drei Kilometer hinter der italienisch-schweizerischen Grenze liegt unser Ausgangspunkt Montespluga (1905 m), ein kleines aber im Sommer sehr quirliges Dorf. Hier, in diesem seit jeher wichtigen Etappenort des Passes, wo schon im Mittelalter ein Hospiz unterhalten wurde, bleiben wir jedoch nicht lange. Schön wäre es, einen Spaziergang am rechtsseitigen Ufer des Lago di Montespluga zu machen, an einer Ruine vorbei bis nach vorne zur Staumauer. Der See ist künstlich, seit 1931 dient er der Stromproduktion. Zuvor war hier Wiesland, das von Süden her

Oberhalb des Berghauses Splügen steigen wir an einem Bach entlang in die Höhe.

als Alpweide benutzt worden war, nachweislich bereits seit vielen Jahrhunderten.

Wir aber machen uns nordwärts auf den Weg, der hier über den historischen Saumpfad führt, was an mehreren Stellen an den ausgebauten Passagen ablesbar ist. Bei Cerfui überqueren wir die Passstraße. Etwas mehr als 200 Höhenmeter haben wir zu bewältigen, bis wir auf dem Pass stehen. Meist sind die Läden der Zollstation zu, Schengen sei Dank. Rechts der Straße erkennen wir ein Denkmal, das 1923 errichtet wurde, als man an den Bau der Kommerzialstraße hundert Jahre zuvor erinnerte.

Wären wir auf der ViaSpluga, ginge es nun rechts weiter, wir aber bleiben auf der Passstraße und finden so zur alten Splügenpassgalerie. Diese 1843 zum Schutz der erwähnten Kunststraße erbaute Galerie verfiel zusehends und wurde auch nicht mehr gebraucht, nachdem der Pass jeweils im Winter geschlossen wurde. Erst 2007 bis 2011 wurde das vom Bund geschützte Bauwerk fachkundig saniert. Am nördlichen Ende informieren

Blick zurück zum Berghaus und zur Galerie am Splügenpass (rechts).

Galerie Splügenpass

Wer auf den Splügenpass fährt, kommt an einem eigentümlichen Bauwerk vorbei. Eine 312 Meter lange Galerie, die sich wie ein riesiger Wurm neben die Straße gelegt hat. Erbaut wurde sie 1843 zum Schutz der 1823 angelegten Straße über den Splügenpass. Doch nach dem Zweiten Weltkrieg wurde auf die Winteröffnung des Passes verzichtet, andererseits nahm bis in die 1950er-Jahre der Verkehr im Sommer so stark zu, dass die Galerie zu eng wurde. So wurde die nun neben der Galerie durchführende Straße gebaut.

Die Galerie konnte 1843 nach zähen Verhandlungen zwischen der Lombardei und Graubünden und dank der finanziellen Unterstützung von Habsburg-Österreich erbaut werden. Gleichzeitig entstand auf der Nordseite unterhalb der Passhöhe das erste Berg- oder Wegerhaus mit einer Zollstation. Damals waren auf beiden Seiten mehrere solche Bauwerke erstellt worden, die Splügenpassgalerie ist die einzige noch nahezu im Originalzustand vorhandene.

Weil sie nicht mehr dem Verkehr diente, wurde der Unterhalt der Galerie zusehends vernachlässigt. Wasser drang ins Mauerwerk ein, der Frost bewerkstelligte den Rest. Und so brach im Jahr 2000 ein Stück des Gewölbes ein. Auf Initiative des Bündner Heimatschutzes und des Instituts für Kulturforschung Graubünden wurde sodann ein Restaurierungskonzept ausgearbeitet, das 2006 bis 2010 für rund 2 Millionen Franken umgesetzt wurde. Dabei wurde das nördlichste Teilstück der Galerie auf einer Länge von rund 60 Metern instand gestellt und für eine künftige Nutzung als Ausstellungsraum vorbereitet. Auf der restlichen Länge wurde das Gewölbe im Bereich der Einsturzstelle wiederhergestellt, die Mauern wurden baulich gesichert und neu verfugt. Die Galerie ist ein Baudenkmal von nationaler Bedeutung.

Die Alp Tambo ruht unter dem gleichnamigen Gipfel.

Tafeln über Geschichte und Sanierung. Die 312 Meter lange Galerie lässt sich zu Fuß durchqueren, ein wirklich eindrückliches Stück Weg, das so nirgendwo sonst in der Schweiz noch vorhanden ist. Nur schade, dass so mancher Automobilist die Galerie auch für die Erledigung körperlicher Bedürfnisse nutzt.

Der offizielle Wanderweg führt nun noch zwei Kehren auf der Straße hinunter zum Berghaus, doch wer mag, kann auch direkt über Stock und Stein zum Wanderweg gelangen, der uns hoch in die Alpweiden bringt. Dazu überqueren wir zunächst ein schmales Bächlein, woraufhin es im Zickzack in die Höhe geht. Das Berghaus wird stetig kleiner, umso besser aber sieht man auf die berühmte Passstraße. Diese sei bei ihrem Bau mit Kies des hier vorkommenden Splügner Marmors belegt gewesen, das strahlende Weiß von damals ist inzwischen natürlich geteerter Einöde gewichen. Gut sichtbar, wenn auch nicht von unserem Weg aus, ist weiter unten an der Passstraße die neulich

Blick zurück auf die Alpweiden der Tamboalp.

renovierte Marmorbrücke aus den 1830er-Jahren, die bei Punkt 1695 den Hüscherabach überquert; ihr Bogen ist mit dem Splügner Marmor gebaut (Foto S. 153).

Etwa auf Höhe 2100 überqueren wir den nächsten Bach. Nun geht es eine ganze Weile flach weiter, der Weg schmiegt sich schön in die Landschaft, die hier vor allem aus saftigen Alpweiden besteht. Wir schauen hinüber auf die andere Talseite, sehen die Schafalpen und die Schwarzhörner. Nach dem Grossboda, einer Mulde mit sumpfigen Abschnitten, unterqueren wir die Sesselbahn, die im Winter Skifahrende von der Station Bodmastafel hochbringt.

Nach einem kurzen Felsband, an dem wir entlanglaufen, erreichen wir Punkt 2120, wo wir links direkt zur Alp Tambo hinuntergehen könnten. Wer lieber noch kurz ins Rheinwald hinunterblicken möchte, kann auch noch die Tanatzhöhe besteigen und von dort auf anderem Weg zur Alp hinuntersteigen. Gegen-

Auf dem Areuapass kann es im Herbst schon winterlich sein.

über dem direkten Weg verlieren wir etwa 20 Minuten. Unweit dieser Gondelbahnstation ist der erst in jüngerer Zeit angelegte Speichersee des Skigebietes zur Speisung der Schneekanonen gelegen. Alles in allem im Sommer ein eher trostloser Anblick.

Bei der Alp Tambo unten im Talkessel (2033 m), die seit 1831 der Bauerngenossenschaft von Felsberg gehört, kann man die Flaschen füllen und frischen Alpkäse probieren. 2020 erhielt dieser eine Auszeichnung als bester Alpkäse des Jahrgangs. Frisch gestärkt, geht es hinunter zur steinernen Brücke über den Tambobach und anschließend auf einem angenehm breiten Alpweg an der Rinderalp vorbei etwa einen Kilometer ins Tal hinein. Rechts die Weiden der Stotzhalta, links die Ebene Rietboda, wo wir die Reste früherer Alpgebäude, des Alt Säß, und Trockenmauerringe erkennen.

Vor uns hat sich da schon längst der Piz Tambo aufgerichtet, ein von dieser Position aus imposanter und mit seinen 3279 Metern der mächtigste Berg weit und breit. Links davon sind Lattenhorn und Piz Tamborello, bis die Kette im Alpetlistock ausläuft.

Im Chrüz wird der Alpweg langsam schmaler und beginnt, sich in Kehren den Hang hochzuwinden. Die nächsten 500 Höhenmeter bewältigen wir in etwa gleicher, strenger Steigung. Wir betreten das Hindertälli, wo der Weg nurmehr schwach sichtbar ist. Am besten wählt man sich selber die ideale Linie. Gerade in späten Jahreszeiten kann hier bereits Schnee liegen. Aber das kümmert uns wenig, die Richtung nämlich ist nicht zu verfehlen: Immer weiter gegen Südwesten hin zieht es uns. Erkennbar ist bereits das Joch, auf dem unser nächstes Ziel liegt, der Areuapass. Nachdem wir die das Tal abschließende Senke passiert haben, geht es auf kurzer Strecke steil hoch zum Pass (2508 m).

Hinter dem Pass fällt das Gelände steil ab und wir blicken hinunter in die Val Curciusa und hinüber zu Piz Vignun und Einshorn. Eine steife Brise schlägt uns ins Gesicht, während wir noch die steile Nordseite des Tambo bewundern. Von nun an geht es bergab, und dies zunächst äußerst steil. Gleich hinter dem Pass beginnt nicht nur das Gemeindegebiet von Mesocco, sondern auch die wohl anspruchsvollste Passage der Route. Konzentration ist gefragt. Denn der Weg führt nicht direkt beim Wegweiser hinab, sondern will etwa 150 Meter weiter links gegen den Tambo hin gesucht werden. Wir steigen hinab, links die ausgedehnte Geröllhalde des Tambo, um uns die steile Weide. Und wir beruhigen uns mit dem Gedanken, dass ein Sturz nicht allzu gravierende Folgen haben dürfte.

Im ersten Kessel angekommen, begegnen wir bei Punkt 2312 dem bereits von der Passhöhe aus sichtbaren Felsblock von Lieferwagengröße. Weiter geht es über das von Blöcken gesäumte Grasland in angenehmem Gefälle. Beim Ausgang des kleinen

Einfach links halten: Eigenartige Markierungen weisen den Weg in die Val Curciusa.

Blick in den unteren Teil der Val Curciusa.

Plateaus, das gemäß Karte noch zur Alp Tambo gehört, schmunzeln wir über die ausgefallenen Markierungen, die uns aber letztlich doch den rechten Weg, leicht links nämlich, weisen.

Wir überqueren zwei Bachläufe, woraufhin das Geröllfeld bald einmal zu Ende ist und sich auch die Vegetation ändert. Wir steigen wieder steiler ab durch Büsche und Pionierbäume und erkennen bald die Alp de Rog im Talboden. 300 Höhenmeter sind nun bis dahin auf steilem Pfad zu bewältigen. Unten überqueren wir noch einmal den Bach, der hier spektakulär über einen Felsen fällt und erreichen die Talebene. Auch diese ist stark von Steinschlag geprägt. Mitten drin die Gebäude der Alp de Rog, die von der Firma Pastorizia Alpina Helbling betrieben wird (siehe Seite 298).

Jetzt wirds gemütlicher. Nordwärts wandern wir das Tal hinaus, zunächst in Sichtweite des Areuabachs, der jedoch bald in der Schlucht verschwindet, die wir rechtsseitig auf etwas höherem Niveau umgehen. Blank und senkrecht steht der nasse Fels auf der anderen Seite der Schlucht, während wir uns ein wenig über die diversen Steigungen und Senken enervieren, die die müden Beine nun bewältigen müssen. Wir passieren zwischen Felsbändern mehrere Töbeli zwischen Legeli und Hütti und kommen endlich zur Waldgrenze. In da Jegena heißt die Gegend, durch den sich der Alpweg schlängelt, und in der wir das Gemeindegebiet von Nufenen betreten.

Durch den Wald geht es nun hinunter in die Rheinebene. Bei Punkt 1635 zweigt der Weg links ab für jene, die direkt nach Nufenen möchten. Wer noch genug Kondition hat, kann hier gradaus weiter in östlicher Richtung gehen und auf dem Talweg nach Splügen wandern.

Unser Weg führt steil abwärts bis zum Waldrand, dort treten wir auf eine nurmehr leicht abfallende Wiese, eine gut erkennbare Moräne. Auf Höhe des Rheins erreichen wir die Feldstraße, überqueren den Areuabach, und nach circa 10 Minuten sind wir an der Postautohaltestelle Nufenen.

Das Dorf Nufenen ist unser Ziel.

Landwirtschaft im Rheinwald

Das Rheinwald war nicht immer klassisches Bauerngebiet. Es ist ja auch alles andere als das, was die Geografen eine »Gunstregion« nennen. Wir befinden uns auf einer Höhe von 1400 bis 1600 Metern, die höchstgelegenen Bergwiesen liegen sogar auf über 2300 Metern. Die Sommer sind kurz, und in früheren Jahrhunderten musste das nicht allzu üppige Futter für zahlreiche Saumtiere ausreichen, die teils in den Heimställen der einheimischen Säumer, teils in den Susten verpflegt werden mussten. Allein im Rheinwald gab es in den hohen Zeiten der Säumerei einige Hundert Pferde und Maultiere. Der Warentransport über die Pässe bildete in »normalen« Zeiten, wenn nicht Kriege oder Naturkatastrophen den Warenfluss zum Erliegen brachten, die wichtigste Verdienstquelle. Die Milch- und Fleischproduktion diente vor allem dem Eigenbedarf der Familien und war vorwiegend Sache der Frauen, wie Barbara Riedi in ihrer rechtshistorischen Studie zu den Porten der Unteren Straße schreibt.

Dass die Frauen kräftig mit anpacken in den Bauernbetrieben, gilt auch heute noch, aber sonst ist alles anders. Rheinwald ist heute Bauernland par excellence. Nicht nur dass eine Mehrheit der Bevölkerung direkt oder indirekt von der Landwirtschaft lebt, die Rheinwalder Bauern und Bäuerinnen waren auch Pioniere in Sachen Biolandwirtschaft. Bereits 1992 stellten alle Bauern in Nufenen und Hinterrhein auf bio um – zu einer Zeit, als dies anderswo erst einzelne Betriebe getan hatten.

Mit der Umstellung in Medels, Splügen und Sufers ein Jahr später wurde das ganze Tal flächendeckend Bioland, und alle Betriebe im Tal produzieren seither nach den Richtlinien der Bio-Suisse-Knospe. Das war wohl auch möglich dank der genossenschaftlichen Tradition, die aus der Zeit der Säumerei stammt. Die Alp- und Sennereigenossenschaften entschieden über die Neuausrichtung, und für den einzelnen Bauern wäre es schwierig gewesen, einen anderen, eigenen Weg zu gehen.

Christian Simmen, Geschäftsführer der Sennereigenossenschaft Nufenen und Präsident der fusionierten Gemeinde Rheinwald, betont aber, dass nach anfänglicher Skepsis einzelner Bauern nach dem klaren Beschluss der Genossenschaften ausnahmslos alle mitgemacht und mitge-

Bauernarbeit einst: Misten, Dengeln, Rechen, Heutragen, Wildheuet, Heuzug.
Die Fotos stammen von Christian Lorez aus seinem Buch *Bauernarbeit im Rheinwald* (1943). Das Buch gilt als Perle der volkskundlichen Literatur, weil es präzis das einlöst, was der Titel verspricht: Was für Tätigkeiten umfasste die Bauernarbeit? Welche Methoden kamen zur Anwendung, welche Geräte zum Einsatz, und wie benannte man Tätigkeiten, Methoden und Geräte im Rheinwald (in phonetischer Schrift ist auch die jeweils richtige Aussprache festgehalten).

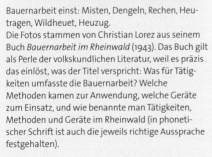

Landwirtschaft im Rheinwald

zogen hätten. Und heute, im Rückblick, sei sowieso klar, dass das die »hundertprozentig richtige Entscheidung« gewesen sei.

Heute werden allein in der Sennerei Nufenen, welche die Milch der Nufner und im Herbst, Winter und Frühling auch der Hinterrheiner Bauern verarbeitet, mehr als 140 Tonnen Biokäse produziert, der etwa zur Hälfte in der Schweiz, zur anderen Hälfte über einen Biokäse-Grossisten in Deutschland abgesetzt wird. Dabei kontrolliert die Genossenschaft heute fast die gesamte Wertschöpfungskette von der Milch- und Käseproduktion über die Lagerung bis zum Vertrieb. Der deutsche Grossist wird also direkt von Nufenen aus beliefert. Ein kleiner Teil der in Nufenen verarbeiteten Milch stammt vom Schamserberg und wird per Tankwagen angeliefert.

Auch in den Sennereien in Splügen und Sufers wird Biokäse gemacht, nicht in ganz so großen Mengen, dafür in einer Vielzahl von Spezialitäten. So verarbeitet etwa die Sufner Sennerei auch die Milch der Ziegen und Schafe der Region zu schweizweit gefragten Spezialkäseprodukten. Und in allen Sennereien werden auch andere Milchprodukte hergestellt wie Joghurt, Rahm, Butter, Pannacotta und so weiter. Leider ist die Zukunft der Sennerei in Sufers ungewiss. Das Käserpaar Vreni und Dionis Zinsli hört altershalber auf, und die Nachfolge konnte noch nicht geregelt werden.

Natürlich wird auch Biofleisch produziert, von einzelnen Bauern sogar ausschließlich. Man sieht auch im Rheinwald im Sommer auf gewissen Wiesen Siloballen herumliegen; sie stammen von Betrieben mit Mutterkühen, die keine Milch in die Sennereien liefern. Für die Käseproduktion kann kein Silofutter eingesetzt werden.

Lange Jahrzehnte war das Rheinwald nach dem Ende der Transitära und der damit einhergehenden markanten Abwanderung eine karge, ja arme Gegend mit sehr kleinen Bauernbetrieben, die kaum das Nötige zum Überleben abwarfen. Noch in den 1960er-Jahren war ein beträchtlicher Teil der bäuerlichen Tätigkeit Handarbeit, die ersten Maschinen konnten nur auf den Talböden eingesetzt werden. Aber jetzt flossen auch Subventionen, und der Bündner Volkswirtschaftsdirektor Leon Schlumpf (der spätere Bundesrat) versuchte den Bauern in den Tälern beizubringen, sie müssten sich vermehrt als das benehmen, was sie schließlich seien: Unternehmer.

Das ist inzwischen wohl erreicht. Jeder Bauer hat einen beachtlichen Maschinenpark, alles auf dem neuesten Stand, durchdigitalisiert, einzelne Ställe sind per Smartphone überwachbar, manche Kühe tragen ein Halsband mit Chip. Die höher gelegenen Wiesen sind längst mit Straßen erschlossen, Handarbeit wird immer seltener. Die höhergelegenen Ställe der einstigen Dreistufenwirtschaft haben ihre Funktion verloren und sind durch die großen Zentralställe in Dorfnähe ersetzt worden. Das Heu der nicht erschlossenen Bergwiesen, deren Bewirtschaftung dank spezieller Subventionen attraktiv ist, wird im Sommer per Helikopter zur nächsten Straße transportiert.

Die Sennerei in Nufenen ist eingerichtet wie eine moderne kleine Fabrik, und in dem eigenen Käsereifelager, das die Genossenschaft 2010 unter anderem dank viel Freiwilligenarbeit ihrer Mitglieder bauen und einrichten konnte, ist der Roboter »Charlie« pausenlos im Einsatz, um die Käselaibe aus dem Gestell zu nehmen, zu waschen, zu pflegen und wieder zurückzulegen. Im Sommer kommt die Milch per Pipeline von der Kuhalp Steinigboda herunter in die Sennerei; es handelt sich um ein dünnes Röhrchen, das nur geringe Fließgeschwindigkeit zulässt, damit die Milch keinen Schaden nimmt.

»Biolandwirtschaft muss effizient sein«, hat Biopionier Andrea Hämmerle einmal gesagt. Im Rheinwald ist sie das ganz gewiss. Allerdings ist Biolandwirtschaft nicht zwingend besonders klimafreundlich. Christian Simmen verweist in diesem Zusammenhang aber auf den Entscheid von Bio Suisse, dem Dachverband der Schweizer Biobauern, dass Bio-Knospe-Wiederkäuer ab 2022 nur noch Raufutter aus der Schweiz fressen dürfen. Dieser Verzicht auf Futterimporte wird auch bezüglich des Klimas gewiss von Vorteil sein.

Käsepflege im Reifelager einst und heute: In der modernen Nufner Sennerei übernimmt Roboter Charlie diese Arbeit.

Landwirtschaft im Rheinwald

San-Bernardino-Pass, Val Vignun und Quellgebiet des Hinterrheins

VI. Der Himmel schon südlich

Zuoberst angelangt: Mit einer Extrarunde über den San-Bernardino-Pass und zurück über den Strec de Vignun kosten wir weitere Facetten der landschaftlichen Vielfalt aus. Über die mehrfach geschützte Passlandschaft ins Nebental, das noch auf Schutz wartet. Dann der krönende Abschluss: an Paradies und Hölle vorbei zum Ursprung.

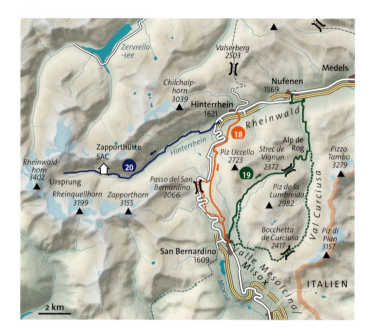

Route 18 Hinterrhein–San-Bernardino-Pass–San Bernardino Dorf 3 h 30

Variante

Bei Punkt 2028 oder später bei Punkt 2086 den Walserweg verlassen und hinüber zum Ospizio wandern. Von dort links dem Laghetto Moesola entlang und über Mucia nach San Bernardino. Näher an der Passstraße.

Route 19 San Bernardino Dorf–Strec de Vignun–Alp de Rog–Nufenen 5 h 30

Varianten

1. Von San Bernardino über die Alp de Pian Doss und Bocchetta de Curciusa, dann die verschiedenen Talstufen der Val Curciusa hinab bis nach Nufenen. 6 Std., 16,5 km. Die Bocchetta liegt nur knapp 50 Meter höher als Strec de Vignun, T3.
2. Von San Bernardino über die Alp Acubona, neben der Erhebung Motta d'Anzala und durch das Moor von Pian Cales zur Cassina de Vignun. Gleiche Wanderzeit wie Hauptroute.

Route 20 Hinterrhein–Zapporthütte–Ursprung 4 h 30

Besonderes

San Bernardino: Kapelle San Bernardo

Nufenen: WalseRama, Haus der »Stiftung zur Wahrung der Walserkultur an der Bernhardinerstraße«, Italienische Straße gegenüber von Schloss und Hofladen. Besichtigung nur nach Voranmeldung, Tel. 081 664 14 14.

Waffenplatz, Informationen zu den Schießübungen: Tel. 058 482 11 11.

Einkehren/Übernachten

Ospizio: Nur Restaurant

San Bernardino: Hotel Bellevue, bellevue-sanbernardino.ch; Ostello e centro nordico, geeignet für Gruppen, ostello-sanbernardino.ch

Nufenen: Siehe Kapitel V (Von Avers nach Italien ins Rheinwald)

Hinterrhein: Siehe Kapitel III (Viamala, Schams und Rheinwald); Kiosk am Rastplatz Nordportal

Zapporthütte SAC: zapporthuette.ch

↑Einer der Laghit d'Ardei auf dem San-Bernardino-Pass.

Einkaufen

San Bernardino: Denner, Spezialitäten-Laden gegenüber der Chiesa Rotonda, Sportgeschäft

Nufenen: Volg, Hofladen im Schloss

Karten

1254 Hinterrhein, 1274 Mesocco

Literatur

Beer u.a. 2020, Frischknecht 1987, Mantovani 1988, Meyer, C.F. 1988, Meyer, J.J. 1825, Pieth 1945, Scheuchzer 1746, Schuler 2020, Simonett 1986, Tscharner, P.C. 1829/31, Tscharner, J.F. 1807, Verein für Bündner Kulturforschung (Hg.) 1995, wwf-gr.ch (unter »Wasser. Unser Engagement«).

Das WalseRama in Nufenen.

Route 18: Hinterrhein–San-Bernardino-Pass–San Bernardino Dorf

Wechselbad der Wandergefühle

Gepflegte Baudenkmäler zuhauf entlang der alten Kommerzialstraße, eine Betonwüste beim Nordportal des Autotunnels, ein Panzerschießplatz, zwei Alpen, auf denen herrlicher Käse gemacht wird – und oben eine vielfach geschützte Moorlandschaft mit einer seltenen Pflanzenvielfalt. Diese Wanderung bietet Einsichten und Erlebnisse unterschiedlichster Art.

Wanderzeiten

Hinterrhein–Tällialp	1 h 30
Tällialp–Passhöhe	1 h
Passhöhe–Sass de la Golp	0 h 30
Sass de la Golp–San Bernardino	0 h 30
Totale Wanderzeit	**3 h 30**
Höhendifferenz	↗ 550 m, ↘ 550 m
Distanz	10 km

Charakter
Einfache Bergwanderung auf guten Wegen über den San-Bernardino-Pass, nur zum kleineren Teil in der Nähe der Kantonsstraße. Entspricht der ersten Etappe des Walserwegs Graubünden (in umgekehrter Richtung). T2.

Beste Jahreszeit
Mai bis Oktober

Von der Postautohaltestelle Hinterrhein geht es unter der A13 durch hinab zum Rhein und über die Alte Landbrugg. Wir folgen der Schweiz-Mobil-Route 35, denn wir wandern heute auf der ersten Etappe des Walserwegs Graubünden – in entgegengesetzter Richtung.

Drei Brücken, die dem Transitverkehr dienen oder dienten, überqueren hier den Hinterrhein. Die Alte Landbrugg, eine

Die Alte Landbrugg bei Hinterrhein. Die Steinbogenbrücke wurde 1693 gebaut, seither mehrfach renoviert.

Gletschergeschliffene Rundhöcker auf der Passhöhe. Einst reichte der Rheinwaldgletscher bis hierher – und noch weiter nach Süden.

Steinbogenbrücke aus dem Jahr 1693, in den 1930er-Jahren renoviert, diente früher den Säumern, die jüngste ist die A13-Brücke flussaufwärts kurz vor dem Tunnel-Nordportal und gleich daneben die 1822 erbaute, von Richard La Nicca entworfene Neue Landbrugg der Kommerzialstraße, eine schlicht-schöne, dreibogige Steinbrücke.

Der Weg steigt schräg dem Hang unter dem Mittagshorn entlang an, und bald schon überblicken wir die Betonlandschaft zwischen Hinterrhein und dem Nordportal des Straßentunnels und den vorderen Teil des Panzerschießplatzes. All das wurde in den Sechzigerjahren gebaut, der Tunnel 1967 eröffnet. We-

Die Naturschatztruhe San Bernardino

Das Gebiet, das wir auf drei Routen dieses Buches durchwandern, ist unter dem Namen »Quellgebiet des Hinterrheins – Passo del San Bernardino« schon in den 1970er-Jahren ins Bundesinventar der Landschaften und Naturdenkmäler von nationaler Bedeutung (BLN) aufgenommen worden. Es ist ein riesiges Gebiet, das sich vom Rheinursprung (siehe Route 20) über Rheinquell- und Marscholhorn zum Pass und bis zuhinterst ins Val Vignun (siehe Route 19) erstreckt und im Süden bis fast ins Dorf San Bernardino. Unmittelbar südlich des Dorfes schließt ein weiteres geschütztes Gebiet an, »Paludi del San Bernardino«, insgesamt umfassen diese beiden Gebiete mehr als 6000 Hektar (60 km²).

Kernstück auf dem Pass ist die größte Rundhöcker-Moorlandschaft der Schweiz, die 781 Hektar umfasst und 1996 ins Bundesinventar der Moorlandschaften von besonderer Schönheit und nationaler Bedeutung aufgenommen wurde. Der Wanderweg führt ab der Tällialp mitten durch diese Moorlandschaft.

Die Umweltnaturwissenschaftlerin Barbara Beer, die selber in der Region geforscht hat, erklärt: »Hochmoore, in denen kein organischer Abbau stattfindet, sind eine Art Archiv des Klimas und der Vegetation vergangener Zeiten.« Zwei der Hochmoore am San Bernardino sind denn auch eingehend untersucht worden (eines liegt an unserem Weg bei Sass de la Golp), und man hat dort wichtige Erkenntnisse zur alpinen Vegetationsgeschichte gewonnen. Von einer »Naturschatztruhe« ist in der zitierten Publikation die Rede, bestehend aus Mulden und Runsen, Kreten und Kuppen, Seen und Bächen, Wiesen und Gebüschen, Grünerlen und Bergkiefern, Fichten- und Lärchenwäldern.

sentlich älter ist die Hinterrheiner Talalp, die sich zwischen den ganzen Bauten gehalten hat. Über uns verläuft noch eine Weile die Hochspannungsleitung Sils–Soazza, eine wichtige transalpine Stromleitung, deren Ausfall im September 2003 unmittelbar den großen Strom-Blackout in Italien verursachte.

Beim »Oberscht Cheer« (1826 m), der obersten Haarnadelkurve der Passstraße, führt ein neues Wegstück oberhalb der Straße nach Dürrenbüel. Dieses Wegstück ist eher nicht zu empfehlen, wenn der Boden vom letzten Regen noch nass ist; dann hat es dort sehr schlammige Stellen, denen man nicht ausweichen kann, und man geht besser vom Oberscht Cheer bis

See mit Schmalblättrigem Igelkolben und Übergangsmoore mit unterschiedlichem Verlandungsgrad.

zum Wegerhäuschen in Dürrenbüel einen guten Kilometer auf der Passstraße. Kurz nach dem Wägerhuus, das früher dem Wegmacher auf dem Nordhang des Passes diente, zweigt der Wanderweg links ab. Von jetzt an ändert sich die Szenerie, und wir treten ein in eine bezaubernde Berglandschaft.

Bei der Tällialp (1926 m), die den Hinterrheiner Bauern gehört und auf der im Sommer ein ausgezeichneter Käse hergestellt wird – wie auch unten auf der Talalp –, betreten wir mehrfach geschütztes Gebiet, das in diverse Bundesinventare aufgenommen wurde: Landschaften und Naturdenkmäler,

Enzian, Polsternelke, Kröte, brauner Grashüpfer, Flachmoor mit Wollgras: die Naturschatztruhe San-Bernardino-Pass ist reich befrachtet.

Moorlandschaften, Hoch- und Übergangsmoore, Trockenwiesen und -weiden – alles »von nationaler Bedeutung«. Und wenn wir weiter Richtung Passhöhe wandern, ist das bald auch gut nachvollziehbar.

Zwar begleitet uns auch hier noch technische Moderne in Form der üblichen Töffs auf der zunächst nicht weit entfernten Passstraße und der futuristisch anmutenden Belüftungstürme des Autotunnels, der hier 300 Meter unter uns durchführt. Aber zunehmend dominiert die Natur. Unzählige stehende und fließende Wasser und Wässerchen und ein sehr mineralienreicher

Beim Sass de la Golp weiden Pferde und Rinder zwischen Legföhren und Alpenrosen.

Untergrund lassen hier eine unendlich vielfältige Pflanzenwelt erblühen, die im Lauf der Jahreszeiten mehrfach zu wechseln scheint und die ganze Passlandschaft in unterschiedlicher Farbenpracht erscheinen lässt. Hier ist an schönen Sommertagen, in Conrad Ferdinand Meyers Worten gesagt, »der Himmel schon südlich, die Luft frisch, aber mild«; für den Zürcher Dichter war übrigens das Misox insgesamt schlicht »das schönste Tal des Bündnerlandes«.

Bei Punkt 2028 geht es geradeaus zum Ospizio, das seit 1825 dort steht, der Walserweg zweigt links ab. Nach circa 500 Metern lohnt es sich, den Weg linker Hand kurz zu verlassen und die zauberhaften Laghit d'Ardei zu besuchen, kleine Seen und Flachmoore, die zwischen den charakteristischen Rundhöckern liegen und von Wollgras, Fingerwurz, Steinbrech, Igelkolben, vielen verschiedenen Torfmoosarten umrahmt werden.

Bei Punkt 2086 führt wieder ein Weg hinüber zum Ospizio, wir bleiben aber auf dem Walserweg, und es geht nun auf der Südflanke des Passes zunächst sanft abwärts, durch Rundhöcker, Zwergsträucher, Legföhrenwäldchen. Teilweise ist die Mulattiera (der Maultierweg), die sommers und winters als Saumpfad diente, noch gut erhalten. Bei Sass de la Golp (1994 m) befindet sich eines der besonders gründlich erforschten Hochmoore. Weiter geht es über Gareida hinab nach San Bernardino Dorf (1609 m). Beim Eintritt von Norden zeigt sich das Dorf nicht von seiner vorteilhaftesten Seite. Am Curil stehen riesige Appartmenthäuser und das ebenso riesige ehemalige Hotel Albarella, alles in den 1970er-Jahren gebaut, als man darauf zählte, dass dank der wintersicheren Erreichbarkeit von Norden und Süden hier eine Touristenstation von beträchtlichen Ausmaßen entstehen könnte. Doch die in jener Zeit erstellten Bergbahnen, die ein Skigebiet auf der rechten Talseite erschlossen, sind seit 2012 stillgelegt und werden den Betrieb wohl kaum je wieder aufnehmen.

San Bernardino Villaggio mit Chiesa Rotonda, links oben die dem heiligen Bernhard von Siena gewidmete Kapelle, und gleich daneben lugt noch das Postkartenwahrzeichen des Orts, der Piz Uccello, hervor.

Der San-Bernardino-Tunnel

San-Bernardino-Tunneldurchstich im April 1965.

Bei seiner Eröffnung am 1. Dezember 1967 ist die Freude groß: Erstmals ist mit dem San-Bernardino-Tunnel eine wintersichere Verbindung für den motorisierten Verkehr zwischen Misox und dem Rest des Kantons geschaffen. Mussten beispielsweise die Kantonsparlamentarier aus dem Südtal zuvor noch durch sieben Kantone reisen, um an die Wintersession nach Chur zu gelangen, erreichen sie die Bündner Kapitale nun bequem in weniger als zwei Stunden.

Die große Zahl prominenter Vertreter aus allen Landesteilen und dem benachbarten Ausland, die an der Eröffnungsfeier am 1. Dezember 1967 teilnehmen, zeigt aber auch: Dieses Projekt ist nicht nur von regionaler Bedeutung, sondern von internationaler. Tatsächlich erhofft man sich von den neuen Zufahrten und dem Tunnel einen verstärkten Transitverkehr und eine belebende Wirkung auf Tourismus und Industrie im Norden wie im Süden.

Den Dörfern entlang der Route wird eine prosperierende Zukunft vorausgesagt. Und die Investitionen in die Zufahrtsstraßen lassen auch die anderen Regionen darauf hoffen, von den schnelleren Verbindungen in die Zentren der Schweiz und Italiens zu profitieren. Denn der Tunnel ist lediglich ein Teilstück – wenn auch das wichtigste – der neuen N13.

140 Millionen Franken kostete der Bau des Tunnels damals. Doch das sind nicht die einzigen Kosten. Tausend Unfälle während des Baus werden gezählt. Elf Tote sind insgesamt zu beklagen. Davon zwei, als beim Ausbruch der Lüftungsschächte Arbeiter über mehrere hundert Meter in die Tiefe fallen; einer wird von einem Schotterwagen überfahren.

Die nördliche Einfahrt des San-Bernardino-Tunnels liegt auf 1613 Metern, im Süden auf 1631 Metern, der Tunnelscheitel, also sein Mittelpunkt, liegt auf 1641 Metern. Der 6,6 Kilometer lange Tunnel weist somit eine leichte Steigung bis zur Tunnelmitte auf, wo das Niveau wieder zu sinken beginnt, was mit der Entwässerung des Tunnels zusammenhängt. Im Grundriss beschreibt der Tunnel eine leichte Ausbuchtung nach Westen.

Gegliedert ist der Tunnel in drei Abschnitte von je 2000 Metern Länge, die durch zwei Knicke gebildet werden. Damit werden zwei Ziele erreicht: Einerseits verläuft der Tunnel unterhalb der Passmulde, womit die Überdeckung kleiner und die Lüftungsstollen entsprechend kürzer gestaltet werden können. Andererseits bewirken die beiden Kurven, dass die Fahrt durch den Tunnel als weniger monoton erlebt wird, was die Sicherheit erhöht. Im Abstand von 750 Metern werden Ausstellnischen eingerichtet, in denen im Ernstfall ein Lastwagen Platz findet.

Die Lüftung war eine der größten Herausforderungen beim Bau des San-Bernardino-Tunnels. Durch die Anordnung von zwei unterirdischen Belüftungszentralen in den Drittelspunkten sowie je einer Zentrale bei den Tunnelportalen wird der gesamte Tunnel in sechs Lüftungsabschnitte unterteilt. Bei der Sanierung des Tunnels in den Jahren 1991 bis 2006 wurde das Lüftungssystem optimiert, wobei der alte Zuluftstollen in einen Sicherheitsstollen verwandelt wurde. Dieser befindet sich unter der Fahrbahn.

Seit der Eröffnung steigt der Verkehr über den San Bernardino stetig. 2015 durchfuhren täglich durchschnittlich 7117 Fahrzeuge den Tunnel – das sind fast 2,6 Millionen Fahrzeuge im Jahr. Im August 2019 stieg der maximale Tagesverkehr sogar auf fast 23 000 Fahrzeuge.

Eröffnung des Straßentunnels am 1. Dezember 1967, hier das Südportal. Scharenweise wurde Prominenz aus der Schweiz und dem benachbarten Ausland im Postauto herangechauffiert.

Ein Bündner Emissär weibelt in Turin für die Kunststraße

Die Königsbrücke, il ponte Vittorio Emanuele, an der Südrampe des Passes, mit Lawinengalerien. Zeichnung des britischen Illustrators William Henry Bartlett von 1833. Brücke und Galerien, die als besonders elegante Bauten galten, existieren nicht mehr. Die Streckenführung musste wegen ständiger Lawinengefahr geändert werden, sodass diese Bauwerke überflüssig wurden und verfielen.

Warum gleich zwei Straßen, welche die Alpennord- mit der Alpensüdseite verbinden – über zwei Pässe, San Bernardino und Splügen, die in der Luftlinie nur wenige Kilometer auseinanderliegen? Nun, sie führten damals im Süden in unterschiedliche Machtbereiche.

Zuerst wurde die Bernhardinstraße geplant. Als einer der Gründe, weshalb dieses Projekt in Angriff genommen wurde, wird in der Literatur oft die Klima-/Hungerkatastrophe 1816 genannt. 1816 war das »Jahr ohne Sommer«, im Juli fiel Schnee bis in die Niederungen, die Ernten fielen in ganzen Regionen aus. Die Bündner hätten mit dieser Straße eine bessere und schnellere Versorgungsverbindung in den Süden schaffen wollen. Diese Vermutung wird allerdings laut dem Historiker Jürg Simonett im zeitgenössischen Schrifttum nicht bestätigt.

Dafür gibt es in den *Wanderungen durch die Rhätischen Alpen* von Peter Conradin von Tscharner aus den Jahren 1829/31 eine ganz andere Darstellung des Zusammenhangs von Hunger und Straße. Tscharner weilte im Frühjahr 1816 in Turin, der Hauptstadt des damaligen Königreichs Sardinien-Piemont. Der junge Offizier war in der Residenz mit der Auflösung des dort stationierten Bündnerregiments beschäftigt. Eines Tages kam der Beauftragte eines Churer Handelshauses in die Turiner Residenz, um Korneinkäufe zu tätigen, in der Tasche ein Gesuch der Bündner Regierung an den König, dem Handelshaus die Kornausfuhr zu genehmigen. Dies nachdem die anderen umliegenden Länder ein solches wegen »Misswachs«, also kärglichen Ernten, verweigert hätten. Denn schon die Jahre vor dem eigentlichen Katastrophenjahr waren viel zu kalt, die Lebensmittel verknappten sich. Das ganze Jahrzehnt von 1810 bis 1820 gilt als das kälteste der letzten 500 Jahre. Als Hauptgründe dafür werden heute zwei gewaltige Vulkanausbrüche in Kolumbien (1809) und Indonesien (1815) genannt.

Der Handelsgesandte bat den mit den Verhältnissen in der Residenz vertrauteren Landsmann Tscharner, ihn in der Unterredung mit dem zuständigen Minister zu unterstützen. Der Bescheid betreffend Kornausfuhr war abschlägig, man habe auch alle anderen derartigen Gesuche ablehnen müssen. Etwas anderes wäre es, sagte der Minister, »wenn irgend ein besonderer Vorwand da wäre, eine Ausnahme gegen Ihre Regierung zu machen«. Und da bringt Tscharner die Bernhardinstraße ins Spiel, und es gelingt ihm, dem Minister »die Vortheile bemerkbar zu machen, welche eine von beiden großen Nachbarn [Österreich (mit der Lombardei) und Frankreich] unabhängige fahrbare Handelsstraße zwischen dem Langensee und dem Rheinstrom für den Handel der königlichen Staaten überhaupt, vor allem aber für den Hafen von Genua hervorbringen würde«.

Dem Minister scheint das eingeleuchtet zu haben. Zwar wurde trotzdem nichts aus dem Deal mit der Kornausfuhr, aber die Idee einer Bernhardinstraße fasste Fuß in der Turiner Residenz – und bald auch in Chur. Tscharner kehrte dorthin zurück und berichtete dem Kleinen Rat (der Kantonsregierung) von der Unterredung. Bereits im Dezember 1816 wurde er wieder nach Turin entsandt, diesmal als offizieller Emissär des Kleinen Rates, um mit Turin Verhandlungen zur Finanzierung einer Straße über den San-Bernardino-Pass aufzunehmen.

Tatsächlich waren verkehrstechnische und -politische Überlegungen für die Bündner (und zu Beginn auch die Tessiner) Entscheidungsträger ausschlaggebend dafür, dass dieser Straßenbau vorangetrieben wurde. Der

Durch dieses Tor führte die Kommerzialstraße einst ins Rheinwald, heute nur noch zur Suferser Staumauer.

ältere Bruder von Peter Conradin, Johann Friedrich von Tscharner hat in einem ausführlichen Aufsatz mit dem Titel »Ueber das Transitwesen von Graubünden« bereits im Jahre 1807 in der Zeitschrift *Der Neue Sammler* den Zustand des Transportwesens und der bestehenden Straßen und Wege als ziemlich erbärmlich dargestellt und die Notwendigkeit einer modernen fahrbaren Straße betont. Doch der Bau einer solchen galt wegen der technischen Schwierigkeiten und des enormen Bedarfs an Finanzmitteln zunächst als undurchführbar. Johann Friedrich war übrigens 1816 Mitglied des Kleinen Rates; er war es wahrscheinlich, der seinen jüngeren Bruder als Emissär nach Turin schickte.

Jedenfalls war diese Straße von Anfang an international gedacht, so wie sie ja auch in den vorangehenden Jahrhunderten der Säumerei eine internationale Transitroute war. Sie führte nicht nach Mailand, sondern von Bellinzona nach Magadino am Lago Maggiore, wo es mit dem Schiff weiterging bis Arona, von dort wieder auf dem Landweg nach Turin oder Genua.

Diese Straße ermöglichte also eine Verbindung von Süddeutschland ins Königreich Sardinien-Piemont (zu dem auch Genua gehörte), ohne die österreichisch beherrschte Lombardei zu berühren. Piemont war denn auch sehr an dieser Straße interessiert und kam für einen beträchtlichen Teil der Kosten auf. Österreich dagegen suchte die Bernhardinstraße mit allen Mitteln zu verhindern und brachte den Kanton Tessin dazu, den trilateralen Vertrag zwischen Graubünden, Tessin und Piemont aufzukündigen. Aber allen Schwierigkeiten zum Trotz wurde die Straße gebaut, und zwar im geplanten Zeitraum. Dafür erhielt Österreich seine Splügenstraße, zwar nicht, wie Wien es gewünscht hätte, anstelle des Bernhardin, sondern als zusätzliche Verbindung, die nun in die Lombardei führte, nach Chiavenna und über den Comersee nach Como und Mailand.

Damit war die ganze »Untere Straße« befahrbar, und zwar im Sommer und im Winter. Im Winter wurden die Waren oder auch die in Einzelteile zerlegten Kutschen auf Schlitten verladen. Bei frischem Schneefall wurde ein Ochsengespann als Schneepflug vorausgeschickt.

Nicht alle waren gleich begeistert von diesen Straßen. Peter Conradin von Tscharner, der sich auch als interessanter Schriftsteller hervortat, zitiert in seinen *Wanderungen* einen Reisegefährten, mit dem er im Rheinwald unterwegs ist und der sich über die neuen Schnellstraßen ereifert: »Mögen übrigens die großen Straßen entfernte Länder sich näher bringen; *hier* dienen sie eher dazu den Bündner dem Bündner zu entfremden. Denn wenn vorher in abgemessenen Tagereisen die Ermüdung des Fußgängers oder die Sorge fürs eigene Pferd auf kurzen Stationen [Etappen] eine mehrmalige Einkehr erforderte, so fährt man jetzt mit Wechselpferden Tag und Nacht durch, und der von Chur Verreiste kömmt über die Gränze hinaus nach Bellenz, ohne seinen Landsmann in Schams oder in Misox anders zu sehen als im Schlaf.«

Das erinnert stark an Simeon Bavier, den ersten Bündner Bundesrat, der als Bundespräsident 1882 bei der Eröffnung der Gotthardbahn dabei war und später in seinen Lebenserinnerungen beschrieb, wie Einheimische angesichts des Festzugs unterwegs schwarze Fahnen schwenkten, um gegen die Eisenbahn, diesen »Brotschelm«, zu protestieren. Und er schreibt: »Es hat mich diese Urnermisere immer mehr in der Überzeugung bestärkt, daß bei internationalen Alpenbahnen die in den Alpen liegenden Strecken verlieren und die weiter entfernt liegenden Zentren gewinnen.«

Das Hospiz auf der Passhöhe steht seit 1825. Es erhöhte die Sicherheit des Passübergangs markant, vor allem im Fall von plötzlich hereinbrechenden Winterstürmen.

Ein Bündner Emissär weibelt in Turin für die Kunststraße

Route 19: San Bernardino Dorf–Strec de Vignun–Alp de Rog–Nufenen

Paradiesische Bergtäler

Durch die Val Vignun wandern wir hinüber in die Val Curciusa, zwei wunderschöne Bergtäler mit fröhlich mäandernden und rauschenden Bergbächen, die noch ganz und gar unverbaut geblieben sind. Es gibt keine Fahrstraßen; beide Täler sind nur zu Fuß erreichbar.

Wanderzeiten

San Bernardino–Cassina de Vignun	1 h 30
Cassina de Vignun–Strec de Vignun	1 h 15
Strec de Vignun–Alp de Rog	0 h 45
Alp de Rog–Nufenen	1 h 15
Totale Wanderzeit	**5 h 30**
Höhendifferenz	↗1000 m, ↘1000 m
Distanz	14 km

Charakter
Anspruchsvolle Bergwanderung auf meist guten Wegen. Vom Strec de Vignun geht es recht steil 550 Meter hinunter zur Alp de Rog. T2.

Beste Jahreszeit
Juni bis Ende September

San Bernardino (1609 m) ist an vielen Stellen kein schönes Dorf mehr, zu viele Bausünden, nicht nur aus den Siebzigerjahren. Aber um das Dorf herum breiten sich weitere Moorlandschaften aus, die eine Rundwanderung vom Villaggio zur Alp de Pian Doss, Lagh de Pian Doss, Suossa und zurück ins Dorf sehr lohnend machen (ca. 2 Std.).

Hübsch ist auch die dem heiligen Bernhard von Siena gewidmete Kapelle oberhalb der Chiesa Rotonda, Namensgeberin des Ortes und des Passes. Unterhalb der Kapelle weiter gegen den Ri de Fontanalba stehen die Gebäude der Mineralquelle

Val Vignun: Gämswurz blüht auf der Motta del Caslasc, unten die Ebene Pian Grand.

Das national geschützte Hochmoor von Suossa, südlich von San Bernardino.

Acubona, die ab den 1820er-Jahren immer mehr Gäste vor allem aus Norditalien anlockte; ihr Wasser half gemäß zeitgenössischen Werbeprospekten gegen fast alle physischen und psychischen Krankheiten.

Dank der Kommerzial- oder Kunststraße war die Anreise das ganze Jahr über gut möglich. Es entstanden die alten Hotels, die zum Teil heute noch in Betrieb sind – außer dem stolzesten, dem Ravizza oder National, erbaut 1825, das viele illustre Gäste beherbergte, aber schon lange nicht mehr in Betrieb ist. San Bernardino gehört zur Gemeinde Mesocco, die flächenmäßig sehr groß ist und im Norden über den Pass (bis ungefähr zu den nördlichen Lüftungsschächten des Autotunnels) reicht und im Osten die Val Vignun und die Val Curciusa einschließt.

Wir beginnen die Wanderung bei der Mineralquelle; es geht zurück Richtung Pass, aber nicht mehr auf dem Walserweg, sondern wir folgen dem Wegweiser nach Pian Lumbrif beziehungsweise Val Vignun. Nach der Fußgängerbrücke über den Ri de Fontanalba steigt der Weg durch einen außergewöhnlichen Wald an, den Bosch di Pescion, von dem die Umweltnaturwissenschaftlerin Barbara Beer schwärmt, er sei besonders reich an Lebensformen, Farben und Düften. Eichelhäher, Hasen, Rehwild oder Birkhühner könne man da antreffen und »Hunderte von Schmetterlingen, welche die Menschen hier seit Generationen verzaubern«.

Der Ri de Fontanalba, dem wir jetzt mehr oder weniger folgen bis in sein Quellgebiet, stürzt in einer kleinen Waldlichtung in einem imposanten Wasserfall zu Tal. Bald verlassen wir den Wald und folgen dem Pfad über offene Weiden, um bei Punkt 1853 die Abzweigung nach rechts zu nehmen.

Der Wasserfall Culmagna im Wald von Pescion.

Der Pfad steigt hinan bis zur Cassina de Vignun (2115m); je nach Jahreszeit stürzt der Bach hier ziemlich wild und schäumend ins Tal herab. Danach geht es praktisch ebenaus durch ein schönes Tal mit großen (wie dem Pian Grand) und kleineren sumpfigen Ebenen, in denen sich felsige Ausläufer wie die Motta del Caslasc erheben. Früher wurde das Tal als Kuhalp genutzt, aber seit vielen Jahren weiden hier Hunderte Rinder, die mit ihren Glocken den Wandernden das Geleit geben.

Auf dem Strec de Vignun (2373 m), also dem Pass, angekommen, erhebt sich uns gegenüber der höchste Gipfel der

Route 19: San Bernardino Dorf–Strec de Vignun–Alp de Rog–Nufenen

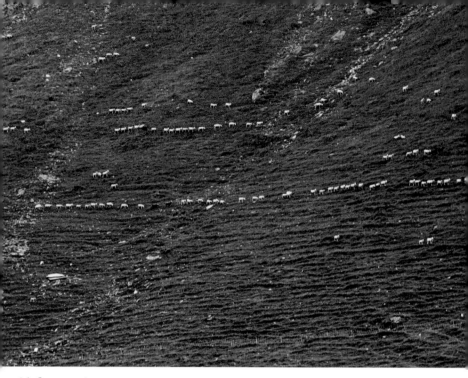

Schafkarawanen in Curciusa Bassa. Viele Tiere werden hier gesömmert.

Region, der Piz Tambo (3279 m), und es geht hinab ins nächste Tal, die Val Curciusa; von der Hirtenhütte bei Punkt 2259 hat man schon eine bessere Aussicht ins Tal hinab und man kann sich vorstellen, wie lang es ist, obschon man nicht das ganze Tal vor Augen hat, sondern nur die untere Talstufe, Curciusa Bassa. Grad gegenüber sieht man den Einschnitt des Areuapasses (siehe Route 17).

Der Zickzackweg hinab zur Alp de Rog geht in die Knie. Unten angekommen, überqueren wir den hier schon kräftig rauschenden Areuabach und erreichen die Alphütten de Rog (1810 m). Talaufwärts und -abwärts und an den Seitenhängen Vierbeiner soweit das Auge reicht: Rinder, Schafe, Ziegen und Pferde werden hier gesömmert, weiter ober beim Strec de Vignun auch Mutterkühe. Für Milchverarbeitung gibt es hier keine Infrastruktur.

Eine Alp, wie wir sie uns normalerweise vorstellen, ist das nicht. Es ist das Reich der Pastorizia Alpina, eines privaten Alp-

Der Areuabach mäandert in Curciusa Alta.

unternehmens, das 2003 vom Ökonomiedozenten und Alphirten Rudolf Helbling gegründet wurde. Es erstreckt sich über das ganze Weidegebiet der Val Curciusa, die Helblings Unternehmen gepachtet hat. Von den Besitzern werden sie nicht gebraucht – in Mesocco gibt es nur noch einen einzigen großen Bauernbetrieb und ein paar kleine Nebenerwerbsbetriebe.

Die Tiere, die hier gesömmert werden, kommen zum überwiegenden Teil aus verschiedenen Gegenden der Deutschschweiz; mit Lastwagen werden sie nach Nufenen transportiert und dann auf dem Wanderweg in die Val Curciusa getrieben – eine gar nicht so leichte Aufgabe, wie Helbling betont, denn der Weg ist schmal und verläuft teilweise in steilem Gelände. Doch wenn sie mal oben sind, genießen sie in der schönen Curciusa ihr Sommerferienlager.

Helbling betont, dass es in der Curciusa keine Möglichkeit zum Übernachten gibt, weder auf der Alp noch im mitgeführten Zelt, denn auf dem ganzen Gemeindegebiet von Mesocco ist

Wann wird Curciusa unter Schutz gestellt?

Die obere Talstufe Curciusa Alta wäre in den 1980er-Jahren fast in einem Pumpspeichersee versenkt worden. Die Misoxer Gemeinden hatten einer Konzession zuhanden der Misoxer Kraftwerke für ein Curciusa-Kraftwerk bereits in den 1950er-Jahren zugestimmt, die betroffenen Rheinwalder Gemeinden stimmten 1986 zu. Damit war das Projekt eines Speicherbeckens mit 60 Millionen Kubikmeter Inhalt praktisch realisierbar. Der größere Teil des Wassers wäre aus dem Misox hochgepumpt worden, um billigen Bandstrom in teuren Spitzenstrom zu verwandeln. Doch es kam anders: Die Umweltorganisationen, allen voran der WWF Graubünden, zogen alle Einspracheregister, die möglich waren.

Der Kampf dauerte dreizehn Jahre. 1999 gaben die Kraftwerke auf und schubladisierten das Projekt, vor allem weil die Rentabilität nicht mehr gegeben war. Das Tal wurde allerdings (entgegen hartnäckiger anderslautender Gerüchte) nie unter Schutz gestellt. Dies, obschon die Eidgenössische Natur- und Heimatschutzkommission (ENHK) bereits 1994 dafür plädierte, dass Curciusa ins Bundesinventar der Auengebiete aufgenommen werde und auch eine Erweiterung des BLN-Gebietes »Quellgebiet des Hinterrheins – Passo del San Bernardino« um die Val Curciusa befürwortete. Bundesrätin Ruth Dreifuss war sogar inkognito in die Val Curciusa gewandert, um sich selbst ein Bild zu machen. Doch der hartnäckige Widerstand der Bündner Regierung und auch des Parlaments in Bern verhinderten das bis heute erfolgreich. Dass das Kraftwerkprojekt irgendwann wieder reaktiviert wird, gilt als eher unwahrscheinlich, sodass einer Unterschutzstellung dieses schönen, wilden Tales, für die sich der WWF nach wie vor leidenschaftlich engagiert, eigentlich nichts mehr im Wege steht. (siehe auch: wwf-gr.ch, unter »Wasser unser Engagement«)

Das Projekt eines größeren Kleinkraftwerks, welches das Wasser des Areuabachs am Talausgang nutzen würde, ist derzeit schubladisiert, weil es sich nicht rechnet – bisher.

Widerstandsfest 1990 in Curciusa Alta; die Ballone markieren die Höhe der geplanten Staumauer.

wildes Campieren verboten. Ganz oben im Tal, auf 2400 Metern, ist allerdings 2020 ein neues Rifugio eröffnet worden, das aber eher für Gipfelstürmer gedacht ist. Von unserem Weg ist es zu weit entfernt, aber auf der Wegvariante Bocchetta di Curciusa bestünde die Möglichkeit, hier einen Tag im wilden Bergtal zu verweilen (Reservationen unter curciusa.herokuapp.com).

Der Weg von der Alp de Rog hinunter nach Nufenen ist angenehm, gradaus oder bis auf zwei Gegensteigungen leicht fallend immer an der rechten Talflanke. Die Schlucht, die der Areuabach sich gegraben hat, wird nun immer enger und ist unbegehbar; wir entfernen uns daher vom Flusslauf, und durch den Wald geht es jetzt steiler bergab bis zu Punkt 1635. Dort zweigt ein Fußweg links ab, und es geht über Wiesen hinunter zum Talboden, wo der Weg in die Feldstraße mündet. Von hier sind es noch etwa 10 Minuten ins Dorfzentrum von Nufenen (1569 m). Gleich nach Überquerung der A13 steht linker Hand eine riesige Baracke, die in der Zeit des Nationalstraßenbaus als Kantine gedient hatte; heute verpflegt sie als Gasthaus Rheinwald Einheimische und Passanten.

Der Areuabach kurz vor der Einmündung in den Hinterrhein bei Nufenen, oben das Einshorn.

Route 20: Hinterrhein–Zapporthütte–Ursprung

Zum Ursprung

Menschenwerk und wilde Landschaft: eine Wanderung am jungen Rhein, zunächst über den Waffenplatz der Schweizer Armee und dann sogar noch durch die Hölle. Diese anspruchsvolle Tour führt von einer stark genutzten in eine fast unberührte Landschaft.

Wanderzeiten

Hinterrhein Nordportal–Zapportstafel	2 h 20
Zapportstafel–Zapporthütte	1 h 10
Zapporthütte–Ursprung	1 h
Totale Wanderzeit	**4 h 30** (ohne Rückweg)
Höhendifferenz	↗1000 m, ↘200 m
Distanz	11,5 km

Charakter
In gewissen Passagen durchaus anspruchsvoll und ausgesetzt. T3.

Beste Jahreszeit
Juni bis September

Startpunkt dieser Wanderung ist das Nordportal des San-Bernardino-Tunnels (siehe Seite 288). Neben dem Rastplatz, auf dem wir starten, bröckelt die seit vielen Jahren leer stehende Raststätte vor sich hin. Ein vor Jahren bewilligtes Neubauprojekt wurde bislang nicht realisiert. Auf der anderen Seite des Rheins sehen wir die Anlagen des Tiefbauamtes, das für den Unterhalt des Tunnels zuständig ist, darunter einen markanten Kamin, aus dem die Abluft strömt.

Wir aber nehmen nicht die Straße in den Süden, sondern die Rheinquellstraße in Richtung Waffenplatz unter die Füße. Schon macht uns ein Stopp-Schild darauf aufmerksam, dass

Spuren der Armeeübungen finden sich auch weit hinter dem Panzerschießplatz.

Hier wird scharf geschossen

1965 fuhren die Panzer auf in Hinterrhein. Auf dem Schießplatz werden seither alle Waffensysteme angewandt, die die Schweizer Armee für Bodentruppen zur Verfügung hat, darunter der Kampfpanzer vom Typ Leopard 2 oder Artilleriegeschütze. Wenn der Föhn ungünstig weht, ist der Gefechtsübungslärm bis ins Dorf hinein gut zu hören, sagt Elisabeth Hasler-Stoffel. Ihr Vater war es, der damals als Gemeindepräsident mit der Eidgenossenschaft über den Verkauf der rund neun Quadratkilometer großen Landfläche verhandelte. »Die Gegner reute natürlich das Landwirtschaftsland, sie warnten aber auch vor dem Lärm und den Auswirkungen auf die Natur«, sagt sie.

Heute habe man sich arrangiert, und ohnehin habe die Zahl der Schießübungen in den letzten Jahren abgenommen, dies auch infolge der Armeereform. Zudem fänden kaum noch Panzerverschiebungen statt. Vorbei sind also die Zeiten, in denen regelmäßig Panzerkolonnen auf der A13 zwischen Chur und Hinterrhein unterwegs waren.

An 40 bis 45 Wochen pro Jahr würden Übungen in Hinterrhein durchgeführt, erklärt demgegenüber die Armee. Bis zu 450 WK-Soldaten befinden sich dann in der Region. Hinterrhein ist neben Wichlen GL einer von zwei Waffenplätzen, auf denen über Distanzen bis 2500 Meter mit Echtschuss trainiert werden kann, und ist deshalb von großer Bedeutung für die Armee. Auch führt das Bundesamt für Rüstung, die armasuisse, regelmäßig Versuche mit neuen Waffensystemen durch.

Wie bedeutend der Waffenplatz für die Wirtschaft des Tales ist, lässt sich nur schwer abschätzen. Natürlich werden die lokalen Restaurants und Läden frequentiert. Für Hasler-Stoffel erwähnenswert ist ein anderer Aspekt: »Viele Armeeangehörige aus der ganzen Schweiz kommen für eine gewisse Zeit ins Rheinwald und lernen es kennen. Vielleicht kehren sie später einmal als Touristen zurück.«

wir Armeegelände betreten, militärisch gesagt den Pz Spl (Panzerschießplatz). Wer passieren möchte, sollte sich zuvor über die Schießpläne der hier stationierten Panzerbataillone informieren. Dabei ist die Armee den Wandernden durchaus wohlgesonnen; sie dürfen auch durch, wenn geschossen wird. Dann wird das Schießen eingestellt, und die Wandersleute werden von einem Armeeangehörigen ans Ende des Waffenplatzes chauffiert. Aber man muss sich natürlich anmelden.

Die von einem Zaun eingefasste Teerstraße führt uns bald an einer ersten Armeeanlage und einem ganzen Schilderwald mit den für das Militär üblichen Abkürzungen vorbei. Welchen Weg man genau nimmt, ist weniger wichtig, wer sich aber ein wenig links/mittig hält und die Anlage nicht ganz umgeht, kommt an einer Lawinengalerie vorbei, vor der das gesamte Straßennetzwerk des Panzerplatzes modellhaft auf dem Boden ausgelegt ist. Das könte auch Kunst am Bau sein, denken wir, lassen uns aber von diesem Gedanken nicht beirren: Hier wird letztlich der Ernstfall geprobt. Auf dass er nie eintreten möge.

Hier ist das Tal noch weit, links von uns die Hänge, die zum Pass und zum Marscholhorn hochführen, rechts der Unter Heuberg, der eine satte Weide bietet, bis er weiter oben in Chilchalphorn und Lorenzhorn aufgeht. Immer wieder stürzt sich ein Bächlein die Flanken und Felsen herunter und ergießt sich, wohl kanalisiert, in den abschnittsweise gefügig gemachten, dann bereits wieder aufgeweiteten Rhein.

Ein Modell zeigt die Wegstrukturen des Panzerschießplatzes Hinterrhein.

Ketten helfen gerade bei kalten Bedingungen über die vereisten Passagen.

Das erinnert uns daran, dass wir hier nicht nur Militär-, sondern auch Naturlandschaft betreten. Das Gebiet steht ebenso wie der San-Bernardino-Pass und bis zum Rheinwaldhorn unter Schutz des Bundes und ist im Bundesinventar der Landschaften und Naturdenkmäler (BLN) verzeichnet. Natürlich führt das immer wieder zu Diskussionen mit der Armee, gerade, wenn sie ihren Waffenplatz erneuern möchte. Einer der wenigen übrigens, auf dem das Gefecht der verbundenen Waffen trainiert werden kann, sprich, wo mehrere Teilstreitkräfte – etwa Panzer und Minenwerfer – in orchestrierter Weise den Kampf proben. Und das mit scharfer Munition. Wundern sollte man sich also auch später nicht über die hier und dort liegenden Geschosshülsen.

Aber genug davon. Endlich ist, nachdem wir rund 4,5 Kilometer lang Zielanlagen und Dämme passiert haben, Punkt 1716 erreicht und der Weg wird schmal. Arg schmal sogar, und das schon bald. Wir passieren mehrere enge, durch Ketten gesicher-

Kurz vor der Hölle, dem heikelsten Punkt der Wanderung.

te Stellen. Der Fels ist hier steil und zuweilen rutschig, dringt doch viel Wasser aus dem Gestein, das in kalten Nächten leicht zu Eis gefrieren kann.

Dem munter sprudelnden jungen Rhein entlang geht es nun weiter, mal höher, mal tiefer. Das Tal wird enger, und nur wer Glück hat, bekommt ein wenig Sonne ab. Die letzten hundert Meter vor dem Zapportstafel gehen wir über Wiesland. Beim Zapportstafel stehen wir auf 1953 Meter Höhe, sieben Kilometer haben wir nun bereits hinter uns. Ein aus Stein gebauter Bogen schützt hier vor schlechtem Wetter, ein Bänklein lädt zur kurzen Rast. Denn nun wirds steiler und abwechslungsreicher.

Der Weg dreht rechts ab, linker Hand erblicken wir die Flur Paradies, nicht jedoch den gleichnamigen Gletscher. Dessen kläglicher Rest befindet sich ein gutes Stück weiter oben in einer Senke und ist kaum mehr sichtbar.

Bald finden wir uns auf einem kleinen Plateau wieder. Noch eine kleine Geländestufe höher gehen wir und finden uns vor

Blick zurück zur Zapporthütte.

der schwierigsten Passage der ganzen Wanderung. Wo ein Paradies ist, ist auch die Hölle nicht weit, und wir blicken hinunter in die so benannte Schlucht. Das Wasser ist mehr zu hören als zu sehen, und wir setzen vorsichtig einen Fuß vor den anderen, um ein kleines, aber steiles Tobel zu überwinden, wo im Herbst auch mal etwas Schnee liegen bleiben kann.

Zwar befinden wir uns danach in Wiesland, aber steil hinunter geht es trotzdem, bevor wir zwischen zwei Felsbändern weiter in die Höhe steigen. Noch eine mit Schutt gesäumte Weide durchlaufen wir, bis wir bald die Zapporthütte erblicken.

Der ganz junge Hinterrhein mit Rheinwaldhorn/Piz Adula.

Die vom SAC Rätia betriebene Hütte wurde im Jahre 1872 gebaut und im Jahre 2007 letztmals renoviert. Sie liegt auf 2276 Metern und bietet dreißig Schlafplätze. Der Notraum ist ganzjährig geöffnet.

Wer vor der Hütte sitzt, hat einen wunderbaren Blick auf die andere Talseite und auf das angesprochene Paradies, ein wenig rechts davon die Paradieschöpf und Paradieshüreli, hinter dem gemäß Karte die Gletscher Paradies und Zapport liegen. Da bei unserem Besuch bereits einmal Schnee gefallen ist, sind die Umrisse der Gletscher nicht auszumachen.

Noch haben wir eine letzte Etappe vor uns. Oberhalb der Hütte zieht sich der Pfad durch das Gras, zumeist ohne große Steigung. Wir passieren zunächst einen von Felsbändern gesäumten Abschnitt, aber schon bald öffnet sich das Tal, und wir haben endlich freien Blick auf das Rheinwaldhorn und das vorgelagerte, von Schutt bedeckte Tal. Hier strömen verschiedene Zuflüsse zusammen, und zusammen bilden sie den Ursprung des Hinterrheins, der lange Zeit als eigentlicher Ursprung des Rheins galt. Über uns thront das Rheinwaldhorn beziehungsweise der Piz Adula, der schon bei den Römern Erwähnung fand, mit 3402 Metern die höchste Erhebung der Region und zugleich das westliche Ende des Rheinwalds und damit der Region Viamala.

Das westliche Ende der Region.

Frühe Reisen zum Rheinursprung

Als der Zürcher Naturforscher Johann Jakob Scheuchzer (1672–1733) im Jahre 1707 auf einer seiner Bündner Reisen den Weg zum Rheinursprung unter die Füße nahm, hatte er wohl nicht seinen besten Tag. Es begann ja noch leidlich: »Vom Dorff zum Hintern-Rhein rechnet man drey Stunden bis zum Ursprung des Rheins. Der erste halbe Theil von dieser Weite ist eben, angenehm, und geht durch fette Alpen, der andere halbe Theil aber ist rauh und bergicht.« Auf halber Höhe erreicht er die Zapport-Alp, »welche den Bergamasker Schafen zur Weyde dienen. Die Italienischen Schaf-Hirten, welche alle Jahre etliche tausend Schafe hierher treiben, (woran sie den Bündtnern große Mieth-Zinse bezahlen) führen hier ein sehr einfältiges und elendes Leben.« Sie haben elende, schmutzige Behausungen und ernähren sich von einem Reismehl-Brei und den Kadavern verunglückter Schafe – »alles garstig und abscheulich genug, wie es die Beschaffenheit des Orts mitbringt«.

Dass die Alp gegenüber Paradies genannt wird, erscheint ihm erst recht abstrus: »Der Anlass zu dieser Bennenung ist gewiss weder von der Annehmlichkeit, noch Fruchtbarkeit, noch von einer anderen Ähnlichkeit mit dem alten Paradieß, hergekommen, so daß ich den Verdacht habe, sie möchte aus Scherz so genennt worden seyn.«

Gut achtzig Jahre später, an einem Julimorgen 1789, brach der Surselver Pater Placidus a Spescha (1752–1833) in Hinterrhein zur Erstbesteigung des Rheinwaldhorns auf – er nennt es Piz Valrhein. Er war zunächst nicht allein, sondern in Begleitung dreier »Herren Doktoren«, denen er als »Wegweiser« (Führer) dient. Er nimmt aber vorsichtshalber auch noch einen einheimischen Führer mit, und auf der selben Alp, wo Scheuchzer eingekehrt war, bittet er auch noch den Schäfer Antonio, sich der Gruppe anzuschließen. Für die Bergamasker Schäfer findet er deutlich wärmere Worte als der Zürcher Naturforscher: »[Sie] sind sehr freundschaftliche und gastfreie Leute; und wenn man sie zu Anführern und Begleitern auf Bergreisen bekommt, kann man ihrer Treue, Sorgfalt und Wahrheit jedesmal versichert sein. Zur Steuer der Überzeugung dient dieses, daß ich den Piz Valrhein, den Mittelpunkt der höchsten Alpgebirge dieser Gegend, nicht hätte ersteigen können, wenn ich einen solchen Schäfer nicht zur Seite gehabt hätte.«

Jetzt erfahren wir auch, dass Scheuchzers Reismehlbrei in Wirklichkeit Polenta war. Bald dezimiert sich die Gruppe. Zuerst gibt der Hinterrheiner Führer auf und kehrt um. Dann rutscht einer der Doktoren aus – »ich sprang ihm nach, ergriff ihn und stellte ihn in sein Glied« –, aber der Zwischenfall führt dazu, dass die Doktoren keinen Schritt weiter gehen wollen. Also baut man ihnen eine Sitzbank im Schnee, wo sie bequem warten können, bis die Erstbesteiger zurückkommen. Aber bei der letzten Passage zum Gipfel hat auch der Bergamasker genug, und er sagt laut Spescha: »Mi no.« Also stürmt Pater Placidus den Gipfel ganz allein. Dort, auf Punkt 3402, wähnt er sich in den »Mittelpunkt der höchsten Alpengebirge versetzt«. Auf dem Abstieg »trafen wir die Herren Doktoren im Schnee sitzend an so, wie wir sie eingepflanzt hatten«. Der Abstieg bringt weitere Abenteuer, alle enden glimpflich. Aber Stunden später fangen Augen und Gesichtshaut an wie verrückt zu brennen und die Bergsteiger werden von Schneeblindheit und Sonnenbrandbeulen geplagt. Tags darauf flieht eine Wirtstochter schreiend vor dem Pater, weil sie wähnt, niemand anderen als den Gottseibeiuns zu erblicken.

Der deutsche Reiseschriftsteller Johann Gottfried Ebel (1764–1830) war in den ersten 1820er-Jahren zusammen mit dem Maler Johann Jakob Meyer auf den »neuen Straßen durch den Kanton Graubündten« unterwegs; der eine erzählte die Geschichte der Region und beschrieb die neuen Kommerzialstraßen, der andere zeichnete sie (siehe Seite 33, 161). Bei Hinterrhein vermerkt Ebel bedauernd, »dass die Wanderung zur Wiege des Rheinstroms nicht Jedermann anzuempfehlen« sei, »denn der Weg dahin ist nicht bloß mühsam, sondern kann besonders ohne kundigen Führer zum Theil gefährlich werden«. Von den Vorstehern der Gemeinde Hinterrhein wünscht er sich daher, »sie möchten den Eifer und die Mittel finden, einen leidlichen Weg vom Anfang der Kluft bis zum Rheinwaldgletscher zu machen«. Die Gemeinde hätte davon große Vorteile, denn gewiss »würde eine Menge von Fremden den Rhein-Ursprung und die dort verborgene Gletscherwelt

Dieses seltsame Bauwerk steht auf der Alp, wo früher die Bergamasker Hirten wirkten.

Notbrücke über dem klaffenden Abgrund beim Rheinwaldgletscher; auf der Leiter Placidus a Spescha. Aquatinta von Johann Ludwig Bleuler, 1818.

besuchen«. Ja, er rät sogar zum Bau einer Schutzhütte oben auf der Ursprungebene, sodass man plötzliche Wetterstürze nicht zu fürchten hätte.

Das touristische Potenzial wäre damals gewiss größer gewesen als heute: Weil es noch keinen Panzerschießplatz gab, weil die Gletscher oben noch wesentlich eindrücklicher gewesen sein müssen und weil alle Welt davon ausging, dass da oben die eigentliche Quelle des großen Rheinstromes sei. Dennoch, die Schutzhütte gibt es, und der Weg wurde vor einigen Jahren neu gemacht, nicht von der Gemeinde, sondern von den Promotoren des 2016 in Gemeindeabstimmungen gescheiterten Nationalparks Adula, denn es war immerhin einer der wenigen Wege mitten hinein in die damals geplante Kernzone des Parks.

Frühe Reisen zum Rheinursprung

Literaturverzeichnis

Aerne, Peter, Robert Lejeune, in: Historisches Lexikon der Schweiz (HLS), Version vom 11.09.2008.

Andeer, Von Acla bis Zwölfihorn. Die Orts- und Flurnamen der Landeskarte Andeer 1:25000, Lia Rumantscha und Institut dal DRG, Chur 2012.

Bäurle, Jörg u. a. (Hg.), Neues Handbuch Alp, 3., aktualisierte Auflage, zalp, Mollis 2012.

Beer, Barbara/Marco Buchmann/Marco Marcacci, Entdeckungen am San Bernardino. Natur, Landschaft und Geschichte einer Passregion. Mit 14 Exkursionen, Hier und Jetzt, Zürich 2020.

Boesch, Ina/Corinne Holtz, Von damaligen Hexen und heutigen Experimenten im Avers, in: Bündner Kalender 2011.

Brun, Friederike, Tagebuch einer Reise durch die östliche, südliche und italienische Schweiz, bey Friedrich Brummer, Kopenhagen 1800.

Caprez, Christina, Die illegale Pfarrerin, Das Leben von Greti Caprez-Roffler 1906–1994, Limmat, Zürich 2019.

Caviezel, Nott, Dorfbrände in Graubünden 1800–1945, Calanda, Chur 1998.

Clavadetscher, Otto P./Werner Meyer, Das Burgenbuch von Graubünden, Orell Füssli, Zürich und Schwäbisch Hall 1984.

Clopath, Johann u. a. (Hg.), Cudesch da Schons: fotografeias istoricas/Schamserbuch: historische Fotografien, Cuminànza Culturala Val Schons [2019].

Conzett, Silvia, Bergdorf Hinterrhein. Erlebt, erinnert, erzählt, Hier+Jetzt, Baden 2005.

Cuminànza Culturala Val Schons (Hg.), Cudesch da Schons/Schamserbuch, [ohne Ort] 2017.

Das Aus für das Rheinwald-Grosskraftwerk vor 70 Jahren, in: Bündner Monatsblatt, 4/2016.

Denzler, Lukas, Im Avers. Ein Tal – Zwei Gemeinden – Zehn Fraktionen, in: TEC21 51–52/2013.

Die Kraftwerkanlagen Hinterrhein-Valle di Lei, Separatdruck aus Terra Grischuna/Bündnerland, September 1963.

Domenig, Rageth, Zur Geschichte der Kommerzialstrassen. Ein Beitrag zur Verkehrspolitik Graubündens, Schuler, Chur o. J. [1919].

Egloff, Peter, Neu-Splügen wurde nicht gebaut, Limmat, Zürich 1987, wieder abgedruckt in: Bündner Monatsblatt, 4/2016.

Feiner, Ralph/Köbi Gantenbein/Marco Guetg (Hg.), Himmelsleiter und Felsentherme. Architekturwandern in Graubünden, Rotpunkt, Zürich 2020.

Flüeler, Elsbeth, Berge entstehen – Berge vergehen. Wanderungen zu Bergstürzen entlang der Alpen, ott/hep, Bern 2011.

Frischknecht, Jürg, Wandert in der Schweiz, solang es sie noch gibt. Ein Wanderbuch für 35 Lokaltermine, Limmat, Zürich 1987.

← Viamalaschlucht mit nur einer Brücke, nämlich der Wildenerbrücke von 1739. Koloriertes Foto aus dem Jahr 1907.

Graf, Flurina, Migration in den Alpen. Handlungsspielräume und Perspektiven, hg. vom Institut für Kulturforschung Graubünden, transcript, Bielefeld 2021.

Gredig, Hansjürg/Flurina Graf/Silvia Simon/ Georg Jäger, Regionsprofil Viamala, Reihe Innovation durch Kultur. Ein Forschungs- und Entwicklungsprojekt zur Förderung der regionalen Kultur und innovativer touristischer Kulturangebote in Graubünden, Institut für Kulturforschung Graubünden (ikg), Mai 2012.

Gredig, Hansjürg/Walter Willi, Unter Strom. Wasserkraftwerke und Elektrifizierung in Graubünden 1879–2000, Bündner Monatsblatt, Chur 2006.

Hans Rudolf Schmid, Kampf um Rheinwald. Mit farbigem Titelbild und eingestreuten Skizzen von Rudolf Baumberger, Selbstverlag des Verfassers, Zürich 1943.

Historische Verkehrswege im Kanton Graubünden, Eine Publikation zum Inventar historischer Verkehrswege der Schweiz IVS, herausgegeben vom Bundesamt für Straßen ASTRA, Bern 2007.

Hohler, Franz, 52 Wanderungen, btb, München 2016.

Hohler, Franz, Spaziergänge, btb, München 2013.

Hugentobler, Oskar, Die Strasse als Kulturobjekt, in: Terra Grischuna 4/2001.

Imhof, Eduard, Die Splügener Kalkberge, in: Die Alpen, 54. Jahrgang 1919, Bern 1920.

Jecklin-Tischhauser, Ursina, Tomils, Sogn Murezi. Ein kirchliches Zentrum im frühmittelalterlichen Graubünden, Reihe Archäologie Graubünden, Band/Sonderheft 8, Somedia, Chur 2020.

Jenny, Luzi, Der Dracha am Beverin und andere Heinzenberger Sagen, Walservereinigung Graubünden, 2014.

Kulturarchiv Rhäzüns und Institut für Kulturforschung Graubünden, Grüsse aus Rhäzüns, Ansichten und Einsichten, Somedia, Chur 2015.

Lejeune, Robert, Bergfahrten im Gebiet des Hinterrheins, SAC Jahrbuch 1942.

Lejeune, Robert, Bergfahrten im Gebiet des Hinterrheins, SAC Jahrbuch 1943.

Lejeune, Robert, Erinnerungen eines Bergpfarrers, Gute Schriften Nr. 230, Mai 1961.

Lejeune, Robert, Leonhard Ragaz 1868–1945, in Bündner Jahrbuch 1968.

Lorez, Christian, Bauernarbeit im Rheinwald. Landwirtschaftliche Methoden und Geräte und ihre Terminologie in der ältesten urkundlich belegten Walserkolonie Bündens, Basel, Schriften der Schweizerischen Gesellschaft für Volkskunde, Bd. 25, Basel 1943 (Nachdruck 1986).

Maissen, Carmelia, Hochhaus und Traktor. Siedlungsentwicklung in Graubünden in den 1960er- und 1970er-Jahren, Scheidegger & Spiess, Zürich 2014.

Mani, Benedict, Heimatbuch Schams/ Cudasch da Schons, Gasser & Eggerling, Chur 1958 (2. Aufl. hg. von der Cuminànza culturala Val Schons, Andeer 1961).

Mantovani, Paolo, La strada commerciale del San Bernardino nella prima metà del XIX secolo, Armando Dadò, Locarno 1988.

Meyer, Conrad Ferdinand, Jürg Jenatsch. Eine Bündnergeschichte, insel taschenbuch, Frankfurt am Main 1988. (Originalausgabe 1876)

Meyer, Johann Jakob, Die neuen Strassen durch den Kanton Graubündten: in dreyssig Blättern von Chur über den Splügen bis zum Comersee, und über den Bernhardino bis Bellinzona, dargestellt und nach der Natur gezeichnet von J. J. Meyer; in Acquatinta gezät von Hegi, Rordorf, Meichelt, Bodmer; begleitet mit einer Einleitung u. mit Erklärungen von

J. G. Ebel; nebst einer Wegkarte von H. Keller; bey J. J. Meyer, Zürich 1825.

Nay, Marc Antoni, Die Bilderdecke von Zillis, Desertina, Chur 2015.

Ort, Werner, Die Schülerrepublik im Schloss Reichenau. Ein pädagogisches Experiment, Hier+Jetzt, Baden 2018.

Pieth, Friedrich, Bündnergeschichte, F. Schuler, Chur 1945.

Psychiatrische Dienste Graubünden (Hg.), Richard La Nicca. Bilder der Baukunst, div. Autorinnen und Autoren, Bündner Monatsblatt, Chur 2006.

Rheinwald. Die Talschaft wehrt sich gegen das Stauseeprojekt am Hinterrhein, hg. zur Abwehr im Auftrag der Gemeinden Splügen, Nufenen, Hinterrhein und Medels, 1942.

Riedi, Barbara, Die Porten der Unteren Strasse, ihr Ladungsrecht und der Strassenunterhalt. Rechtshistorische Betrachtungen zur Verkehrs- und Wirtschaftsgeschichte Graubündens, Peter Lang, Frankfurt am Main 2009.

Rietmann, Tanja, Fürsorgerische Zwangsmassnahmen. Anstaltsversorgungen, Fremdplatzierungen und Entmündigungen in Graubünden im 19. und 20. Jahrhundert. Quellen und Forschungen zur Bündner Geschichte Band 34, Staatsarchiv Graubünden, Kommissionsverlag Desertina, Chur 2017.

Romegialli, Gino, Das Ende des Lüschersees, Desertina, Chur 2012.

Scheuchzer, Johann Jacob, Natur-Geschichte des Schweizerlandes samt seinen Reisen über die Schweizerische Gebürge, hg. von Johann Georg Sulzer, bey David Gessner, Zürich 1746.

Schorta, Andrea, Wie der Berg zu seinem Namen kam. Kleines rätisches Namenbuch mit zweieinhalbtausend geographischen Namen Graubündens, 2. korr. Neuaufl., Terra Grischuna, Chur 1991.

Schuler, Irene (Hg.), Via Sett, Von Alpenstadt zu Alpenstadt. Kultur- und Weitwanderweg von Chur über den Septimer nach Chiavenna, Somedia, 2020.

Schuler, Irene, Walserweg Graubünden. In 23 Etappen vom Hinterrhein in den Rätikon, 4. Aufl., Rotpunkt, Zürich 2020.

Seifert-Uherkovich, Ludmila/Leza Dosch, Kunstführer durch Graubünden. Scheidegger & Spiess, Zürich 2008.

Sererhard, Nicolin, Einfalte Delineation aller Gemeinden gemeiner dreyen Bünden, Druck und Verlag AG Buchdruckerei, Schiers 1994 (Erstausgabe 1742).

Simonett, Jürg, Verkehrserneuerung und Verkehrsverlagerung in Graubünden. Die »Untere Strasse« im 19. Jahrhundert, Terra Grischuna, Chur 1986.

Simonett, Jürg, Feldis/Veulden, in: Historisches Lexikon der Schweiz (HLS), Version vom 05.12.2016.

Simonett, Jürg: Bivio, in: Historisches Lexikon der Schweiz (HLS), Version vom 08.12.2016.

Simonett, Jürg: Septimerpass, in: Historisches Lexikon der Schweiz (HLS), Version vom 09.12.2016.

Simonett, Jürg, Die Schamser Hauptelemente: Wasser und Stein, in: Cuminànza Culturala Val Schons (Hg.), Cudesch da Schons/Schamserbuch, 2017.

Stäbler, Hans, Bergbau im Schams, im Ferreratal und im vorderen Rheinwald, Verlag Freunde des Bündner Bergbaus, Davos 1981.

Stoffel, Johann Rudolf, Das Hochtal Avers, Graubünden. Die höchstgelegene Gemeinde Europas, Zofingen 1938, 5. unveränderte Aufl., hg. von der Walservereinigung Graubünden und der Gemeinde Avers, 2019.

Stoffel, Jürg, Platta. Eine ehemalige Nachbarschaft im Hochtal Avers, Verein für Kulturlandschaft Platta (Avers) 2018.

Theobald, Gottfried, Naturbilder aus den Rätischen Alpen. Ein Führer durch Graubünden, Manatschal, Ebner & Co., 3. Aufl., Chur 1893.

Tscharner, Bartolome, Aus den Erinnerungen der vom Brand Betroffenen, in: Transer Neujahrsblatt auf das Jahr 1995 (Transer Neujahrsblätter, erstes Heft, hg. von Christoph Dejung).

Tscharner, Johann Friedrich von, Ueber das Transitwesen, in: Der neue Sammler, Band 3/Heft 4 (1807).

Tscharner, Peter Conradin von, Wanderungen durch die Rhätischen Alpen: Ein Beytrag zur Charakteristik dieses Theils des Schweizerischen Hochlandes und seiner Bewohner. Mit einem Straßenriß, Reiseregeln und Notizen, 2 Bde., Orell, Füßli und Compagnie, Zürich 1829 und 1831.

Verein für Bündner Kulturforschung (Hg.), Handbuch der Bündner Geschichte, Band 4, Quellen und Materialien: Dorfbrände in Graubünden 1607–1949, Bündner Monatsblatt, Chur 2000.

Verein für Bündner Kulturforschung (Hg.), Pater Placidus a Spescha – »il curios pader«, Beiheft Nr. 4 zum Bündner Monatsblatt, Bündner Monatsblatt, Chur 1995 (Aktenband des Kolloquiums in Trun, 1993).

Verein Pro Feldis (Hg.), Feldis/Feulden, Informationsbroschüre zu Kultur und Natur, Konzept, Gestaltung und Texte von Werner Poplutz u. a., 2017.

Verkehrsverein Thusis (Hg.), Heimatbuch Thusis Viamala, Thusis 1973.

Walter, Silja, Das Walserschiff, zweisprachig – deutsch und walserdeutsch, Walservereinigung Graubünden, 1984.

Wanner, Kurt (Hg.), Splügen – ein Dorf – ein Pass – eine Landschaft, Gemeindeverwaltung, Splügen 1972.

Wanner, Kurt, Sufers, das älteste Dorf im Rheinwald, Bündner Monatsblatt, Chur 1990.

Wanner, Kurt, Der Himmel schon südlich, die Luft aber frisch. Schriftsteller, Maler, Musiker und ihre Zeit in Graubünden 1800–1950, Bündner Monatsblatt, Chur 1993.

Wanner, Kurt (Hg.), Naturpark Beverin. Ein Kultur- und Landschaftsführer rund um den Piz Beverin, Terra Grischuna, Chur 2014.

Weber, Hermann, Avers. Aus Geschichte und Leben eines Bündner Hochtals, Terra Grischuna, Chur 1985.

Weber, Hermann, Die Walserkolonie des Avers – Tochter oder Schwester des Rheinwald?, in: Bündner Monatsblatt 1987, Heft 7–8.

Werthemann, Andreas, Schweizerischer Alpkataster, Kanton Graubünden, 1. Teil, hg. von der Abteilung Landwirtschaft des EVD, Bern 1969.

Werthemann, Andreas, Schweizerischer Alpkataster, Kanton Graubünden, 2. Teil, hg. von der Abteilung Landwirtschaft des EVD, Bern 1973.

Bildnachweis

Marta Arnold: 312
Barbara Beer: 294
Martin Bienert: 104
Robert Kruker: 8, 10 o, 18, 21, 23, 26/27, 29, 30, 32, 35, 36, 38, 39, 40, 42, 44, 45, 47, 48, 49, 50, 51, 54, 55, 56, 58,59, 60, 61, 63, 65, 66, 67, 68, 71, 72, 76, 80/81, 84, 86, 87, 88 o/u, 89, 90, 91, 93, 94, 96, 97, 98, 99, 102, 127, 129, 145, 198, 200, 201, 202, 204, 205, 206, 207, 208, 209, 210, 211, 212, 224, 226, 227, 228, 229, 230, 231, 234/235, 238, 240, 241, 242, 243 u, 252, 254, 255, 256, 258, 260/261
Verena Meier: 62, 243 o
Jano Felice Pajarola: 232
Julian Reich: 78, 106, 107, 108, 110, 111, 113, 116, 118, 119, 120 u, 121, 122/123, 124, 125, 126, 184/185, 188, 190, 191, 192, 193, 194, 195, 196, 197, 214, 216/217, 218, 219, 220, 221, 237, 262, 264, 265, 266, 267, 270, 271, 302, 304, 305, 306, 307, 308, 310
Andreas Simmen: 2/3, 22, 24, 25, 130/131, 133, 134 o, 144, 146, 147, 151, 152, 155, 164, 169, 172, 175, 176, 177, 178, 268, 269, 276/277, 279, 280, 286, 287, 292, 293, 296, 297, 301
Karin Tschumper: 142, 162, 163, 282, 283, 284/285
Pit Wuhrer: 10 u, 13, 134 u, 136, 137, 138, 139, 141, 143, 145, 158, 160, 165, 166, 167, 170, 173, 250, 275 u, 298

Andere Quellen

14: Friedrich Böhringer/Web
15: Naturpark Beverin, Foto Fabio Maurizio
33: Meyer, J.J. 1825
69: Privatarchiv Andrea Hämmerle
75: o: ETH-Bibliothek Zürich, Bildarchiv, Stiftung Luftbild Schweiz, Foto Werner Friedli
u: Psychiatrische Dienste Graubünden (Hg.) 2006
77: ETH-Bibliothek Zürich, Bildarchiv, Fotograf unbekannt
88 m: Ernst Brunner, Schweizerisches Institut für Volkskunde, SGV_12N_07860
101: Lejeune 1961
113: Naturpark Beverin, Foto Reiner Schilling
120 o: Eduard Imhof 1920
123: Naturpark Beverin, Foto Samirah Hohl
128: Cuminànza Culturala Val Schons (Hg.) 2017, Foto Jules Geiger o, Johann Clopath u
148: Meyer, J.J. 1825
149: Archiv Stefan Keller
153: Adrian Michael/Web
154: ETH-Bibliothek Zürich, Bildarchiv, Foto Jack Metzger
157: ETH-Bibliothek Zürich, Bildarchiv, Foto Comet Photo AG (Zürich)
161: Meyer, J.J. 1825
168: Urheber unbekannt
174: demateo.com/Open-Air Rheinwald
179: ETH-Bibliothek Zürich, Bildarchiv, Foto Jules Geiger
180: *Natürlich*, 10/2000 (Themenheft »Stausee-Phantome«).
181: *Bündner Monatsblatt*, 4/2016.
181: KHR-Archiv
182: Aus: Wieser, Edwin, Triumph des Geistes, Zürich 1945
183: Aus: Das Walserschiff: Freilichtspiele Rheinwald, Splügen 1984
213: ETH-Bibliothek Zürich, Bildarchiv, Fotograf unbekannt
223: ETH-Bibliothek Zürich, Bildarchiv, Fotograf unbekannt
244–249: KHR zVg
259: ETH-Bibliothek Zürich, Bildarchiv, Fotograf unbekannt
273: Lorez, Christian, in: Lorez 1943
288: ETH-Bibliothek Zürich, Bildarchiv, Foto Hans Gerber
289: ETH-Bibliothek Zürich, Bildarchiv, Foto Jack Metzger
299: Schweizerische Greina-Stiftung (SGS), Foto Herbert Maeder
300: WWF Graubünden zVg, Foto Peter Lüthi
309: Naturpark Beverin, Foto Samirah Hohl
314: ETH-Bibliothek Zürich, Bildarchiv, Foto Jost Guler
Hinterer Vorsatz: Meyer, J.J. 1825

Autoren

Robert Kruker, geboren 1946, war viele Jahre tätig für Schweizer Radio DRS. Er ist seit langem unterwegs in Berggebieten und schreibt als Ethnograf vorwiegend über Landschaft, Kultur und Gesellschaft in den Schweizer Alpen. Er lebt in Zürich und Dardin.
Co-Autor von *Surselva, Täler und Übergänge am Vorderrhein* (2. Auflage 2014) und *Andermatt im Umbruch* (2012), beide Rotpunktverlag.

Julian Reich, 1982 geboren, lebt seit Kindsbeinen im Domleschg. Neben seiner journalistischen Tätigkeit für vornehmlich Bündner Medien hat er vier Jahre lang eine Kulturfachstelle in der Region geführt. Aktuell ist er Chefredaktor des Magazins *Terra Grischuna* und Geschäftsführer der Lilly Keller Stiftung.

Andreas Simmen, geboren 1954, hat seine Wurzeln im Rheinwald. Er war 15 Jahre lang Redaktor bei der *Wochenzeitung WOZ* und hat über dreißig Jahre lang als Programmleiter im Rotpunktverlag neben dem Sachbuch- auch das Wanderbuchprogramm maßgeblich geprägt. Heute arbeitet er als freier Publizist in Zürich und Nufenen.

Dank

Die Autoren danken für Begleitung, Gespräche, Gastfreundschaft und beigesteuerte Fotos: Daniel Anker, Marta Arnold, Reto Attenhofer, Barbara Beer, Patric Berg, Martin Bienerth, Ina Boesch, Johann Clopath, Guido Conrad, Peter Egloff, Jürg Fischer, Andrea und Ursi Hämmerle, Pepo Hofstetter, Oskar und Rosmarie Hugentobler, Mathias Kunfermann, Verena Meier, Naturpark Beverin, Jano Felice Pajarola, Rotpunktverlagsteam, Christian Simmen, Karin Tschumper, Viamala Tourismus, Kurt Wanner, Pit Wuhrer, Lilian Würth.